Chris Griffiths & Melina Costi

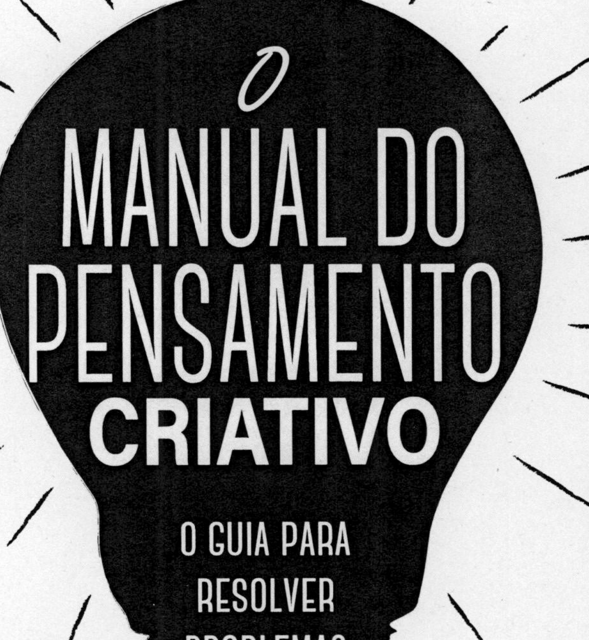

TRADUÇÃO
UBK Publishing House

ubook

Publicado mediante acordo com Kogan Page. Edição original do livro, *The Creative Thinking Handbook*, publicada por Kogan Page.

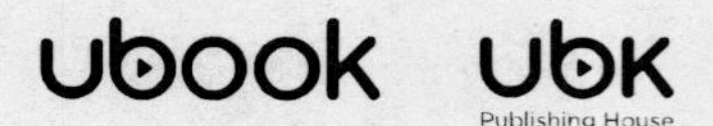

COPIDESQUE Lohaine Vimercate
REVISÃO Anna Beatriz Seilhe | Pérola Paloma
DIAGRAMAÇÃO Flávio Augusto
ADAPTAÇÃO DA CAPA Bruno Santos
CAPA E IMAGEM DE CAPA Kogan Page

Dados Internacionais de Catalogação na Publicação (CIP)
(Câmara Brasileira do Livro, SP, Brasil)

Griffiths, Chris
O manual do pensamento criativo : o guia para resolver problemas nos negócios / Chris Griffiths, Melina Costi ; tradução UBK Publishing House. -- Rio de Janeiro : Ubook Editora, 2020.

Título original: The creative thinking handbook
ISBN 978-65-86032-04-8

1. Administração de empresas 2. Criatividade 3. Negócios 4. Pensamento criativo 5. Solução de problemas 6. Tomada de decisões I. Costi, Melina. II. Título.

20-34517 CDD-658.403

Ubook Editora S.A
Av. das Américas, 500, Bloco 12, Salas 303/304,
Barra da Tijuca, Rio de Janeiro/RJ.
Cep.: 22.640-100
Tel.: (21) 3570-8150

Sumário

Agradecimentos

Gostaria de agradecer às seguintes mentes excepcionais que ajudaram este livro a tomar forma:

Primeiro, à equipe OpenGenius pelo seu toque mágico e criativo, pelos seus esforços extraordinários e pela sua disponibilidade para "pensar diferente" no dia a dia. É um enorme prazer trabalhar com todos vocês. Agradecimentos especiais à minha coautora, Melina Costi, pela pesquisa e edições, pelos insights e cuidados com o material, sem mencionar o seu compromisso inabalável em dar vida a este livro. Melina tem uma magia com as palavras que poucos possuem e sinto-me honrado por ter trabalhado com ela durante muitos anos.

Tenho uma enorme dívida para com os muitos instrutores licenciados em Mapeamento da Mente e Inovação Aplicada, e parceiros em todo o mundo que voluntária e entusiasticamente forneceram sua contribuição e testaram muitas das minhas ideias em vários ambientes. Através dos seus conselhos e feedback, o material deste livro assumiu uma forma concreta. Obrigado também aos meus estimados clientes, consumidores e a todos aqueles que forneceram feedback e apoio.

Na Kogan Page, a minha sincera gratidão vai para a nossa editora Rebecca Bush, pela sua incansável empolgação com o projeto, pela edição inteligente e pela orientação extensiva através de cada rascunho. E, ao restante da equipe de divulgação, obrigado por tornar tudo possível.

Devo também prestar homenagem a todos os autores, pesquisadores e especialistas em criatividade mencionados neste livro, cujos conhecimentos esclarecedores lançaram uma base sólida para a compreensão das nossas barreiras mentais. O trabalho inovador deles continua a impactar empresas e indivíduos em toda a parte e oferece uma grande promessa de que todos nós podemos abrir os nossos próprios caminhos criativos para o sucesso.

Enfim, serei eternamente grato à minha família — minha esposa Gaile e meus dois filhos incríveis, Alex e Abbie, pela paciência e pelo infinito encorajamento ao longo desta jornada. Obrigado por agraciar a minha vida e torná-la especial todos os dias.

Chris Griffiths

Prefácio

O desafio é o mesmo. Quer seja um empresário trabalhando para criar um novo negócio, um membro da equipe em uma pequena empresa tentando crescer, ou um gestor em uma grande empresa enfrentando os desafios de um mercado em rápida mudança, a criatividade contínua diante de problemas difíceis e desconhecidos é o "tempero mágico" que sustenta o sucesso. No entanto, apesar da sua importância, empresas e indivíduos com quem trabalho parecem gastar muito pouco tempo pensando e falando sobre criatividade (pelo menos as que não são tão bem-sucedidas). Na verdade, parece que há um acordo tácito de que a criatividade é algo que você tem ou não tem e que, de qualquer maneira, é uma arte obscura que não pode ser explicada ou melhorada.

No entanto, há muitas provas de que isso não é verdade. Muito se sabe sobre criatividade, e é claro que as pessoas e equipes *podem* aprender a ser mais criativas. Pensar corretamente na criatividade e aprender novas formas de abordar a resolução de problemas têm impactos reais e positivos no nível de criatividade resultante. É lamentável que o mais comum nas empresas seja tentar contratar criatividade, na forma de consultores e assessores (ou, mais recentemente, "millennials"). Mas, quando isso não resolve a questão, as empresas muitas vezes se perguntam se não há uma maneira melhor de fazer isso.

Na verdade, há! Em *O manual do pensamento criativo*, Chris Griffiths e Melina Costi produzem um sistema replicável que nos permite abrir nossas mentes e conquistar desafios profissionais usando o poder do pensamento criativo. Eles mostram como a criatividade pode ser imaginativa e lógica, e como essa habilidade tradicionalmente "branda" pode ser canalizada de modo sistemático para resultados difíceis. Essa é a solução para quem quer aumentar sua criatividade, sua capacidade de resolver problemas de forma criativa e, como resultado, sua capacidade de ter sucesso em um mundo que não para de mudar.

Este é um livro prático, que prepara mentalmente o leitor para ser um eficaz solucionador criativo de problemas do início ao fim. Através da autoavaliação, usando a ferramenta de perfil do Radar de Decisão, você pode obter uma visão sobre a maneira como pensa e desenvolver uma subavaliação fundamental dos erros de pensamento que o impedem de avançar. Com esse conhecimento, você recebe um processo proativo de quatro etapas — o Localizador de Soluções — para enfrentar os desafios do negócio e aproveitar melhor as novas oportunidades. Durante o processo, é possível escolher entre uma seleção de ferramentas e técnicas para alcançar o resultado certo para o estágio em que se encontram.

A abordagem única de Chris sobre criatividade é tão poderosa quanto prática, incorporando mais de trinta anos de experiência no assunto. Um orador aclamado, Chris treina indivíduos e empresas para pensarem melhor e maximizarem a sua produção criativa. Pessoas de todo o mundo participaram do curso de formação OpenGenius Applied Innovation, que conduz os participantes, através do processo de quatro etapas apresentado neste livro, a enfrentar os desafios empresariais da vida real. *O manual do pensamento criativo* está repleto de exemplos instigantes, conceitos, modelos e metodologias que foram minuciosamente testados nesses workshops, além de delinear, a partir das últimas pesquisas científicas, a maneira como pensamos.

Como alguém que ensina inovação e trabalha extensivamente com empresas em crescimento, devo agradecer a Chris Griffiths pelo tremendo serviço que prestou ao escrever este livro. Sua ampla experiência com milhares de indivíduos e empresas o colocou em uma posição única para oferecer um guia estruturado e concreto para ser mais criativo. Sua abordagem simples e prática permitirá que qualquer um seja mais criativo e fornecerá o ingrediente crucial para uma forma inovadora de resolução de problemas, dando-nos a confiança e as ferramentas para o sucesso. Seguir seus simples passos não só ajudará a impulsionar a criatividade das pessoas, mas, se usados de modo fiel e habitual, permitirá que gerentes, profissionais e empreendedores criem e incorporem uma cultura de inovação contínua e radical em suas organizações.

Professor Nelson Phillips

O professor Phillips é Presidente de Inovação e Estratégia da Câmara de Abu Dhabi no Imperial College London. Ele ministra cursos de estratégia, comportamento organizacional, inovação e liderança em nível de graduação e pós-graduação, e atua na educação executiva, incluindo facilitação e liderança nos cursos do Elite Accelerator Programme na Bolsa de Valores de Londres.

Introdução
por que precisamos de novas ideias mesmo?

Pode-se resistir à invasão de exércitos, mas não se pode resistir à invasão de ideias.
— VICTOR HUGO, poeta e romancista francês, em *Histoire d'un Crime*

O CONHECIMENTO JÁ NÃO É PODER

Quantas vezes você já ouviu dizer que "conhecimento é poder"? Houve uma época em que possuir informação e ser um especialista em uma área eram vantagens primordiais. A experiência única, o treinamento e o conhecimento profissional destacava um indivíduo dos demais. Agora, nem tanto.

Na movimentação rápida e furiosa do mundo de hoje, o que antes funcionava não funciona mais, e a vantagem do conhecimento existente, embora ainda útil, não é suficiente para prosperar. Compare a vida de hoje em dia com a maneira como era há trinta anos — nós comemos de forma diferente (alimentos processados, cozinha multicultural), nos comunicamos de forma diferente (celulares, e-mail, redes sociais), fazemos compras de forma diferente (online, enormes lojas de departamento), trabalhamos de forma diferente (máquinas e tecnologia sofisticadas, novos empregos, como "desenvolvedores de aplicativos"), até aprendemos e estudamos de forma diferente (ambientes virtuais de aprendizagem, quadros brancos interativos, pesquisa na internet). A lista continua. Em apenas três curtas décadas, estamos vivendo em um mundo diferente!

O que significa isso? Significa que, por mais inteligentes ou talentosos que sejamos, precisamos ser capazes de nos adaptar e evoluir — tanto como empresas quanto como indivíduos. O dilema é que, enquanto tudo à nossa volta está em movimento, muito do nosso modo de pensar atual está estagnado. Na maioria das vezes, nos movemos em nosso domínio de trabalho seguindo suposições, padrões e sistemas de crenças que aprimoramos cuidadosamente ao longo de anos de experiência, respondendo a desafios e oportunidades usando estratégias padronizadas que funcionaram antes. Afinal, somos pagos para ter todas as respostas. No entanto, os problemas empresariais do século XXI contêm variáveis e incógnitas demais para serem respondidos apenas com o conhecimento existente. As soluções antes testadas não são suficientes para solucionar desafios presentes e futuros. Precisamos de pensamento criativo para encontrar maneiras novas e interessantes de resolvê-los. Consequentemente, **a criatividade é o novo poder**. O sucesso não está mais ligado ao que sabemos, mas com o que podemos criar.

Quando é o momento de explorar o desconhecido e gerar novas ideias, nossos hábitos convencionais de pensamento nos decepcionam. Eles nos obrigam a nos concentrar naquilo que já sabemos, em vez de trazer algo novo para a mesa. Eventualmente, transformam-se em "erros" de pensamento, porque nos impedem de procurar formas inventivas de atingir os nossos objetivos. O seguinte exercício vai lhe mostrar como é fácil e natural basear o seu pensamento na programação anterior (ou seja, "conhecimento"). Faça-o agora.

ATIVIDADE
MESES DO ANO

Recite os meses do ano o mais rápido possível. Acho que você consegue fazer isso em menos de cinco segundos.

Agora, liste os meses novamente, desta vez por ordem alfabética. Não é tão fácil assim, certo?

fonte: Think Better (Hurson, 2008)

Para ver a resposta, vá para o apêndice. Com o padrão normal, você consegue listar os meses rapidamente sem problemas. Mas, sem ele, precisa pensar na informação. Você é forçado a quebrar o padrão habitual e a olhar para a situação de novo. Ao fazer isso, a informação se torna mais dinâmica e você pode ampliar seu pensamento para construir um padrão novo.

Pensar é o trabalho mais árduo que existe — deve ser por isso que tão poucos se dedicam a ele.

— HENRY FORD, INDUSTRIAL NORTE-AMERICANO E FUNDADOR DA FORD MOTOR COMPANY

Todo o foco deste livro está em fazer com que você pense de forma diferente, e vou pedir que pense um pouco enquanto trabalhamos juntos. Ao longo dos capítulos, há metodologias, exercícios e ferramentas que vão tirá-lo da sua zona de conforto, mas que servem a um propósito muito importante: ajudá-lo a dominar seus preconceitos e pensar de forma clara, construtiva e criativa. Você fará perguntas para as quais não terá respostas imediatas, então sugiro que não se veja como "especialista" antes de continuar. O esforço vai valer a pena. Pensar de forma diferente é a chave para desbloquear as melhores e mais inovadoras respostas para os desafios do seu negócio, por isso, você não está apenas "fazendo as coisas", mas "fazendo melhor".

CRIE OU MORRA!

De acordo com a pesquisa do professor Richard Foster, da Yale School of Management, a expectativa média de vida de uma empresa listada no Índice S&P 500 caiu de 61 anos em 1958 para apenas dezoito anos em 2012 (Innosight, 2012). Foster também estimou que, na atual taxa de rotatividade, 75% das principais empresas dos EUA serão substituídas por empresas das quais nem sequer ouvimos falar até 2027. No Reino Unido, a história é semelhante. Das cem empresas listadas no FTSE 100 em 1984, apenas 24 ainda estavam nessa posição em 2012.

Há uma dura lição nesses números. Se as empresas não procuram inovar e se reinventar constantemente, correm o risco de serem pegas de surpresa pelos novos concorrentes e de caírem no esquecimento. As grandes organizações, cujo poder anteriormente assentava no domínio do conhecimento científico e da perícia, estão num caminho perdedor. Há uma máxima que diz: "Se você continuar fazendo o que sempre fez, continuará tendo o que sempre teve." Mais uma vez, isso já não é verdade. Na nova economia, se você não está se movendo para a frente, não está apenas parado, está sendo deixado para trás. Você se lembra da Blockbuster, Compaq, Blackberry e HMV? Essas são empresas que outrora eram promissoras, mas que há muito enferrujaram. É fácil seguir os passos delas se você não enxerga as oportunidades ao seu redor.

As empresas de hoje requerem um fluxo constante de novas ideias, ângulos e soluções para se manterem a par das rápidas mudanças e incertezas. Insights criativos são necessários para resolver os desafios da indústria de maneiras novas e úteis, e para dar saltos ousados em território desconhecido. Ainda há profissionais e empresários por aí que acreditam que a criatividade não tem importância real. Eles a enxergam como decoração — algo cor-de-rosa e fofo para embelezar a aparência de um produto ou melhorar a reputação de uma empresa. Estão inerentemente enganados. A criatividade pode, e na verdade deve, ser tão focada e direcionada quanto qualquer outra operação chave no negócio, desde RH, Finanças e Desenvolvimento de Produto. Gosto de chamar essa abordagem rigorosa e progressista de **criatividade aplicada**. Através dela, você pode encontrar novas ideias sobre as causas dos problemas, ajudar a resolver esses problemas, tomar decisões executivas, e pensar sobre o que fará depois. O conhecimento ainda é importante. É um pilar crucial do processo criativo; você precisa do conhecimento para conectar informações e avaliar ideias. Mas, sem a criatividade aplicada, o seu valor é limitado. A criatividade permite descobrir novos conhecimentos e ideias, que irão mudar o *status quo*. Assim como o Google mudou a forma como acessamos as informações, a Netflix mudou a forma como assistimos TV e o Twitter mudou a forma como interagimos uns com os outros. Independentemente do tamanho ou escopo, produzir novas ideias é o que o ajudará a abrir novos caminhos em seu canto do mundo.

As ideias o ajudam a responder todo tipo de pergunta, tais como:

- *Como podemos reter mais clientes/consumidores?*
- *O que pode estar causando o problema W?*
- *Como podemos simplificar os nossos processos de negócio?*
- *Que oportunidades estão disponíveis para nós este ano?*
- *Como podemos melhorar o nosso desempenho no Departamento X?*
- *Como posso resolver o problema Y?*
- *Podemos atuar em quais novos mercados?*
- *Como podemos tirar partido desta alteração da legislação?*
- *Que características extras podemos adicionar ao produto Z?*
- *Como posso motivar a minha equipe?*

Pouco a pouco, o poder da criatividade vai ganhando reconhecimento. No seu relatório "The Future of Jobs", publicado em 2016, o Fórum Econômico Mundial identificou a resolução de problemas complexos, o pensamento crítico e a criatividade como as três principais competências necessárias no local de trabalho para prosperar até 2020, afirmando: "Com a avalanche de novos produtos, novas tecnologias e novas formas de trabalho, os trabalhadores terão de se tornar mais criativos para poderem se beneficiar destas mudanças." (Gray, 2016)

A Adobe pesquisou mil profissionais em tempo integral, com

formação universitária, e descobriu que a criatividade é parte integrante do trabalho moderno, com mais de 85% concordando que o pensamento criativo é fundamental para resolver problemas em sua carreira (Adobe, 2012). Nove em cada dez trabalhadores concordam que a criatividade é necessária para o crescimento econômico, e 96% acreditam que ela é valiosa para a sociedade. No entanto, 32% não se sentem confortáveis pensando criativamente em sua carreira, e um grupo enorme (78%) deseja ter mais capacidade criativa.

A LACUNA DA CRIATIVIDADE

82% das empresas que participaram da pesquisa acreditam que existe uma forte ligação entre a criatividade e os resultados do negócio,mas 61% dos gestores não veem as suas empresas como criativas. Apenas 11% concordam que suas práticas atuais estão alinhadas com o trabalho criativo, 10% percebem que as suas práticas eram o oposto do que as empresas criativas fazem.
fonte: "The creative dividend" (Adobe, 2014)

PERDEMOS A NOSSA CRIATIVIDADE COM A IDADE

Quando somos crianças, somos todos muito mais criativos do que depois que crescemos. Essa premissa foi testada muitas vezes ao longo dos anos. Por exemplo, 1.600 crianças de cinco anos de idade receberam um teste de criatividade usado pela nasa para selecionar jovens cientistas inovadores em 1969. Dessas crianças, 98% foram classificadas como "altamente criativas". Cinco anos mais tarde, essas mesmas crianças (agora com dez anos de idade) foram novamente testadas, e apenas 30% permaneceram classificadas como "altamente criativas". Mais cinco anos depois, quando as crianças tinham quinze anos, apenas 12% delas continuam nessa categoria. Mais revelador, porém, foi que 250 mil adultos com mais de 25 anos também fizeram o mesmo teste e apenas 2% deles pontuaram na faixa altamente criativa (ver Figura 0.1). Como você está lendo este livro, acho que quer fazer parte desses 2%!

O que esse estudo prova? Nas palavras de Stephen Shapiro (2003), a "criatividade não é aprendida, mas, sim, *desaprendida*". A criatividade é uma qualidade que pode ser universalmente encontrada em todos nós enquanto crianças, mas morre rapidamente quando chegamos à idade adulta. Quando criança, capaz de você não ter tido problemas em usar a imaginação. Então, o que aconteceu? Considere as questões apresentadas na Figura 0.1.

Figura 0.1 Teste de criatividade da NASA

Q1. Quantas horas você passou aprendendo matemática na escola?
A maioria das pessoas que passou pelo sistema escolar padrão diria cerca de 5 mil horas ou mais. Foi o mesmo para você? Quanto desse tempo foi aproveitado? De quanto você se lembra agora?

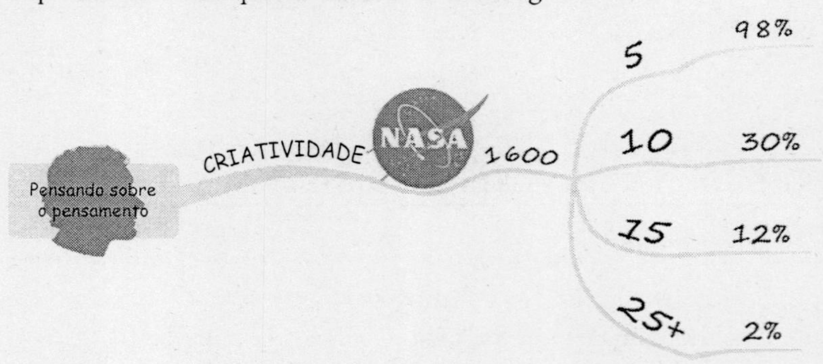

Q2. Quantas horas você gastou aprendendo criatividade?
Algumas? Nenhuma? A maioria de nós aprende isso fora do sistema educacional. Alguma vez você fez um curso de inovação para iniciantes?

Na escola, temos inúmeros limites estabelecidos pelos nossos professores. O sistema educacional foca na formação das nossas mentes para armazenar e analisar a informação em vez de desenvolver nosso poder para gerar novas ideias e trazê-las à vida. Somos ensinados a memorizar as respostas certas e usar as soluções e conhecimentos de outras pessoas, e ao mesmo tempo somos "não ensinados" a encontrar as nossas próprias respostas, soluções e conhecimentos. Não demora muito para aprendermos que erros também são ruins. O medo de estar errado assusta até mesmo os mais corajosos, que se expressam de uma maneira levemente inconvencional ou diferente. Quando entramos no mundo dos negócios, estamos tão acostumados a restringir nossos pensamentos que eles se tornam institucionalizados muito rapidamente.

As crianças pequenas podem encontrar soluções surpreendentemente originais para os problemas porque não estão vinculadas às rígidas convenções e metodologias da vida adulta. Elas não têm as mesmas restrições mentais que nós, pobres adultos. Pablo Picasso, o artista e pintor espanhol, ilustrou esse ponto perfeitamente quando disse: "Levei quatro anos para pintar como Rafael, mas uma vida inteira para pintar como uma criança." Essa mentalidade de estar sempre aberto, animado e curioso para olhar para coisas diferentes é o que expõe as crianças a novas ideias. O pensamento delas é ilimitado; em vez de se conformar, elas criam.

Devido a essa perda de criatividade ao longo do tempo, é comum ouvir as pessoas dizendo que não são "do tipo criativo". Essa linha de pensamento é asfixiante, pois as faz duvidar se vale a pena sequer pensar ou agir criativamente — a criatividade é para artistas, designers, músicos e boêmios loucos, não para nós, profissionais sérios. Alguns de nós não são muito ativos fisicamente, mas, se iniciarmos uma rotina de treino e cuidarmos da nossa dieta, dentro de alguns meses estaremos muito mais em forma e mais saudáveis. Da mesma forma, não perdemos a nossa capacidade criativa à medida que envelhecemos; essa é uma falsa impressão. Ela apenas fica fora de forma por falta de uso, por causa da nossa crença equivocada de que ela não tem nenhuma aplicação prática. Como um músculo que nunca é exercitado, a criatividade atrofia por negligência. Ao reaprender como brincar e adotar uma busca ativa de criatividade e melhoria mental, todos nós podemos redescobrir e reexperimentar a magia da criatividade que conhecemos quando crianças. Imagine o que você poderia alcançar se pudesse voltar aos seus níveis de criatividade dos cinco anos de idade!

PENSE SEM A CAIXA

Algumas pessoas dizem que criatividade é pensar *fora* da caixa, outras que é ser criativo *dentro* da caixa. Mas e se não houver uma caixa? Se perceber o que é a caixa e removê-la, você consegue desbloquear fluxos ilimitados de criatividade. A caixa representa suas suposições, hábitos, vieses e rotas de pensamento padrão existentes. A Apple jogou a caixa fora quando se perguntou: "E se desenvolvêssemos um celular sem teclado?" Esse foi um momento mágico para a empresa, e o sucesso sem precedentes do iPhone, com sua enorme tela sensível ao toque e o design elegante e sexy, derrubou rapidamente a líder mundial no mercado, Nokia, do primeiro lugar. Naquela época, todos os outros fabricantes tinham negligenciado o surgimento da tecnologia de tela tátil. Não conseguiram se libertar das suposições existentes sobre o design do celular e julgaram que os consumidores continuariam preferindo teclados físicos. Se, como eu, você participou da sua cota de sessões de brainstorming, saberá por experiência própria que descartar a caixa não é uma coisa fácil de fazer. Vamos ver um cenário típico.

OS TROPEÇOS DO BRAINSTORMING

A primeira reunião da manhã com os seus colegas começa bem. Você começa a gerar algumas ideias e gradualmente entra em um fluxo moderado. Há as ideias simples e práticas, as ideias loucas e todo o tipo de ideias variadas e interessantes entre elas. As coisas parecem promissoras. Mas, então, o que acontece?

Qualquer coisa pode ocorrer para afastar você e outros membros da equipe do caminho criativo. Normalmente, as ideias secam ou desaparecem. Ou tornam-se um pouco loucas demais para o seu gosto, por isso você decide manter as opções "seguras" e menos arriscadas. "Vamos continuar fazendo o que estamos fazendo, mas melhor e mais depressa!"

Ou:

"Vamos com o mesmo design, mas dessa vez use a cor roxa."

Talvez alguém comece automaticamente a escolher e a analisar as ideias,

"Alguém já fez isso."

"Os nossos clientes não vão gostar."

"Não é o nosso estilo."
"Mas como isso vai trazer lucro?"
"Fizemos isso no ano passado."
"É uma grande ideia, mas não temos dinheiro para isso."
Ou talvez você seja vítima de uma visão temerosa e extra-negativa que bloqueia a sua capacidade de ver o potencial de certas ideias, acabando com a empolgação de todo mundo.
"Isso nunca funcionaria."
"É contra a nossa política."
"Parece difícil."
"Nada disso foi feito na indústria antes. Seria uma completa perda de tempo."

Às vezes, você tem sorte, e a ideia certa vem logo no início do processo. Não vale a pena continuar com a sessão. Você já tem solução perfeita... Será?

Ao tentar concretizar a ideia, você descobre que não pensou bem e que ela não vai funcionar no mundo real. Você estava cego e não há outra sugestão. Deve seguir com a ideia ruim e fazê-la funcionar, caso contrário terá desperdiçado todo tempo e energia. Seja como for, a caixa surgiu para bloquear a sua criatividade — você precisa esquecê-la e voltar a pensar de um jeito novo. Não ter uma caixa significa que sua mente pode permanecer aberta à medida que o processo se desenrola.

As mentes são como paraquedas. Só funcionam abertas.
Tal como acontece com um paraquedas, se a sua mente se mantiver fechada, mais cedo ou mais tarde você vai cair. Para abrir a sua mente, você tem que saber quais são as fechaduras que ela tem. Uma mente aberta, sem fechaduras, é fundamental para a criatividade, particularmente no início da ideia. Há um número surpreendente de bloqueios mentais e restrições com os quais você precisa ter cuidado, e vou descrever os mais comuns na Parte Um. Na Parte Dois, você aprenderá estratégias positivas para reduzir o impacto deles e tomar melhores decisões. Às vezes, saber o que não fazer é tão importante quanto saber o que fazer.

CRIATIVIDADE E INOVAÇÃO — QUAL É A DIFERENÇA?

Embora a maioria de nós tenha uma compreensão intuitiva do que significa ser criativo, ainda há muita incerteza quando se trata de definir esse conceito notoriamente complicado. Antes de flexionar os seus músculos criativos, vale a pena esclarecer o que realmente significa criatividade. Apesar da infinidade de definições na internet, o desafio é identificar uma definição comum que você e sua equipe possam entender e aceitar. Uma definição compartilhada coloca todos na mesma página e ajuda a definir uma direção criativa para o negócio.

Sinta-se livre para usar a minha definição de **criatividade**:

> A incubadora e cultivadora de novas ideias, que nascem do conhecimento existente e se combinam para formar um novo caminho neural no cérebro, levando a um pensamento pessoal original.

Pode não ser a definição mais glamorosa, mas descreve a natureza de como a criatividade é expressa de uma forma com a qual as pessoas podem se envolver facilmente. Criatividade é conectar as coisas em sua mente até que você encontre uma ideia que seja original e útil. Steve Jobs, o falecido cofundador da Apple, referiu-se ao mesmo princípio como "ligar os pontos".

A criatividade e a inovação são utilizadas de forma intercambiável, mas existe uma diferença significativa. **Inovação** é:

> O casamento entre o pensamento criativo e a lógica sólida, que, quando aplicados juntos, criam uma solução ou direção nova e potencialmente melhor para alguém explorar e entregar.

Inovação é todo o pacote — pensamento criativo e lógico combinado para produzir algo significativo e levar as ideias adiante. Nesse sentido, a inovação é um processo conectado, no qual muitas atividades se unem para concretizar uma ideia. Uma inovação pode ser qualquer ideia que crie mudança e o aproxime do seu objetivo. Não tem de ser um desenvolvimento supersônico de importância histórica, como o microchip, a impressora ou o automóvel. Essas ideias transformadoras são o que Clayton Christensen (1997), professor de negócios de Harvard, chama de "inovações disruptivas" em seu clássico livro *The Innovator's*

Dilemma. Uma inovação pode ser incremental e ainda oferecer grande valor, como uma pequena melhoria no atendimento ao cliente ou nos processos de gestão de inventário. Não importa se já foi feito em outro lugar; se uma ideia é nova para o seu negócio, então conta como uma inovação. Juntas, essas pequenas mudanças se somam para fazer uma grande diferença.

CRIATIVIDADE APLICADA

Embora saibamos que o pensamento criativo e a resolução de problemas são extremamente importantes para o nosso sucesso nos negócios, poucos de nós sabem como isso acontece ou como colocá-los em prática. Como você vai descobrir em breve, ser criativo é mais do que apenas reunir um grupo de pessoas para um brainstorming e anotar ideias em post-its ou flipcharts. Pense nas marcas mais inovadoras que existem por aí: Amazon, Apple, Disney, Google, Microsoft, Samsung, Starbucks, Tesla, Toyota, Virgin. E agora considere os gênios criativos que você admira: James Dyson, Elon Musk, Richard Branson, Steve Jobs, Thomas Edison, Rihanna. Para essas empresas e indivíduos, a criatividade não é apenas o resultado da improvisação de forma livre. Longe de ser um golpe de sorte, existem métodos, estruturas e mentalidades deliberadas envolvidas na geração de novas ideias. Por exemplo, o princípio orientador no centro do processo de inovação da Google é o "pensamento 10x" — tentar melhorar algo em 10 vezes, e não 10%. A divisão Google X foi criada para se concentrar em ideias inovadoras e grandes avanços tecnológicos que mudariam a paisagem do mundo, tais como carros autônomos. A empresa gosta de chamar esses projetos de "*moonshot*".

ESTUDO DE CASO | *NINTENDO DEIXA A SORTE PARA O CÉU*

Tal como a Google, a Nintendo acredita em dar uma chance às coisas novas em vez de tentar replicar o sucesso dos seus concorrentes. O nome Nintendo significa "deixar a sorte para o céu", e a empresa adota uma estratégia "blue ocean" para criar novos espaços de mercado onde possa nadar livremente em águas incontestáveis, longe da sua concorrência na indústria dos jogos. Uma estratégia blue ocean é uma abordagem de marketing que, em vez de lutar ferozmente contra os rivais em um setor de mercado superlotado (ou seja, o sangrento red ocean), procura "oceanos azuis" de novos espaços de mercado, em que se pode gerar um salto inovador em valor para os consumidores, muitas vezes reduzindo custos e características desnecessárias. É essa mentalidade que vemos no Switch, a mais recente oferta da Nintendo: fazer manchetes como o primeiro console híbrido que pode ser utilizado como um centro de jogos em casa ou um dispositivo portátil. O Nintendo Switch tem sido um sucesso esmagador, estabelecendo recordes nos Estados Unidos e no Japão como o console mais vendido, e batendo até mesmo o PlayStation 2 em termos de pré-venda (Kuchera, 2018).

A estrutura permite que a criatividade cresça. Criatividade sem fim e caótica é quase tão ruim quanto nenhuma criatividade. Para mudar a forma como fazemos as coisas, temos de começar mudando a forma como pensamos. Fazemos isso colocando uma estratégia em nossos processos de pensamento. Tal como uma empresa cria estratégias, sistemas e processos para facilitar o seu sucesso, o nosso pensamento necessita de uma estratégia proativa e puramente positiva através da qual possamos alcançar os resultados que pretendemos. É aqui que entra o processo do **Localizador de Soluções** (você vai aprender tudo sobre isso na Parte Dois). Essa abordagem sistemática acrescenta ordem e lógica à criatividade, tornando-a algo prático e concreto, em vez de uma noção irrealista.

COMO USAR ESTE LIVRO

O manual do pensamento criativo está dividido em três partes. Pode ser lido e aplicado por inteiro durante um projeto ou desafio. Seja trabalhando sozinho ou em colaboração com outros, você pode se mover sem esforço e de forma dinâmica através do processo de resolução de problemas. Como alternativa, você pode ir direto para os estágios ou seções que mais o ajudarão. Dependendo do desafio, nem todos os passos podem ser imediatamente relevantes, mas a leitura de todos eles lhe proporcionará uma visão a fundo de todo o processo e ajudará a inspirar criatividade no seu trabalho diário.

A **Parte Um** dá um insight sobre o seu pensamento e prepara o cenário para o que está por vir. Você vai começar fazendo o teste do Radar de Decisão, no Capítulo 1, para acessar e identificar as "áreas de risco" em seu pensamento, antes de começar a lidar com os erros de pensamento comuns nos capítulos 2, 3 e 4.

Figura 0.2 O processo do Localizador de Soluções

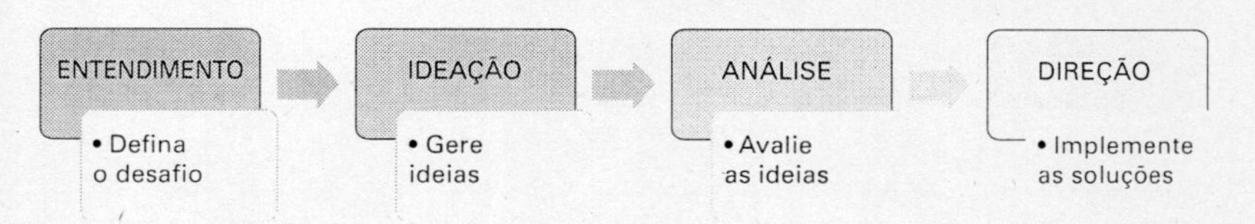

A **Parte Dois** é o ponto crucial do livro — o Localizador de Soluções (Figura 0.2), uma estratégia pragmática concebida para fornecer uma direção focada para a sua resolução criativa de problemas e tomada de decisões. Capítulo por capítulo, você será guiado através de quatro passos que o ajudarão a criar a mentalidade e atmosfera certas para descobrir novas abordagens para problemas e projetos da vida real, não importa o quão grandes ou confusos eles sejam. Desde definir o desafio e gerar muitas ideias, até avaliar essas ideias e estabelecer metas e planos de ação, cada passo apresenta ferramentas e técnicas personalizadas para ajudá-lo a superar seus preconceitos. Ele também vem com modelos e checklists (em inglês) para download no site www.thinking.space, para usar em suas sessões criativas individuais ou em grupo.

A **Parte Três** oferece uma oportunidade de revisitar o Radar de Decisão para ver até onde você chegou depois de implementar as lições deste livro. Reflita sobre suas habilidades aprimoradas e celebre seu progresso, tomando nota das áreas em que você quer continuar trabalhando. Finalmente, vamos olhar para como você pode se comprometer a pensar de forma diferente, como parte de uma estratégia ao longo da vida, para que possa continuar impulsionando a criatividade e a inovação em sua empresa e além.

VOCÊ IRÁ APRENDER A:

- *Avaliar o seu pensamento para identificar "áreas de risco".*
- *Compreender o contexto para pensar melhor.*
- *Obter clareza sobre um problema, desafio ou oportunidade de negócio.*
- *Gerar múltiplas ideias para qualquer tipo de problema.*
- *Envolver a si mesmo e aos outros no processo criativo.*
- *Olhar para além das ideias óbvias.*
- *Explorar novas perspectivas e oportunidades.*
- *Escolher as "melhores" ideias para desenvolver.*
- *Deixar para trás as suposições tolas e desatualizadas.*
- *Pôr fim a um julgamento precipitado.*
- *Trazer mais objetividade ao processo de tomada de decisão.*
- *Combinar ferramentas e técnicas para uma resolução de problemas mais eficaz.*
- *Quebrar o ciclo de reação ao problema.*
- *Largar o medo e aprender com os erros.*
- *Desenvolver confiança na qualidade das suas soluções.*
- *Evitar a paralisia da análise.*
- *Assumir hábitos de pensamento, atitudes e crenças mais úteis.*
- *Tornar-se mais criativo no seu pensamento ao longo do tempo.*
- *Incorporar uma cultura criativa na sua organização.*

Sempre que você estiver preso a uma decisão, precisar de uma nova ideia ou quiser trazer mudanças positivas, espero mesmo que *O manual do pensamento criativo* o inspire e oriente no seu caminho.

Você está pronto para começar?

Parte I

Pensando sobre o seu pensamento

1
O radar de decisão

O cérebro é um órgão maravilhoso. Começa a funcionar no momento em que você se levanta de manhã e não para até você chegar ao escritório.

— ATRIBUÍDO A ROBERT FROST

PADRÕES PERTURBADORES

A citação acima pode muito bem ser dita em tom de brincadeira, mas comunica um ponto crucial. A maioria de nós passa pela vida sem ter consciência dos processos por trás das decisões que tomamos ou das atividades que realizamos. Nós operamos em piloto automático — acordamos de manhã, nos vestimos, vamos para o trabalho e fazemos nossas tarefas diárias sem pensar muito nisso.

Isso é porque a mente humana trabalha com base no reconhecimento de padrões e regras. O cérebro é bombardeado com um monte de informação a todo momento. Se tentasse avaliar cada *bit* de dados individuais em tempo real, queimaria. Então, para isso não acontecer, ele agrupa informações em padrões ou regras e, em seguida, opera com base nesses conjuntos de dados de alto nível, em vez de se preocupar com detalhes de baixo nível. Veja a linguagem, por exemplo. Quando você está aprendendo a falar ou a ler, tem de criar padrões para letras, palavras e frases. Com o tempo, esses padrões se tornam bem estabelecidos e ordenadamente conectados ao seu cérebro. Por isso, agora que você está lendo estas páginas, não precisa parar para pensar no que está processando, basta juntar palavras e frases em padrões reconhecíveis.

Nossos padrões básicos podem ser muito úteis e práticos na maior parte do tempo. Eles tornam mais fácil a realização das tarefas, especialmente as monótonas e chatas. Ao se vestir de manhã, você não pensa conscientemente sobre a sequência de roupas a serem vestidas. Com essa escolha feita, você não tem que tomar nenhuma decisão sobre se vestir; apenas executa. Você segue automaticamente o padrão de se vestir. Da mesma forma, segue o seu padrão de ida para o trabalho e o de escovação dos dentes.

Como pode-se supor, esse pensamento e comportamento automático é ideal para tarefas rotineiras de trabalho, pois nos coloca na estrutura certa para lidar com as coisas de forma rápida e eficiente. Por exemplo, podemos ter encontrado uma abordagem que funciona excepcionalmente bem para lidar com clientes incômodos e iremos usá-la várias vezes com grande sucesso. Não temos de desperdiçar a nossa energia reinventando a roda sempre que nos deparamos com o mesmo problema. Nossos padrões de rotina nos permitem continuar com o negócio de viver... mas e o negócio de ter sucesso?

Embora essas ações pré-programadas nos poupem tempo e esforço valiosos, elas também podem nos deixar cegos para outras oportunidades. Conforme nossa mente reconhece e armazena padrões, eles se tornam entrincheirados e difíceis de mudar, então permanecemos presos em um caminho.

Tente resolver esta tarefa de números.

ATIVIDADE
A EQUAÇÃO

Olhe para esta equação:

Figura 1.1 A equação

$$2 + 7 - 118 = 129$$

Como pode ver, está incorreta. Como corrigi-la adicionando uma única linha reta? Tente fazer isso agora.

Para obter a resposta, consulte o apêndice.

Encontrou uma forma de corrigir a equação? Ficou surpreso por haver mais de uma forma de fazer isso?

Essa é a coisa interessante sobre os padrões mentais de rotina. Eles fariam você pensar que há apenas uma resposta certa e uma maneira ideal de encontrar essa resposta. Para qualquer desafio, há inúmeras soluções e caminhos possíveis. Se isso foi difícil, deve ter sido porque sua mente impôs um "padrão de resolução dos números" que o fez abordar a tarefa por uma única direção. Embora pareça ser um problema matemático, a resposta em si é visual. Você precisa mudar seu foco mental para longe das figuras de forma a olhar o problema como um todo, e então você conseguirá ver a(s) resposta(s).

A mensagem é óbvia — se quisermos nos tornar inovadores de sucesso, às vezes temos que interromper nossos padrões ou até mesmo ir contra eles. Em termos criativos, muita rotina equivale a insanidade, que tem sido memoravelmente definida como "fazer a mesma coisa repetidas vezes e esperar resultados diferentes". À medida que o nosso clima de trabalho muda rapidamente e nos deparamos com novos tipos de desafios, precisamos que o nosso pensamento se torne mais ativo e proativo, para que possamos procurar diferentes formas de obter resultados. Assim, a verdadeira habilidade para a criatividade é ser capaz de pensar com propósito.

METACOGNIÇÃO

A **metacognição** desempenha um papel fundamental na criação de inovações bem-sucedidas. Isso é comumente entendido como o ato de "pensar sobre o pensamento", mas vai muito além disso. Metacognição é a capacidade de controlar os processos cognitivos de uma pessoa, e tem sido associada à inteligência em vários estudos (Borkowski, Carr e Pressely, 1987; Brown, 1987; Sternberg, 1984, 1986a, 1986b). De acordo com Sternberg (1986b: 24), a metacognição tem por objetivo subjacente "descobrir como fazer uma determinada tarefa ou conjunto de tarefas e, em seguida, certificar-se de que aquilo foi feito corretamente". Esses processos executivos envolvem planejamento, avaliação e monitoramento de ações de resolução de problemas. Sternberg sugere que a capacidade de autorregular os recursos cognitivos, como decidir como e quando uma tarefa deve ser realizada, é fundamental para a inteligência (Hendrick, 2014).

Assim, acima de tudo, metacognição é o ato de aplicar uma estratégia em torno de seu pensamento para obter os resultados que você quer (Griffiths e Costi, 2011). Nesse sentido, representa a mais alta ordem de pensamento possível. Faço as perguntas a seguir ao meu público durante workshops ou conferências. Qual seria a sua resposta para cada uma delas?

Você pensa na sua dieta?

Você pensa na sua forma física?

Você pensa na sua aparência?

Você pensa no que pensa?

Se você é como a maioria das pessoas, sua resposta às três primeiras perguntas provavelmente será um "Sim" imediato. Só quando chegamos à última pergunta é que a resposta pode ser bem diferente! Na melhor das hipóteses, a resposta é "Às vezes".

Na maioria das vezes, é um simples "Não". É esse o problema — raramente pensamos no nosso pensamento.

Quando se trata de diferentes áreas da sua vida, como a sua saúde e aparência, você provavelmente coloca em prática estratégias e processos para gerenciá-las. Por exemplo, você pode conceber um plano de refeições ou um programa de exercícios para ajudá-lo a atingir o seu peso e nível de condição física ideais. Mas eu aposto de que dificilmente faria o mesmo com a sua mente. Faz sentido administrar seu pensamento da mesma forma que faria em outras áreas de sua vida. A aplicação de uma estratégia é fundamental para superar suas tendências naturais e automáticas, para que você não sucumba à "inércia ativa", ou seja, voltar às mesmas respostas antigas sempre que surgir uma nova ameaça. Mas, antes que possa aplicar uma estratégia, precisa lidar com os erros de pensamento que o mantém preso em velhos hábitos e padrões.

Se não for verificado, os erros de pensamento podem paralisar o seu pensamento criativo. Para compreender isso melhor, imagine que está correndo um *sprint* como sempre faz, com dois braços e pernas trabalhando livremente. Depois visualize que está correndo com a mão esquerda amarrada ao pé esquerdo. Você teria metade, ou menos da metade, da eficácia de antes?

Seria muito menos do que metade da eficácia, claro. Enquanto você usa metade dos seus recursos de corrida para se equilibrar, sua potência e eficiência são reduzidas a mais da metade. Está mais para uma deterioração de 99%, porque a distribuição do seu peso corporal muda, aumentando as chances de você tropeçar e cair de cabeça no chão! Esse tipo de restrição é exatamente o que fazemos a nós mesmos quando tentamos implementar novas estratégias e ideias. Colocamos tantas limitações em nossa capacidade de pensar que o resultado é que, muitas vezes, nos impedimos de chegar a qualquer lugar.

COLOCANDO O SEU PENSAMENTO SOB O RADAR

Antes de lhe mostrar como erradicar erros de pensamento e construir uma estratégia em torno disso, você precisa aprender mais sobre como você e seus colegas tomam decisões. Nossa ferramenta de perfilamento propositadamente concebido, **Radar de Decisão**, irá ajudá-lo a identificar os pontos fortes e fracos em seu pensamento, dando-lhe as bases a partir das quais você conseguirá aumentar a sua capacidade pessoal para pensar mais produtivamente e nutrir um ambiente equilibrado de tomada de decisão para você e sua equipe (Figura 1.2).

Figura 1.2 Radar de Decisão

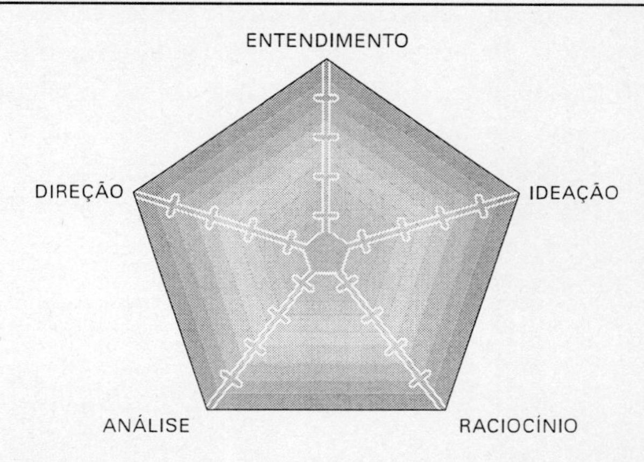

A ferramenta consiste em uma série de perguntas de múltipla escolha para avaliar suas habilidades de tomada de decisão de acordo com cinco fatores:

- **ENTENDIMENTO.** A capacidade de definir e compreender um problema ou desafio.
- **IDEAÇÃO.** Pensamento generativo que facilita a formação de novas ideias.
- **RACIOCÍNIO.** Os poderes mentais relacionados com a formação de conclusões, usando o bom julgamento e o bom senso, ao pensar em algo de uma forma lógica, objetiva e sensata (ou seja, os seus hábitos gerais de pensamento).
- **ANÁLISE.** A capacidade de classificar, filtrar e selecionar a alternativa que tem a melhor chance de fornecer um resultado bem-sucedido com base em critérios definidos.
- **DIREÇÃO.** A capacidade de pegar uma decisão que foi tomada e entregar um resultado bem-sucedido.

Pense na forma como você aborda situações e problemas, depois faça o teste. Responda às perguntas honestamente, sem pensar muito nas respostas. Dê até vinte minutos para completar. Faça a avaliação do Radar de Decisão (em inglês) aqui: **https://decisionradar.opengenius.com/**

Depois de completar o teste, você receberá uma avaliação de pontuação de acordo com os cinco fatores, cada um correspondente a uma cor específica no radar. Quanto mais perto do verde (no anel externo), melhor, enquanto as pontuações no vermelho (no anel interno) indicam áreas que precisam de forte melhoria. Nota: As imagens neste livro não são coloridas, mas você poderá ver as cores distintivas do Radar de Decisão no site. Seu radar refletirá a maneira como você toma decisões em um ambiente profissional e poderá se parecer com o exemplo da Figura 1.3.

Figura 1.3 Radar de Decisão — exemplo de perfil

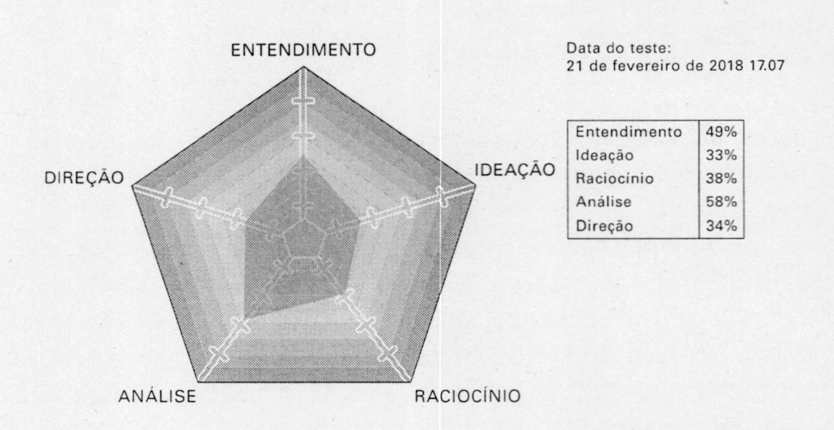

Entendimento	49%
Ideação	33%
Raciocínio	38%
Análise	58%
Direção	34%

Pelo exemplo, podemos ver que este indivíduo tem pontuações relativamente baixas para Ideação (33%), Raciocínio (38%) e Direção (34%), indicando que sua habilidade está visivelmente menos desenvolvida nessas áreas. Com essa informação, é fácil determinar quais os aspectos do seu processo de pensamento requerem a maior atenção. O radar indica para onde é preciso direcionar seus esforços, e onde seria melhor gastar algum tempo extra nos respectivos capítulos deste livro.

TOME UMA ATITUDE COM RELAÇÃO AOS SEUS RESULTADOS

Com base nos resultados do seu perfil do Radar de Decisão, você será capaz de determinar as áreas mais fortes e fracas do seu pensamento. Observe quais facetas você já desenvolveu e quais precisam ser ajustadas.

No entanto, não basta saber o que está pensando. Você também precisa saber o que fazer em relação a isso. Note que os resultados não são fixos. O cérebro pode ser treinado e requalificado para melhores resultados. Um estudo da McKinsey, de 2010, feito com mais de mil grandes investimentos empresariais mostrou que, quando as organizações trabalhavam para reduzir o efeito da parcialidade em seus processos de tomada de decisão, alcançavam retornos até 7% mais altos (Lovallo e Sibony, 2010). Boas práticas de pensamento podem fazer uma diferença concreta, assim como um foco na inovação. Em um estudo marcante ao longo de um período de onze anos, John Kotter e James Heskett, professores da Harvard Business School, descobriram que a renda líquida das empresas com uma cultura adaptativa e voltada para a inovação aumentou 756% em comparação com o 1% daquelas que não tinham desenvolvido uma filosofia de pensamento criativo (Kotter e Heskett, 1992).

Preste atenção aos conselhos dados pelo Radar de Decisão para ajudá-lo a minimizar suas áreas de risco. Os próximos capítulos lhe proporcionarão mais conhecimento e as técnicas certas para neutralizar esses riscos. Se estiver trabalhando em equipe, considere como alcançar um maior equilíbrio enquanto time, para que você possa implementar suas ideias mais inovadoras em conjunto. Depois de ler o livro e aplicar o processo do Localizador de Soluções, refaça essa avaliação para verificar como o seu pensamento evoluiu.

PRINCIPAIS TÓPICOS

- *Em casa e no local de trabalho, todos nós aprendemos a confiar em padrões e regras de rotina para orientar nosso comportamento e sermos eficientes. Infelizmente, esses velhos padrões não nos servem quando precisamos pensar.*

- *Infelizmente, esses velhos padrões não nos servem quando precisamos pensar de forma diferente; por exemplo, talvez vejamos apenas a maneira óbvia de encarar um problema ou nos atemos a formas confortáveis e familiares de encontrar soluções.*
- *Tornar-se mais saudável e ficar em forma não são coisas que acontecem por acaso; requer estratégia. É o mesmo com seu pensamento, se você deseja aumentar a sua capacidade criativa para criar melhores ideias.*
- *Metacognição é mais do que "pensar em pensar". É o ato de colocar uma estratégia em torno de seu pensamento para ajudá-lo a alcançar seus objetivos.*
- *Faça o teste do Radar de Decisão para descobrir seu perfil de pensamento pessoal. Identifique seus pontos fortes e fracos e descubra como lidar com eles.*

2
Erros comuns de pensamento: pensamento seletivo

MATANDO A CRIATIVIDADE E AS DECISÕES INTELIGENTES

Se o seu brainstorming não está tendo sucesso, se não está recebendo ideias suficientes, ou as ideias certas, é provável que você esteja preso em um padrão de pensamento inútil ou desgastado. Sem dúvida, você e os outros da sua equipe desconhecem isso. Nossas mentes podem fazer coisas incríveis, mas, em certas circunstâncias, também podem nos decepcionar muito. Há várias evidências no campo da psicologia que indicam como todos nós temos falhas em nosso pensamento ao tomar decisões ou resolver problemas. A ciência comportamental reconheceu abertamente que, por vezes, não só somos irracionais, como também somos previsivelmente irracionais! O vencedor do prêmio Nobel Daniel Kahneman fez um ótimo trabalho ao trazer à luz muitas de nossas falhas de raciocínio, heurísticas e preconceitos em seu excelente livro *Thinking, Fast and Slow* (Kahneman, 2011).

Nos próximos três capítulos, vou usar exercícios, perguntas e jogos para descobrir as falhas que espreitam em sua mente e tentar apontar o erro de seus modos de pensar. Conforme você aprende sobre os diferentes tipos de pensamentos, pergunte a si mesmo se já teve esses ou outros pensamentos e experiências semelhantes. Tente se lembrar de todas as ocasiões em que seus erros mentais possam tê-lo impedido de resolver um problema com sucesso.

Os nossos erros de pensamento tendem a cair num desses três campos:

- **Pensamento SELETIVO:** A tendência para validar certas ideias e descartar outras (por exemplo, favorecendo as nossas ideias "de estimação").
- **Pensamento REATIVO:** A tendência de reagir a influências, eventos ou ideias existentes, muitas vezes rápido demais.
- **Pensamento PRESUMIDO:** A tendência de aceitar uma crença, convenção ou ideia como verdadeira, muitas vezes sem provas (geralmente baseadas na experiência passada ou no "senso comum").

Seletivo, Reativo e Presumido são tipos de pensamento muito úteis quando usados no momento certo. Mas, se usados no momento errado — ou seja, quando se precisa pensar expansivamente e gerar ideias crescentes —, podem nos conter drasticamente. Por exemplo, reagir a situações e tomar decisões rapidamente é essencial para a sobrevivência física e para evitar situações perigosas. Não é tão produtivo, no entanto, quando você tem que tomar uma grande decisão estratégica e precisa explorar suas opções em profundidade.

ESSA É A IDEIA!

Nada é mais perigoso do que uma ideia quando ela é a única que temos.

— EMILE CHARTIER, FILÓSOFO FRANCÊS

Se eu escolhesse o aspecto do pensamento humano que causa mais danos no processo de brainstorming e tomada de decisão, teria que ser o pensamento seletivo. Quando as pessoas surgem com o que pensam ser uma grande opção ou decisão, o que fazem? Eles tentam justificá-la. Como seres humanos, raramente procuramos provar que estamos errados. Mas ser capaz de encontrar evidências não confirmadas é tão (se não mais!) importante quanto buscar evidências confirmatórias para tomarmos as decisões certas sobre qual novo produto lançar ou qual novo mercado entrar. Não fazer isso pode muito facilmente levar a algumas escolhas ruins e erros dispendiosos. Tal como um filtro em uma lente de câmera que só permite que certos raios luminosos entrem, o pensamento seletivo nos leva a aceitar ou rejeitar ideias quase imediatamente, com base no fato de elas se encaixarem ou não nos nossos paradigmas existentes.

ESTUDO DE CASO | NÓS NÃO COMPRAMOS LIVROS PARA INFORMAÇÃO

Um estudo de meta-análise de 2009, publicado pela American Psychological Association, revisou vários relatórios de pesquisa na área de viés de confirmação (uma forma de pensamento seletivo). Ele concluiu que as pessoas estavam quase duas vezes mais propensas a buscar informações que sustentavam sua visão existente do que as que a contradiziam (Hart et al, 2009).

Pense nisso. O que escolhemos para ler? Livros escritos por pessoas com quem concordamos. Durante a eleição presidencial americana de 2008, Valdis Krebs, no orgnet.com, analisou as tendências de compra na Amazon. Ele descobriu que as pessoas que já apoiavam Obama eram as mesmas que compravam livros que o pintavam sob uma luz positiva — e, vice-versa, as pessoas que não gostavam dele eram as mesmas que compraram livros que o mostravam sob uma luz negativa (McRaney, 2010). A pesquisa de Kreb destaca um fato interessante: não compramos livros para a informação, mas para a confirmação.

Podemos ser vítimas de diferentes tipos de pensamento seletivo:
Atenção seletiva. Você vê o que espera ver. Quando assiste futebol, quantas vezes acha que o árbitro é tendencioso contra o seu time?
Recordação seletiva. Você só se lembra das coisas que quer. Temos uma memória mais fraca do que pensamos. Já reparou como duas pessoas podem contar o mesmo evento de forma diferente?

- *Você: "Lembra aquela bela viagem que fizemos à praia no ano passado?"*

O seu parceiro: "Ah, essa viagem? Foi horrível..."
Cada um de vocês poderia argumentar até a morte que estão certos, mas, em ambos os casos, a lembrança do evento é seletiva.
Observação seletiva. Você aceita certas informações que apoiam a sua posição, ignorando os argumentos contrários. Ou você conta os acertos e esquece as falhas. Com a observação seletiva, você pode provar o que quiser se tiver tempo suficiente. Médicos, contadores e políticos tendem a ser pegos nisso.

O VIÉS QUE UNE

Há inúmeras maneiras do pensamento seletivo se infiltrar em nossas mentes, turvar nosso julgamento e colocar um fim em nossa criatividade.

1. Ignorar os fatos

Um dos principais sinais do pensamento seletivo é ignorar a evidência que está bem na sua frente. Na década de 1920, a Ford Motor Company estava produzindo mais de 60% de todos os veículos motorizados nos Estados Unidos e mais da metade em todo o mundo. O Modelo T de Henry Ford foi um grande sucesso — era o carro para o homem comum e parecia ter uma personalidade própria. No entanto, à medida que os anos 1920 progrediram, os desejos e as expectativas dos consumidores começaram a mudar. Os consumidores tinham mais dinheiro e tempo de lazer, e o automóvel já não era apenas um instrumento para chegar fisicamente a algum lugar, era um símbolo de status. Havia muitas evidências dessas mudanças naquela época — os consumidores queriam mais cores, mais variedade, mais personalização. Mas Henry não viu isso. Ele estava tão apaixonado por seu produto que escolheu ignorar os fatos e seu mercado (Tedlow, 2010). Na verdade, esta citação de Henry ficou famosa: "Qualquer cliente pode ter um carro pintado da cor que quiser, desde que seja preto." E ele insistia em manter os custos e preços baixos, oferecendo recursos limitados. Entre 1924 e 1925, o mercado estava crescendo, mas a cota da Ford diminuiu de 54% para 45%. Henry chegou ao ponto de despedir um executivo que se atreveu a entregar um relatório de sete páginas, em 1926, que alertava para essa terrível situação!

Por outro lado, a General Motors estava em uma ótima fase — começou a oferecer automóveis com variedade de cores e recursos adicionais. Também estenderam o crédito para tornar seus carros mais acessíveis e diferenciados, levando o cliente através da linha de produtos à medida que ele envelhecia e sua renda aumentava. Ao contrário da estratégia de "automóvel universal" da Ford, a estratégia da General Motors era "um automóvel para cada propósito e bolso".

A cegueira de Henry Ford resultou da sua convicção de que sabia o que os clientes queriam e do seu apego ao próprio produto/à própria ideia. No fim, teve que fechar sua fábrica principal por quase um ano para reequipar e redesenhar seu modelo. Isso deixou o campo livre para a General Motors assumir a liderança do mercado e abriu um espaço para a Chrysler. Por mais que a Ford tenha sido capaz de retornar com o novo Modelo A, nunca conseguiu recuperar o domínio de mercado que já teve.

2. A resposta "certa"

Está na hora de outro exercício.

ATIVIDADE
LARGUE O BLOCO

Olhe para a foto, que mostra uma pessoa segurando um bloco de madeira. O que você acha que acontecerá ao pedaço de madeira quando a pessoa soltá-lo?

Figura 2.1 Pessoa segurando um bloco de madeira

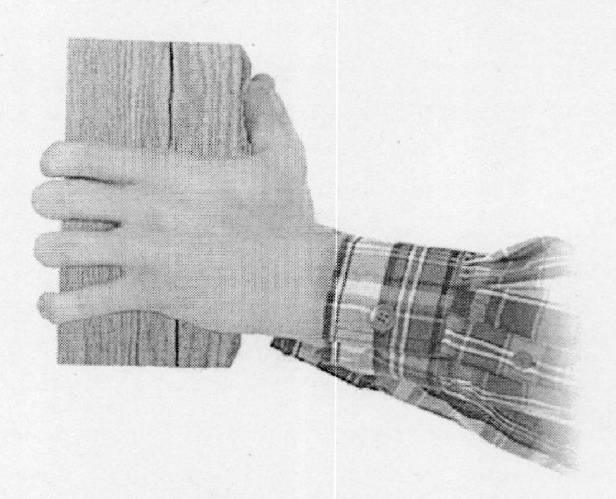

Para obter a resposta, consulte o apêndice.

Como você se saiu?

Previsivelmente, a maioria das pessoas responde que o bloco de madeira vai cair no chão. Embora esta resposta seja correta e apropriada de acordo com as leis da gravidade, não é a única (Brainstorming.co.uk, 2011). Esse teste destaca como é fácil dar a resposta mais óbvia primeiro, com base no seu conhecimento existente, e ignorar outras possibilidades que "não se encaixam".

No exercício "Largue o bloco", vemos como o pensamento seletivo nos faz parar de pensar quando encontramos a nossa resposta. Nada de incomum nisso — é tudo muito normal. Durante anos, os nossos sistemas educativos e ambientes de trabalho têm sido orientados para nos ensinar a encontrar a resposta certa, a ideia ou proposta chave. E, no processo, *não somos ensinados* a explorar muitas possibilidades para abordar os problemas de forma criativa. O pensamento de uma resposta tornou-se profundamente enraizado em nossos processos mentais. No entanto, isso não se encaixa na realidade da vida e dos negócios. A maioria das situações tem mais do que uma resposta certa. Na atividade acima, cada uma das respostas estava correta — dependia apenas do seu ponto de vista. Com uma decisão de negócio é a mesma coisa. Há muitas respostas certas para isso, mas apenas tendemos a aceitar a "coisa certa" que mais se encaixa no nosso ponto de vista. Tiramos nossa flexibilidade quando fazemos isso, o que só dificulta nossas chances de criar sucesso em um mundo em constante mudança. Na sociedade veloz de hoje, toda ideia certa eventualmente se torna a ideia errada!

3. Ficar preso a uma ideia de estimação

Assim como você não deve parar em uma resposta, também não deveria ficar muito apegado à sua ideia de estimação. Essa é a ideia "genial" absoluta que surgiu no início do brainstorming e à qual você continua a se agarrar durante o resto do processo de tomada de decisões, apesar de já não parecer muito inteligente quando visualizada no todo.

Você não precisa que eu diga por que isso é uma ameaça para a sua criatividade. Quando se apega à primeira grande ideia que vem à cabeça, quer se trate de um palpite, fórmula, produto ou estratégia, você tem dificuldade em ver quaisquer outras soluções possíveis. Todo o processo criativo deixa de ser dinâmico e você fica preso no pensamento ilusório. Em vez de sua mente correr livre, ela fica aprisionada por uma ideia que você se recusa a deixar de lado.

Por quase um século, nenhuma empresa foi tão bem-sucedida em comercializar câmeras como a Kodak. Algumas das suas inovações incluíram a câmera Brownie em 1900, o filme a cores Kodachrome e a câmera Instamatic, de fácil carregamento. O que eles não conseguiam imaginar era a rapidez e a violência com que os seus produtos seriam tornados irrelevantes pelos novos concorrentes digitais. Eles estavam tão ligados às suas linhas baseadas em filmes que ficaram de braços cruzados enquanto o progresso em fotografia digital e impressão, software, compartilhamento de arquivos e aplicativos de terceiros revolucionaram seu mercado. Desde então, a Kodak tem tentado se expandir em produtos farmacêuticos, chips de memória, equipamentos de imagem para a área da saúde e gerenciamento de documentos, mas nunca conseguiu voltar à antiga glória. Em 2010, o preço das suas ações estava 96% abaixo do pico que atingiu em 1997 (Newman, 2010).

A Kodak cometeu o erro clássico de se apegar demais à sua ideia de estimação — o filme fotográfico. Isso os prejudicou muito, porque não conseguiram ver que havia outras ideias que poderiam funcionar muito melhor. Mas isso não significa que você deva descartar a sua ideia favorita. Primeiro, faça uma exploração e averiguação para ter a certeza de que é a ideia correta.

4. **Ser enganado pelas expectativas**
   Experimente esta atividade.

ATIVIDADE
EU AMO PARIS

Dê uma olhada nesta imagem:

Figura 2.2 Eu amo Paris:

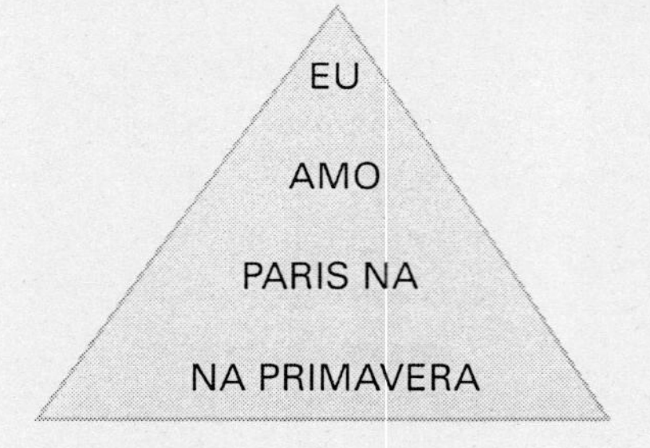

O que diz? "Eu amo Paris na primavera".
Será?
Ou diz: "Eu amo Paris na na primavera"?
O seu cérebro não esperava ver a palavra "na" duas vezes, e a pula.
Então, você foi enganado pelas suas próprias expectativas.

O pensamento seletivo está muito em sintonia com as nossas expectativas — vemos o que esperamos ver. Um estudo interessante sobre esse assunto foi realizado por Lidwien van de Wijngaert na Universidade de Twente in Enschede, Holanda, com colegas da Universidade de Utrecht (Simonite, 2009). Ele mostrou a sessenta pessoas o mesmo videoclipe, na mesma televisão de definição padrão. Antes de mostrar o clipe, ele disse a metade deles para esperar imagens mais claras e nítidas graças à tecnologia de alta definição (HD). Ele sustentou isso colocando cartazes, distribuindo panfletos e conectando um cabo mais grosso à tela. A outra metade foi instruída a esperar imagens normais de DVD. Posteriormente, as sessenta pessoas foram convidadas a preencher um questionário.

Eis que as pessoas que tinham sido levadas a esperar o HD relataram imagens de maior qualidade. Eles simplesmente não conseguiram perceber que estavam vendo uma televisão convencional. Consequentemente, Lidwien van de Wijngaert pôde confirmar este fato: "Os participantes não conseguiram discriminar adequadamente os sinais digitais e de alta definição." Eles viram o que esperavam ver! Outro exemplo de como o pensamento seletivo lhe dá uma visão seletiva.

5. Ter aversão às perdas

Pronto para outro enigma rápido?

ATIVIDADE
JOGUE A MOEDA

Vamos imaginar que vou jogar uma moeda. Se você perder, terá que me pagar cem libras. Qual é o montante mínimo que você precisaria ganhar para tornar essa aposta atraente?

Uma resposta sensata seria, obviamente, algo acima de cem libras. No entanto, se você é neutro ao risco, deve estar disposto a jogar por cem libras. Nem mais nem menos. Quando o especialista em finanças comportamentais James Montier realizou esse teste em seiscentos gestores de fundos que utilizavam dólares americanos, a resposta foi geralmente muito superior a cem dólares, com uma média ligeiramente superior a duzentos dólares (Montier, 2010). Isso é muito revelador; os gestores de fundos sentiram que precisariam ganhar o dobro do montante que poderiam perder antes de considerarem esta uma boa aposta.

Em geral, as pessoas odeiam perdas entre o dobro e duas vezes e meia a mais do que desfrutam de ganhos equivalentes; um conceito conhecido como *aversão à perda*. Essa expressão foi introduzida em 1979 pelos economistas comportamentais Daniel Kahneman e Amos Tversky, e explica muitas coisas estranhas, como por que as ameaças geralmente superam as oportunidades quando se trata de motivação, por que muitas vezes somos lentos para vender investimentos que perderam valor e por que na maioria das vezes não fazemos nada. Por darmos menos peso psicológico aos "ganhos" que poderíamos obter do que às "perdas" que poderíamos sofrer, optamos pela inação em vez da ação.

A aversão à perda aparece o tempo todo nos negócios. Mudanças no *status quo* organizacional geralmente envolvem ganhos e perdas até certo ponto. O problema que temos aqui é que o pensamento seletivo muitas vezes inclina mais o equilíbrio para evitar os aspectos negativos. A linha de base atual (ou *status quo*) é tomada como ponto de referência, e qualquer mudança em relação a essa linha de base é vista como uma perda.

As novas situações parecem sempre arriscadas. Se quiser iniciar um negócio, você precisa enfrentar a perda potencial de uma renda estável e previsível, e isso é o que impede a maioria das pessoas de começar, em primeiro lugar. Mas os ganhos podem muito bem ser maiores do que você imaginava. Assim como o viés de confirmação, a aversão à perda é outra armadilha do pensamento seletivo. Ela gosta de nos "colar" exatamente onde estamos... Sem fazer nada ou ir a lugar nenhum. Verifique os seus hábitos. A aversão à perda está impedindo você de buscar e criar oportunidades de forma ativa? Você está exagerando o risco de certos movimentos e subestimando os benefícios?

PRINCIPAIS TÓPICOS

Pensamento seletivo — você presta mais atenção às informações que sustentam o que você já acredita ou quer que seja verdade, ao mesmo tempo que despreza as informações que desafiam seu pensamento atual. Este tipo de erro de raciocínio o leva a:

- *Entrar em negação e ignorar fatos óbvios. Você evita fazer perguntas difíceis e descarta novas informações que possam colocar suas ideias ou teorias favoritas à prova (viés de confirmação).*
- *Parar na primeira resposta "certa" e então perder uma infinidade de respostas possíveis que poderia encontrar se você se preocupasse em prestar atenção.*
- *Ficar muito apegado a ideias de estimação, mesmo que elas não sejam tão boas assim.*
- *Ser feito de bobo pelas suas próprias expectativas. Você interpreta o futuro com base no que espera que aconteça — e é pego desprevenido pelo que realmente acontece!*
- *Evitar correr riscos por medo de perder (aversão à perda). Em vez de ser guiado pelo que pode ganhar, você está mais preocupado com o que pode perder. Como resultado, evita oportunidades interessantes e rejeita sugestões inovadoras.*

3
Erros comuns de pensamento: pensamento reativo

Rápido, vamos fazer alguma coisa! Fiel ao assunto deste capítulo, vamos pular direto para um exercício.

ATIVIDADE
TESTE DE REFLEXÃO COGNITIVA

Responda às três perguntas a seguir:

1. *Um taco e uma bola juntos custam £1,10 no total. O taco custa 1 libra a mais do que a bola. Quanto custa a bola?*
2. *Se cinco máquinas demoram cinco minutos para fazer cinco **widgets**, quanto tempo levaria para cem máquinas fazerem cem **widgets**?*
3. *Em um lago há um arbusto de lírios. Todos os dias o arbusto dobra de tamanho. Se o arbusto demora 48 dias para cobrir todo o lago, quanto tempo levará para cobrir metade do lago?*

O que você achou dessas perguntas? Relativamente fáceis? Difíceis?

Antes de lhe dar as respostas, talvez lhe interesse saber que, de 3.500 pessoas que fizeram esse teste, apenas 17% conseguiram acertar as três perguntas e, mais alarmantemente, 33% não acertaram nenhuma delas. Há uma razão para isso. Cada uma dessas perguntas tem uma resposta óbvia, mas infelizmente incorreta, e uma resposta não tão óbvia que é correta.

Responda à pergunta nº 1. A resposta óbvia e imediata a ela seria **£0,10**. Foi isso que você achou? Se sim, você não pensou o suficiente. A resposta correta é **£0,05.** Com um pouco de tempo, você entende. O taco custa 1 libra a mais do que a bola, portanto vamos remover isso da equação:

£1,10 - £1,00 = £0,10. £0,10 é então dividido por dois, porque há dois itens (1 taco e 1 bola) = **£0,05.** Se a bola custar £0,10 então o taco será apenas mais £0,90 do que a bola, não mais £1. Segue-se, portanto, que um taco custa **£1,05** e uma bola custa **£0,05**. Vendo por outro ângulo: **£1,10** - **£0,05** = **£1,05**. £1,05 é uma libra a mais que £0,05.

Na pergunta nº 2, frequentemente a reação instintiva é dizer cem minutos. Olhe para a pergunta com mais cuidado e você perceberá que, se forem necessárias cinco máquinas em cinco minutos para produzir cinco *widgets*, então a saída é um *widget* por máquina a cada cinco minutos. Então, a resposta é que cem máquinas levariam **cinco minutos** para fazer cem *widgets*.

Por último, na pergunta nº 3, a maioria das pessoas responderá 24 dias (metade de 48 dias). Mas, basta pensar, se o arbusto dobra de tamanho a cada dia, no dia antes de cobrir todo o lago, ele deve ter coberto metade do lago, então a resposta correta, na verdade, é **47 dias**.

Esse teste de três perguntas é conhecido como Cognitive Reflection Test (CRT) e foi concebido pelo professor Shane Frederick (anteriormente do Massachusetts Institute of Technology, MIT) para revelar o tipo de processo de reflexão que você usa predominantemente: um emocional e reativo ou um consciente, reflexivo e lógico (Frederick, 2005). Tão simples quanto parece, esse teste é muito mais poderoso em trabalhar isso do que qualquer teste de QI ou pontuação de vestibular. A julgar pelo número de respostas erradas dadas, uma grande porção de nós está propensa a tomar decisões usando atalhos mentais "rápidos e sorrateiros" em vez de uma forma mais lenta, mais deliberada e mais racional de processamento de informação.

SISTEMA 1 *VERSUS* SISTEMA 2

Segundo o psicólogo ganhador do prêmio Nobel, Daniel Kahneman (2011), existem dois sistemas cognitivos que impulsionam a forma como pensamos e tomamos decisões. O Sistema 1 é rápido, instintivo e emocional; o Sistema 2 é mais lento, mais reflexivo e metódico.

O Sistema 1 é a nossa opção padrão, então todas as informações entram aqui primeiro para processamento. É automático e não exige esforço, e usa atalhos mentais (heurística), características situacionais chave, ideias associadas e memórias para lidar com toneladas de informação simultaneamente. Como trabalha muito rápido, ele dá respostas que são quase (em vez de precisamente) corretas. Ser capaz de detectar que um objeto está mais distante que outro e completar a frase "pão com..." são exemplos do pensamento do Sistema 1 em ação. Como você pode perceber, esse sistema é especialmente útil em situações em que o tempo é curto e a ação imediata é necessária.

O Sistema 2, por outro lado, é muito mais disciplinado e tenta seguir uma abordagem dedutiva e sistemática para a resolução de problemas. Ele nos permite lidar com conceitos complexos ou abstratos, planejar antecipadamente, considerar cuidadosamente as opções e rever as coisas à luz de novas informações. Como qualquer processo lógico, requer um esforço deliberado e só pode lidar com um passo de cada vez, por isso é uma forma mais lenta, mas muito mais precisa de lidar com a informação. Esse sistema é ativado quando a pessoa está estacionando em um espaço estreito, ou fazendo a declaração do imposto de renda, por exemplo. Em geral, é útil quando você se encontra em uma situação desconhecida ou de alto risco e tem mais tempo para resolver as coisas. O bom desse sistema é que ele pode corrigir ou substituir os julgamentos automáticos feitos pelo Sistema 1 se detectar que sua resposta instintiva está errada.

Pode ser útil distinguir esses sistemas como **pensamento reativo** (Sistema 1) e **pensamento proativo** (Sistema 2). A maioria de nós gosta de pensar que operamos com nosso eu consciente, raciocinando quando estamos tomando decisões (Sistema 2). A realidade, no entanto, é que o Sistema 1 lida com muito mais de nossas ações do que gostaríamos de admitir. Em vez de pensarmos profundamente, reagimos instantaneamente a eventos, tarefas ou influências externas, muitas vezes de formas pré-programadas.

Pense nisso. Qual é a primeira coisa que se faz de manhã quando se chega no trabalho? Como a maioria de nós, você deve verificar seus e-mails. E depois? Você entra em ação digitando suas respostas às mensagens mais importantes — ou seja, começa o dia reagindo ao que está na sua frente.

Reagir aos e-mails como um robô respondendo comandos significa que você não está se dando tempo para pensar sobre as coisas, para reunir mais informação, para ser inovador ou flexível na forma como responde. O que isso prova é que quase sempre confiamos na nossa reação inicial, e só de vez em quando trazemos o Sistema 2 para rever a decisão. Ele apenas fica funcionando em segundo plano até decidirmos chamá-lo. Uma grande armadilha do pensamento reativo mostra sua cara durante as reuniões e sessões de brainstorming da equipe. Tome cuidado com a linguagem reativa e julgamentos precipitados ao trabalhar com outras pessoas (ver Tabela 3.1).

Tabela 3.1 Cuidado com a linguagem reativa

REATIVO	PROATIVO
Eu devo...	*Eu prefiro...*
Eu tenho que...	*Eu tenho alternativas...*
Nós sempre fazemos...	*Nós podemos fazer isso, ou aquilo...*
Se apenas...	*Eu vou...*
Eu não posso...	*Eu posso escolher...*
Não há nada que eu possa fazer...	*Eu vou olhar as opções...*

ESTUDO DE CASO | JULGAMENTOS PARA O SNAPCHAT

Quando Evan Spiegel e Robert Murphy, estudantes da Universidade de Stanford, apresentaram pela primeira vez a ideia de um aplicativo para compartilhar fotografias e vídeos por um tempo limitado como parte de um trabalho universitário, ela foi instantaneamente ridicularizada. Felizmente, eles não se intimidaram com a reação negativa de seus colegas e continuaram desenvolvendo a ideia. Dois anos depois, o Snapchat foi avaliado em 3 bilhões de dólares (McKeown, 2014).

A NECESSIDADE DE VELOCIDADE

É verdade que o funcionamento reativo é incrivelmente útil e dá uma contribuição poderosa para a nossa produção diária. Hoje em dia, a maioria de nós está muito ocupada. Precisamos do pensamento reativo (Sistema 1) para agir como nosso piloto automático e nos ajudar a tomar atalhos rápidos e práticos enquanto percorremos os padrões da vida. Ele é ótimo para nos ajudar a realizar as atividades regulares e comuns em nossas vidas e resolver situações rapidamente quando o tempo exerce pressão. Pensando de forma reativa, conservamos a nossa energia (muito necessária!) e liberamos tempo valioso para outras coisas.

Mas aqui está o problema. Graças à nossa cultura digital "sempre ativa" e à economia desordenada, sentimos a necessidade de gerir as nossas vidas de modo mais rápido. Todos os dias, corremos de tarefa em tarefa e preenchemos a agenda até o limite. Temos prazos a respeitar, e-mails a responder, obrigações a cumprir, papéis a arquivar, telefonemas a atender e reuniões a assistir — não admira que estejamos todos exaustos! É tentador pensar que estar ocupado significa ser produtivo; que, se lidamos com coisas que surgem, estamos fazendo grandes progressos. Mas, ao nos apressarmos para realizar essas tarefas, não estamos lhes dando a atenção e a profundidade de pensamento de que precisam, o que pode ser letal para a nossa criatividade. Para atingirmos os níveis máximos de desempenho, temos de ser *proativos* e não reativos. Ninguém pode negar que muitas vezes são necessárias reações rápidas nas empresas, mas temos de estar conscientes dos perigos.

> **VOCÊ SABIA?**
> *Trabalhar sem quaisquer períodos de descanso ao longo do dia pode impactar sua produtividade e foco em até 75% (Ciotti, 2012).*

Considere a seguinte pergunta:
Se estivesse correndo uma maratona, quão eficaz você acha que seria se passasse a maior parte dela correndo?

A menos que você possua superpoderes atléticos incríveis, você irá se esgotar rapidamente. Se tentar correr uma maratona ao ritmo de um *sprinter* durante todo o percurso sem nenhuma pausa, suas energias se esgotarão antes mesmo de você atingir a metade do caminho. O mesmo se aplica aos negócios. Se focar toda a sua energia em tempo integral no serviço de "monitor de caixa de entrada", ou em lidar com cada crise de curto prazo que aparece no seu caminho, em pouco tempo a sua produtividade cairá. A velocidade é importante em certos momentos, mas nos momentos errados é um grande inibidor.

De acordo com o psicólogo Tony Schwartz, as pessoas que tentam passar o dia de trabalho sem períodos de descanso e relaxamento podem facilmente perder o foco, o que significa que estão apenas atingindo 25% de sua produção potencial durante o dia (Ciotti, 2012). A vida (e os negócios) é uma maratona, mas é uma maratona em uma *série de sprints*. Embora ficar constantemente em movimento possa fazê-lo sentir como se estivesse correndo à frente, é mais provável é que você esteja preso em um lugar executando tarefas não essenciais. Os seres humanos não são projetados para funcionar continuamente em alta velocidade por longos períodos de tempo — fazer intervalos intermitentes para descansar nos dá tempo para incubar ideias para a nossa missão mais crítica e conduz a uma produtividade mais sustentável a longo prazo. Trabalhar com base no *sprint*-descanso, *sprint*-descanso e, em seguida, *sprint* novamente, aumenta não só os seus níveis de energia, mas também os seus níveis de inspiração. Então, certifique-se de deixar alguns espaços em branco no seu calendário para as reuniões importantes que você deve participar — com você mesmo.

NO CALOR DO MOMENTO

O pensamento reativo vem com várias falhas sistemáticas, algumas das quais podem ser perigosas. Aqui estão algumas áreas problemáticas com as quais você deve estar familiarizado:

1. Desvantagem do primeiro a chegar

Uma pergunta rápida. Você está em terceiro lugar. E passa a pessoa em segundo lugar. Em que posição você está agora?

... se respondeu "primeiro lugar", pense bem. Você estaria em segundo!

Isso nos leva a outra questão mais complexa. É melhor ser o primeiro a fazer algo ou um segundo rápido?

Afirma-se amplamente que a primeira empresa a lançar um novo produto ou a entrar num novo mercado tem uma vantagem competitiva inerente em relação aos concorrentes posteriores. Já ouviu falar da **vantagem do primeiro a chegar**? Ao chegar primeiro, podemos nos estabelecer como um líder nesse campo específico e erguer barreiras para dissuadir os concorrentes. Isso é o que o Sistema 1 nos faria pensar e fazer — agir sobre uma ideia ou oportunidade enquanto ela ainda está quente. No entanto, o conceito de vantagem do primeiro a chegar ao topo pode ser mais mito do que realidade. O fato é que o pioneirismo de um novo produto ou avanço na indústria é um empreendimento enorme e caro; é preciso muito para educar e motivar os consumidores para sua inovação, e para estabelecer a força da distribuição, marca e marketing. E, enquanto faz isso, você permite que os concorrentes aprendam com seus erros e melhorem sua estratégia.

Há muitos exemplos que provam que é raro o primeiro realmente capturar um mercado. Por exemplo, o tablet foi introduzido pela primeira vez pela Microsoft em 2001, mas foi dramaticamente eclipsado pelo iPad e outros nos últimos anos. O primeiro site de busca foi criado pela Overture (agora parte do Yahoo), mas agora está muito atrás do onipresente Google. O primeiro site de rede social, Friendster, foi lançado em 2002, mas mais tarde foi negligenciado em favor do Facebook e Twitter. A primeira marca de fraldas descartáveis não era a Pampers, da Proctor & Gamble, mas a Chux (desenvolvida pela Johnson & Johnson). O Hydrox foi o primeiro biscoito que consistia em um creme branco entre dois biscoitos escuros em 1908, quatro anos antes do Oreo, mas o Oreo agora alcançou o status de ícone.

Ser "o primeiro" não garante o sucesso. As empresas pioneiras tendem a se lançar prematuramente sem compreenderem a situação do mercado, os problemas e objeções dos clientes e com um produto de características medianas, e não superior ao dos concorrentes. A corrida para ser o primeiro a entrar num mercado pode ser destrutiva, pois baseia-se em suposições e compromissos. Lembre-se: a empresa é uma maratona em uma série de *sprints*, não um único *sprint*, então se acalme e faça uma pausa.

- Pense mais antes de agir nessa incrível oportunidade, evento ou ideia.
- Envolva o seu Sistema 2 e reserve algum tempo para considerar cuidadosamente as suas opções e chegar a uma conclusão bem fundamentada.
- Exerça a paciência para se certificar de que você tem a mistura certa de produto, promoção, preço e lugar.

Como a Google, Apple e outros provaram, às vezes, ser um segundo rápido é uma ideia melhor.

2. Quem soltou os cachorros?

Estranhamente, a própria compulsão que nos faz querer ser um pioneiro é a mesma que nos leva a copiar os outros. Há uma analogia simples para isso. Um cão ladra e, antes que você se dê conta, todos os outros cães do bairro ladram. É assim que funciona o competitivo mundo corporativo. Assim que alguém lança um novo produto ou adota um determinado programa de gestão, todos os outros seguem o exemplo. Isso não quer dizer que imitar os outros é errado; a seção anterior prova que ser um seguidor rápido pode ter resultados mais gratificantes do que ser um pioneiro. No entanto, isso só funciona se tivermos tempo para pensar bem nas coisas.

Muitas vezes, nós copiamos sem pensar o que os outros estão fazendo — como comprar uma peça de roupa porque é moda nessa temporada, e não porque se adequa a nós ou aos nossos propósitos. Não há um processo de pensamento consciente em torno da decisão. Da mesma forma, quando nos deparamos com um problema menor, saltamos para tentar resolvê-lo por causa da resposta clássica de "lute ou fuja". Nossa abordagem é tática, não estratégica, e nossa visão é de curto alcance, não de longo prazo. A partir dessa posição, torna-se difícil implementar a inovação de qualquer forma planejada, uma vez que a nossa energia e os nossos recursos estão ligados à reação aos objetivos dos outros atores no terreno. É um ciclo interminável de reação ao problema.

3. Não, o cliente nem sempre tem razão.

Os departamentos de marketing e relações públicas geralmente não têm o conceito de pensamento reativo. Uma das regras tradicionais que muitas empresas cumprem assume a forma de "Ouça os seus clientes" ou "O cliente sempre tem razão". É importante compreender o que motiva os seus clientes e as razões para as suas ações, é claro — ouvir os seus clientes e os problemas deles é uma tarefa fácil se quiser fornecer um serviço de primeira classe e fazer melhorias desejáveis e procuradas no seu produto. No entanto, aderir a essa regra religiosamente pode ser fatal, pois bloqueia o modo reativo.

Todos os anos, as empresas gastam milhões tentando entender as necessidades dos clientes em uma tentativa de inovar rapidamente e superar os concorrentes. Mas o processo está carregado de riscos; muitas vezes, a pesquisa de clientes é malfeita e quase nunca leva a uma inovação completa e revolucionária. Todos nós conhecemos os produtos que foram lançados com base em uma extensa pesquisa de consumo, mas que foram bombardeados no mercado. Você se lembra do fiasco da Nova Coca-Cola?

ESTUDO DE CASO | PESADELO DA NOVA COCA-COLA

Pesquisas e questionários de clientes sobre novos produtos e ideias podem muitas vezes falhar. Reagindo à crescente popularidade da Pepsi, a Coca-Cola deu um tiro no pé com o lançamento da Nova Coca-Cola em 1985. A empresa realizou todos os tipos de testes de gosto do consumidor, pesquisas e grupos focais que mostraram preferência pela nova fórmula. Os testadores concordaram que não só seria melhor que a antiga Coca-Cola, como também seria melhor que a Pepsi. No entanto, todo o tempo, dinheiro e habilidade investidos na pesquisa de consumo não conseguiram revelar a profundidade do apego emocional das pessoas à fórmula original e o valor da fidelidade à marca em suas decisões de compra. Quando a Nova Coca-Cola foi lançada e a antiga foi retirada de circulação, os clientes ficaram indignados com o fato de a sua tão amada marca ter sido alterada. É desnecessário dizer que o desempenho não correspondeu às expectativas e os resultados foram trágicos. A Coca-Cola tomou a sábia decisão de reinstituir o antigo refrigerante como Coca Clássica, e eventualmente recuperou sua posição de liderança no mercado. O presidente da empresa, Donald R. Keough, admitiu: "Não entendíamos as emoções profundas de nossos clientes pela Coca-Cola." (Ross, 2005) Há uma lição aqui. O que os consumidores dizem que gostam nem sempre reflete o que vão comprar.

Hoje em dia, é comum as empresas perguntarem aos clientes quais características desejam ver nos seus produtos e, em seguida, entregá-las como uma prioridade. Isso não é, de modo algum, errado. Na verdade, é essencial para fazer ajustes bons, honestos e proveitosos no seu produto. Na OpenGenius, sempre ouvimos o que os clientes têm a dizer ao avaliar os recursos potenciais para atualizações de nossos produtos de software. Mas o problema de ouvir seus clientes é que eles não podem falar sobre uma necessidade que eles nem sabem que têm. E raramente admitirão que estão dispostos a pagar mais por um produto premium.

Alguns dos produtos e serviços mais bem-sucedidos dos últimos anos não são o resultado reativo de pesquisas de clientes ou sugestões para sites de *crowdsourcing*. Eles são o resultado da previsão e do impulso proativo de determinados inovadores. Um exemplo disso é o First Direct, que invadiu o mercado bancário em 1989, tendo sido pioneiro do primeiro serviço bancário telefônico do Reino Unido, 24 horas por dia, 7 dias por semana. Isso foi inspirado pela consciência de que um número crescente de pessoas não tinha tempo para visitar sua agência bancária e que os clientes mais jovens queriam maior controle e flexibilidade na forma como gerenciavam suas finanças (Gower, 2015). Antes disso, qualquer pessoa que quisesse realizar qualquer tipo de transação bancária tinha que ficar na fila em uma agência para ser atendida por alguém atrás do balcão. O lançamento foi um esforço corajoso, e foi ridicularizado por bancos rivais, peritos em serviços financeiros e meios de comunicação social. Dado o quão entrincheirado o setor varejista bancário estava, os céticos não conseguiam compreender como é que alguma coisa poderia substituir o serviço ao cliente presencial que era prestado em uma agência. A First Direct identificou uma necessidade que os clientes nem sabiam que tinham. Até que os clientes experimentassem serviços bancários por telefone e a simplicidade que eles ofereciam, nunca saberiam que era a solução que desejavam. Hoje em dia, com a adição do internet banking, é difícil imaginar que costumava haver apenas uma opção para o banco: visitar uma agência. Avance 29 anos, e a First Direct riu por último, com mais de 1,37 milhões de clientes e números invejáveis de satisfação. Em 2017, ela liderou mais uma vez uma pesquisa realizada pelo Which?, órgão de defesa do consumidor, como melhor marca em atendimento ao cliente (Ingrams, 2017).

ESTUDO DE CASO | FACEBOOK IGNORA SEUS CLIENTES

O Facebook oferece outro exemplo de pensamento não reativo. O site da rede social não foi projetado para atender qualquer necessidade aparente do cliente. O LinkedIn e o MySpace já eram players ativos no mercado e a entrada de mais um serviço de rede social não parecia nada demais. Mas veja o que aconteceu: o Facebook alcançou um sucesso inigualável e, a partir do quarto trimestre de 2017, foi reportado como tendo 2,2 bilhões de usuários ativos mensais, tornando-se o site de rede social mais popular do mundo (Statista, 2018).

Ignorar os seus clientes é algo que o Facebook faz muito bem. Frequentemente, vira notícia por perturbar os consumidores com alterações indesejadas, por exemplo, substituindo os perfis por uma estrutura de "linha do tempo". E só raramente ele aceita as sugestões dos clientes. Mark Zuckerberg, o cérebro por trás do site, chegou a dizer: "As empresas mais disruptivas não ouvem seus clientes" (Thomas, 2009). Considere isto. Se o Facebook ouvisse seus clientes, acabaríamos com configurações rígidas de privacidade, sem publicidade, funções mais complicadas e, sem dúvida, uma ferramenta menos "social" e mais pesada.

Se a First Direct e o Facebook dependessem de seus clientes para dizer o que eles queriam ou precisavam, poderiam muito bem ter acabado como seguidores em seu campo, em vez de líderes. Mas não ignore completamente os seus clientes. Depois de lançar uma inovação revolucionária, como um novo produto ou serviço, você pode ter certeza de que seus concorrentes o seguirão logo atrás. A única maneira de se manter no topo é através da inovação contínua e melhorias incrementais que mantêm os seus clientes satisfeitos. Portanto, olhe cuidadosamente para o que os seus clientes precisam e querem, mas, em vez de ouvir o que eles dizem, *observe o que fazem*. Isso lhe dará informações mais concretas para basear suas decisões do que qualquer coisa que saia de suas bocas.

Não importa qual seja o seu produto ou serviço, é do seu interesse garantir que o seu trabalho seja examinado pelos clientes, seja em laboratórios de usabilidade ou no próprio ambiente do consumidor. Um atalho ou conceito interessante do qual você está superorgulhoso pode ser ignorado ou negligenciado pelo cliente. Eles também podem ter dificuldade em compreender uma tarefa ou processo que você supôs que seria óbvio. Ver como os clientes usam seu produto irá redefinir suas expectativas sobre o que eles realmente precisam e focar sua atenção em resolver seus problemas reais (Berkun, 1999). Uma chance de "se colocar no lugar do cliente" pode ser uma experiência que lhe dará humildade e que o levará a pensar de forma mais proativa e tomar melhores decisões sobre o que você está oferecendo.

DEIXANDO A INFORMAÇÃO SOBRECARREGAR VOCÊ

A sobrecarga de informação é um sintoma do nosso desejo de não nos concentrarmos no que é importante. É uma escolha.

— BRIAN SOLIS, analista da indústria americana

Teste suas habilidades nesta charada de letras embaralhadas.

ATIVIDADE
LETRAS CODIFICADAS

1. **SSUEPVEERNMELRTCRAEDTO**

Risque dez letras na linha acima para que as doze letras restantes escrevam uma palavra bem conhecida. A palavra deve ser soletrada na sequência correta.

2. **SBAEINSLETARNASAS**

Faça o mesmo com essa linha, mas dessa vez risque apenas seis letras para soletrar uma palavra comum sem alterar a ordem das letras.

Verifique as respostas no apêndice.

Essas foram fáceis o suficiente para você? Se sim, então você demonstrou uma excelente capacidade de cortar o ruído visual e chegar ao cerne de um problema. Depois disso, encontrar a solução é fácil.

Excesso de coisa boa?

A informação é uma coisa maravilhosa. É uma enorme fonte de inspiração para as pessoas de negócios que procuram novas ideias, novas abordagens e apoio à tomada de decisões. E nunca houve tanta quanto agora. Graças aos incríveis desenvolvimentos da era digital, temos informações à nossa volta 24 horas por dia, 7 dias por semana, tudo o que você puder absorver. Na maior parte das vezes, isso é fantástico, porque podemos encontrar o que precisamos, quando precisamos. Mas, como legiões de nós no local de trabalho estão descobrindo, você pode ter um excesso de coisa boa. Muitos sites para visitar, muitas notificações, relatórios para ler, links para clicar, vídeos para ver, notícias para ler... E sem esquecer de todos os e-mails que aguardam na sua caixa de entrada.

É difícil se manter focado enquanto se está sendo bombardeado por um implacável fluxo de dados, o que rapidamente mergulha você em uma "sobrecarga de informação". De acordo com o relatório Touchpoints de 2017 liberado pelo Institute of Practitioners em Advertising (IPA), adultos do Reino Unido estão gastando oito horas por dia consumindo algum tipo de mídia (IPA, 2017). Na prática, isso significa que metade do tempo que passamos acordados é gasto recebendo informações, principalmente por via eletrônica.

INFORMAÇÃO: O QUE ACONTECE A CADA MINUTO?

- *15.220.700 mensagens enviadas*
- *3.607.080 pesquisas no Google*
- *456.000 tweets no Twitter*
- *154.200 chamadas feitas pelo Skype*
- *4.146.600 visualizações de vídeo no YouTube*
- *527.760 fotos compartilhadas no Snapchat*
- *103.447.520 e-mails de spam enviados*
- *69.444 horas de vídeo transmitidas na Netflix*
- *74.220 publicações no Tumblr*
- *600 novas edições de página na Wikipédia*
- *13 novas músicas adicionadas ao Spotify*
- *46.740 fotos postadas no Instagram*
- *120+ novas contas criadas no LinkedIn*
- *258.751 dólares em vendas realizadas na Amazon*

fonte Informações coletadas pela empresa de dados de marketing Domo em 2017. Disponível em: https://www.domo.com/learn/data-never-sleeps-5

Afogando-se em dados

O impacto desta investida de informação é alarmante. As torrentes incessantes de dados inundam as nossas mentes, desviando o foco e os recursos de onde são necessários — o nosso trabalho "real". Quando somos bombardeados com informação, nos sentimos pressionados a agir imediatamente — a pensar de forma reativa. O que acontece depois? Acabamos tomando as decisões erradas, porque não gastamos um tempo para pensar na informação de forma racional e objetiva. E fica pior. A sobrecarga de informações também esmaga nossa capacidade de gerar ideias. Passar por ela absorve o nosso tempo e ocupa a maior parte do nosso espaço mental, por isso não nos resta quase nada para pensarmos criativamente. Quantas horas você perdeu procurando por resmas de dados irrelevantes para encontrar aquela informação crucial que você estava procurando?

O DIA DO TRABALHADOR DO CONHECIMENTO

25% — Sobrecarga de informação
19% — Criação de conteúdo
19% — Leitura de conteúdo
17% — Reuniões/telefonemas/interação social
10% — Pesquisa
5% — Tempo pessoal
5% — Pensamento e reflexão

fonte Resultados do inquérito Basex (2010). Disponível em: http://www.basexblog.com/2010/11/04/our-findings/

Ao longo do seu dia de trabalho, cada *bit* de informação com que se depara lhe apresenta uma escolha tripla:

1. Responder imediatamente
2. Usar para uma decisão iminente
3. Ignorar completamente

Em uma tentativa de se manter a par de toda a informação com que é bombardeado, o seu cérebro vai instintivamente com a primeira opção. Ele está configurado para responder automática e instantaneamente, e vai fazer isso mesmo que esteja tomando decisões ruins. Isso porque, quanto mais informação continuar entrando, mais o seu cérebro se debate com o que deve manter para referência futura e do que se pode livrar. Sua memória de trabalho só pode conter cerca de sete itens de informação; depois disso, é um verdadeiro esforço consciente para descobrir o que deve ser transportado para sua memória de longo prazo — um esforço semelhante ao de estudar para provas. A maneira de contornar isso é fazer seus julgamentos rapidamente, mas, como já discutimos, uma decisão rápida raramente é a melhor decisão. Sempre que tiver uma tarefa que necessite de toda a sua atenção, é melhor eliminar o maior número possível de informações ou distrações supérfluas. Ao simplificar a forma como você olha para tudo, é mais provável que você introduza uma fonte de criatividade no processo e crie as condições para fazer as escolhas certas.

ESTUDO DE CASO IKEA | PENSAMENTO DE DESIGN

O fenômeno sueco do mobiliário DIY, a IKEA, conseguiu aumentar as vendas e os lucros da loja quase da noite para o dia, quebrando um padrão reativo e simplificando um processo de compra que poderia ser esmagador para a maioria das pessoas (Hurson, 2008). Em vez de seguir a rota habitual e vender através de pontos de venda tradicionais, o conceito da IKEA era oferecer aos clientes um supermercado com mobiliário elegante. Os clientes entram, pegam seus carrinhos de compras e navegam por um labirinto de corredores cuidadosamente concebido e de fácil utilização, encontrando e recolhendo facilmente os produtos de que precisam. Em seguida, eles carregam seus carrinhos, muitas vezes lotados, pelos caixas de pagamento parecidos com os de supermercado para fazer seus pagamentos. Esse sistema único funcionou surpreendentemente bem e tornou-se uma fonte de diferenciação real e sustentável. Hoje, a IKEA é a maior e mais rentável empresa de mobiliário do mundo.

PRINCIPAIS TÓPICOS

A maioria de nós está propensa a tomar decisões usando uma abordagem emocional e reativa (Sistema 1: Pensamento reativo) em vez de uma abordagem deliberada e racional (Sistema 2: Pensamento proativo). Excesso de confiança no pensamento reativo nos leva a:

- *Agir sobre uma ideia no calor do momento, porque queremos ser "pioneiros". A história recente mostra que ser o primeiro a entrar num mercado ou a lançar um novo produto não garante o sucesso, podendo, até mesmo, ser destrutivo (nota: a empresa é uma maratona em uma série de* ***sprints****, não um único* ***sprint****).*
- *Copiar sem pensar o que os outros estão fazendo em vez de criar conscientemente o nosso próprio futuro. Nós nos tornamos seguidores, não líderes!*
- *Um excesso de confiança em "ouvir os nossos clientes". Isso nos engana e nos leva a fazer mudanças e melhorias reativas, e perdemos a oportunidade de projetar inovações revolucionárias. Na maioria das vezes, os clientes não sabem o que querem até mostrarmos a eles.*
- *O acesso ininterrupto à informação é, por um lado, maravilhoso e, por outro, absolutamente avassalador. Antes de nos darmos conta, estamos num frenesi tentando manter a cabeça acima da avalanche de e-mails, relatórios, projetos, postagens de blogs, atualizações e coisas diversas que se somam à sobrecarga de informação. Cuidado com a tendência de reagir automática e instantaneamente à informação. Uma decisão rápida raramente é a melhor decisão.*

4
Erros comuns de pensamento: pensamento presumido

Comece a desafiar as próprias suposições. As suas suposições são as suas janelas para o mundo. Limpe-as de vez em quando, ou a luz não entrará.
— ALAN ALDA, ator americano, discurso de abertura no Connecticut College (1980)

ELAS ESTÃO POR TODA A PARTE!

As suposições estão por toda a parte. Nós as fazemos o tempo todo e em quase todas as situações. Sempre que abordamos um problema de negócios, seja simples ou complexo, anexamos suposições a ele antes de tentarmos resolvê-lo.

O que é uma suposição? É uma crença, convenção ou ideia que aceitamos como verdadeira, muitas vezes sem provas. E todos nós temos muitas delas — elas foram fixadas em nós por nossos pais, professores, locais de trabalho e pela sociedade em geral ao longo da vida. Nos negócios, nossas suposições são as coisas que acreditamos implicitamente sobre nossos clientes, produtos, processos, mercados, companheiros de equipe, indústrias, nós mesmos etc.

Algumas suposições típicas podem ser:

- O trabalho só ocorre no escritório.
- Nossa empresa precisa ter uma gama diversificada de negócios para sobreviver.
- Esta é a melhor maneira de organizar nossa distribuição — ela nunca nos decepcionou.
- Os nossos maiores clientes são os nossos clientes mais importantes.
- Não sou criativo.
- Os nossos clientes são todos jovens.
- Só devemos contratar pessoas que se encaixem bem na nossa equipe.

Uma suposição é como uma espingarda mental. Ela torna fácil encontrar respostas rápidas e precisas para perguntas sem impor muito trabalho árduo ao seu cérebro. Em vez de desperdiçar horas gerando e analisando um milhão de possibilidades, você pode visitar seu armazém de suposições e escolher uma solução pronta para uso. Você tem uma base para a ação quase imediatamente.

Muitas vezes, as nossas suposições são diretas. Por exemplo, a maioria das pessoas que agem amigavelmente são, de fato, amigáveis. E os homens jovens estão muito mais propensos do que as mulheres idosas a dirigir agressivamente (Kahneman, 2011). Mas as suposições podem ser também a nossa pior inimiga. O perigo vem quando as tomamos por garantidas.

Há um ditado que diz: "Quando você presume, você faz a mim e a você de idiota." O que impressiona nas suposições é que elas nos levam a pensar que sabemos mais do que sabemos. Quando nos deparamos com uma situação semelhante à que vivemos antes, assumimos que ela terá um resultado semelhante e não nos preocupamos em explorar opções alternativas. Esse pode ser um sério obstáculo, especialmente nos momentos em que precisamos ser criativos. Como um ruído que afoga outros sons, as suposições limitam nossas percepções e nos fazem retomar o mesmo caminho antigo de ideias em vez de se ramificar para um novo terreno. A realidade é que a inovação vem de fazer as coisas de forma diferente, não de aderir firmemente às "regras de ouro" que funcionaram no passado. Antes de liberarmos a nossa energia criativa para encontrarmos ideias matadoras, precisamos desafiar as suposições que estamos fazendo e descartar as que já não servem.

SUPOSIÇÕES DESAFIADORAS

Se você está se sentindo constrangido por suas suposições e convenções inquestionáveis, então precisa enfrentá-las de cabeça erguida para descobrir as ideias capazes de quebrar paradigmas que você está perdendo.

Como você pode desafiar as suas suposições? Primeiro, reconheça que você é obrigado a ter suposições em primeiro lugar. Em segundo, use um processo ou técnica consciente para ajudá-lo a separar fatos de falácias regularmente ou sempre que estiver resolvendo problemas. Vamos tentar desafiar uma suposição juntos, usando o método a seguir, de três passos.

Passo 1. Declare o seu problema

Antes de começar a fazer suas suposições, você precisa declarar claramente o problema que deseja resolver ou a oportunidade que deseja desvendar. Vamos tomar o seguinte como exemplo: **"Abrir um restaurante."**

Passo 2. Mapeie suas suposições

Em seguida, você precisa mapear ou listar todas as suposições, limites e regras básicas sobre essa situação. Esse pode ser um passo estupidamente óbvio, mas quantas vezes você realmente torna as suas suposições explícitas desse jeito? Coloque uma lupa no seu problema e examine de perto todos os elementos diferentes dele. O que parece tão cegamente absoluto ou claro que você nem sequer pensaria em questionar?

Suposições típicas (*Creating Minds*, sd) podem ser que:

- É impossível fazer algo por causa de restrições como tempo e custo.
- Algo funciona por causa de certas regras e condições que estão em vigor.

- As pessoas acreditam, pensam ou precisam de certas coisas.

Em nosso cenário de restaurante, algumas das nossas suposições na criação de um restaurante de sucesso pedem que ele tenha que ter:

- Um cardápio
- Comida
- Equipe

ATIVIDADE
RESTAURANTE

Figura 4.1 Restaurante

Restaurante = Cardápio + Comida + Equipe

Passo 3. Desafie cada suposição

Finalmente, você precisa desafiar cada uma das suposições para ver se elas são corretas ou se podem ser eliminadas. Faça perguntas para chegar ao fundo das coisas e desencadear novas linhas de pensamento. Por exemplo:

- O que aconteceria se quebrássemos deliberadamente esta regra?
- Por que fazemos assim?
- Por que esta suposição pode ser falsa?

Esse é um exercício muito simples, mas esclarecedor. Eu acho que não é possível perceber quantas suposições injustificadas você tem até fazer o esforço de confrontá-las. Voltando ao nosso exemplo do restaurante, como poderíamos desafiar cada suposição e descobrir novas opções?

Precisamos de um menu?

Talvez não. Há muitas alternativas que podemos considerar:

- Os clientes podem trazer ideias de pratos para o chef cozinhar.
- O garçom poderia informar os clientes sobre os pratos disponíveis.
- Pode ser um restaurante buffet ou um restaurante que oferece

apenas uma refeição definida.

- Poderia haver uma lista de ingredientes a partir dos quais o chef criaria receitas.

Precisamos oferecer comida?

Embora essa pergunta possa parecer inútil no início, quando se pensa nisso mais profundamente, muitas ideias podem surgir. Por exemplo, as pessoas poderiam trazer seus próprios alimentos e pagar uma taxa de serviço pelo local. Ou podemos oferecer outro tipo de produto, como por exemplo:

- Apenas bebidas.
- Experiências de aventura.
- Traga sua própria comida.
- *Cat Café.*
- Clube do riso.
- Chiclete-refeição do Willy Wonka.
- *Culture Café.*
- Alimento para o pensamento.
- Um lounge de oxigênio — experimente oxigênio com diferentes sabores.
- Um restaurante de software... Ou qualquer outro tipo de restaurante.

Essa questão desafia a definição do que é um restaurante.

Precisamos ter uma equipe?

Mais uma vez, não necessariamente:

- O restaurante pode funcionar através de máquinas de venda automática ou de um balcão de self-service.
- Os clientes podem servir outros clientes.
- Garçons-robô podem substituir o serviço tradicional.
- Os clientes podem cozinhar a própria comida.

No Japão, você consegue encontrar um restaurante de máquinas de venda automática que não requerem nenhum funcionário, apropriadamente chamado de Jihanki Shokudo (restaurante automático, em tradução livre). Além disso, cada vez mais estandes e quiosques de autoatendimento estão aparecendo dentro das empresas para atender os trabalhadores de escritório (Jiji Press, 2017).

Está vendo onde quero chegar com isso? Ao questionar e reexaminar nossas suposições, captamos uma série de novas perspectivas sobre nosso desafio. Isso nos estimula a criar ideias mais originais. Não importa se as novas ideias são estranhas ou tolas. Lembrem-se: o nosso objetivo é ser o mais criativo possível, por isso temos de ser capazes de ultrapassar as nossas fronteiras habituais. E quero dizer ultrapassar de verdade. Não se retraia. Seja brutal e force cada suposição a lutar pela sua vida.

> *A criatividade, como já foi dito, consiste, em grande medida, em reorganizar o que sabemos para descobrir o que não sabemos. Assim, para pensarmos criativamente, temos de ser capazes de olhar de novo para aquilo que normalmente damos por garantido.*
>
> — GEORGE KNELLER, autor de *The Art and Science of Creativity* (1965)

MAUS MOVIMENTOS PRESUMIDOS

As suposições têm várias maneiras de arruinar o nosso pensamento. Aqui estão apenas algumas.

1. Suposições não são fatos concretos

Tratar uma suposição como um "fato" pode ser perigoso. Se uma afirmação ou crença soa plausível o suficiente e não temos nenhuma razão óbvia para duvidar dela, tendemos a presumir que está certa. E aí está o problema — as suposições podem ser tão poderosas que nos fazem aceitar coisas que até a menor pesquisa mostraria serem falsas.

Os investigadores da Universidade de Cardiff analisaram 2 mil notícias dos quatro jornais britânicos (*Times*, *Telegraph*, *The Guardian* e *Independent*) "de qualidade" (o que costumava ser conhecido como *broadsheet*) e descobriram que 80% eram total, principal ou parcialmente baseados em material em segunda mão, e que os principais fatos tinham sido verificados em apenas 12% das vezes (Davies, 2008). Isso significa que a maioria das notícias que lemos é baseada em suposições não verificadas, e não em fatos em primeira mão.

Tal como no mundo da mídia, as suposições se tornam tão predominantes nos negócios que se tornam realidade na mente de todos: "Os nossos clientes esperam que tenhamos uma presença local" ou "Temos de lançar uma nova gama de produtos todos os anos para acompanhar a concorrência". Se essas suposições são válidas ou não, geralmente não entra em questão. Elas muitas vezes se tornam falácias amplamente aceitas.

2. Limites autoimpostos

Se você pedisse uma ótima ideia a um contador, obteria uma solução baseada em números. Pergunte a um designer e você terá uma solução que envolve o visual. Percebe o que quero dizer? É óbvio que somos um produto da nossa experiência. Afinal, todos seguimos o nosso próprio caminho na vida. O perigo disso é que, quando é necessário pensar criativamente, impomos limites a nós mesmos. Esses limites são geralmente falsos, porque se baseiam em suposições que temos devido à nossa especialização ou função específica. Fazem com que fiquemos dentro dos limites do que conhecemos — a nossa zona de conforto.

Um dos meus exemplos favoritos diz respeito à Xerox Corporation e à Apple. Nos anos 1970, os cientistas do Xerox's Palo Alto Research Center (PARC), na Califórnia, foram pioneiros em muitos dos componentes fundamentais por trás do computador pessoal, como a interface gráfica do usuário e o dispositivo do mouse. No entanto, poucas pessoas estão cientes disso, porque a Xerox (na época, uma empresa lucrativa de copiadoras) não conseguiu comercializar suas inovações de forma eficaz e, consequentemente, cometeu um dos maiores erros da história corporativa (Wessel, 2012). Steve Jobs, cofundador da Apple, viu versões rudimentares das tecnologias sendo demonstradas durante uma visita às instalações em 1979. Ele imediatamente percebeu o potencial delas em tornar os computadores atraentes para as massas e adotou os conceitos no desenvolvimento do Apple Macintosh. Bem, você sabe como é a história a partir daí. O Mac se tornou o primeiro sistema operacional comercialmente bem-sucedido que apresentava uma interface gráfica de usuário (com janelas e menus) e mouse. Transformou a maneira como as pessoas interagem com os computadores.

O que isso nos diz? Os pobres pesquisadores e gerentes da Xerox não cumpriram completamente a promessa que sua tecnologia tinha de revolucionar a computação pessoal, porque estavam fundamentados em suposições baseadas em sua especialidade — fazer copiadoras novas e melhores. Se eles tivessem se forçado a olhar para além das suas limitações autoimpostas, poderiam ter visto muitas outras possibilidades. Como Jobs disse anos mais tarde: "Se a Xerox soubesse o que tinha e tivesse aproveitado as suas oportunidades reais, poderia ter sido tão grande como a IBM, a Microsoft e a Xerox combinadas — e a maior empresa de alta tecnologia do mundo" (Gladwell, 2011).

ATIVIDADE
QUESTÕES RELACIONADAS ÀS SUPOSIÇÕES

Faça outra tentativa para verificar suas suposições respondendo às seguintes perguntas:

1. *Um escritor com milhões de fãs insistiu que nunca deveria ser interrompido enquanto escrevia. Depois do dia em que foi realmente interrompido, nunca mais escreveu. Por quê? (Rogers e Sheehan, 1960)*
2. *Se você tem uma linha longa, como você pode transformá-la em uma linha curta sem mudar seu comprimento?*

Agora vá para o apêndice para obter as respostas. Como você se saiu? A sua linha de pensamento o ajudou a encontrar as respostas? Ou você estava errado? Esses exercícios simples provam como é fácil para a sua mente fazer interpretações baseadas em suposições imediatas e considerar apenas respostas que se relacionem com essas suposições. Assim como o pensamento seletivo, uma vez que sua mente está comprometida com uma determinada direção de pensamento, é difícil fazer um desvio ou distração. E a natureza oculta das suposições torna especialmente difícil até mesmo perceber que você tomou um rumo errado.

3. Pensamento ultrapassado

Há uma história interessante contada pelo filósofo britânico Bertrand Russell. É sobre um agricultor e o seu peru. Enquanto vivia na fazenda, o peru notou que todos os dias o fazendeiro o cumprimentava ao nascer do sol com um balde de grãos. Isso o levou a concluir: "Sou sempre alimentado ao nascer do sol." Foi um grande choque quando, na manhã de Natal, em vez de ser alimentado, cortaram-lhe a garganta.

Qual é a moral dessa história? Nem sempre se pode deduzir a verdade pela experiência passada. A história ou a frequência de um evento *não* é prova de que ele continuará no futuro. Embora nos negócios possa fazer sentido basear as expectativas do que está por vir no que aconteceu antes, o desempenho passado não é, de forma alguma, garantia de retornos futuros.

Veja a *Encyclopaedia Britannica*, por exemplo. Por mais de 240 anos, ela construiu uma franquia bem-sucedida, vendendo espessos tomos de conhecimento, e estabeleceu uma reputação onipresente de "excelência acadêmica". No entanto, foi forçada a se reinventar depois de ser surpreendida por fontes digitais como a Wikipédia, que oferecia maior velocidade e conveniência. Sua longa história e convenções honradas pelo tempo não puderam protegê-la do que o futuro tinha reservado. A fim de sobreviver às mudanças disruptivas, a empresa precisou desafiar todas as suposições que tinha sobre o seu modelo de negócio e se tornar totalmente digital. Essa foi uma jogada ousada para a antiga editora impressa, permitindo que ela chegasse a milhões de pessoas com seu conteúdo com curadoria de alta qualidade (Sword, 2016).

As suposições de longa data mantêm você preso aos "negócios como de costume" quando você deveria estar pensando muito mais à frente. Em muitos aspectos, elas levam à preguiça intelectual. Se está planejando uma campanha de marketing, pode pensar que já tem uma boa noção do que os seus consumidores querem e como fazê-los querer mais. Mas é provável que esse conhecimento "testado e (supostamente) verdadeiro" esteja minando sua capacidade de pensar de forma diferente e inovadora: um caso de boas suposições que deram errado. Não estou dizendo que devemos esquecer completamente o nosso passado — isso seria tão tolo quanto ter suposições errôneas. Mas vale a pena nos lembrarmos que nada resulta apenas disso.

A LOUCURA DAS SUPOSIÇÕES

Confira algumas dessas suposições feitas por pessoas bem conhecidas ao longo da história:

- "Tudo o que pode ser inventado foi inventado." Charles Duell, Comissário, Escritório de Patentes dos EUA, 1899

"Acho que há um mercado mundial para cerca de cinco computadores." Thomas Watson, fundador da IBM, 1943

"Passarão anos — não no meu tempo — até que uma mulher se torne Primeira-Ministra." Margaret Thatcher, futura Primeira-Ministra do Reino Unido, 1969

"O homem não vai voar por 50 anos." Wilbur Wright, pioneiro da aviação americana, para seu irmão Orville (seu primeiro voo bem-sucedido foi em 1903)

"Seiscentos e quarenta kilobytes devem ser suficientes para qualquer um." Bill Gates, fundador da Microsoft (falando sobre memória de computador em 1981)

"A televisão não vai durar porque as pessoas vão se cansar de olhar para uma caixa de madeira compensada todas as noites." Darryl Zanuck, produtor de filmes, 20th Century Fox, 1946

AS REGRAS SÃO FEITAS PARA SEREM QUEBRADAS

Experimente este exercício:

ATIVIDADE
A GRADE COMPLICADA

Olhe para a grade abaixo. Você consegue circular exatamente quatro desses números para que o total seja 12?

Figura 4.2 A grade complicada

I	6	I
6	I	6
I	6	I
6	I	6

Para ver a resposta, vá para o apêndice.

Conseguiu? Se você teve dificuldades, é porque sua mente inconscientemente impôs a regra de que a grade só pode ser abordada a partir de uma direção. Mas essa suposição é imaginária, e, para resolver o quebra-cabeça, que você literalmente precisa invertê-lo. Na resolução criativa de problemas, quase tudo vale.

Seguir as regras é algo que aprendemos muito cedo quando crianças: "Não pinte as linhas", "Copie isto do quadro-negro", "Fique quieto na sala de aula". Ao longo dos anos, continuamos construindo o nosso conjunto de regras com base no que acreditamos ser o melhor para nós mesmos e para os outros, e no que as figuras de autoridade nos dizem. No mundo corporativo, regras arbitrárias como "O cliente está sempre certo" e "A diretoria sempre define a direção para a organização" são reforçadas a ponto de se tornarem sagradas. Como resultado, ficamos confortáveis com as regras e não pensamos em desafiá-las. Mas o maior problema com as regras, assim como com as suposições, é que elas, muitas vezes, continuam existindo bem além das circunstâncias para as quais foram projetadas em primeiro lugar.

Um bom exemplo é o teclado qwerty, usado hoje em computadores. Você sabe como surgiu esse layout? Foi inventado pela Sholes & Co, um dos principais fabricantes de máquinas de escrever, na década de 1870. A ideia por trás da configuração era diminuir a velocidade de digitação, porque as teclas da máquina de escrever ficariam presas juntas se o operador fosse muito rápido. Ao posicionar as letras mais usadas — e, a, i e o — longe dos dedos indicadores das mãos, a velocidade de digitação foi reduzida. Os operadores teriam de utilizar os seus dedos relativamente mais fracos para pressioná-los, o que resolveu o problema das teclas grudadas.

Desde então, no entanto, a tecnologia dos teclados vem avançando a passos largos, e os computadores podem agora ser muito mais rápidos do que os operadores humanos. No entanto, apesar de layouts novos e mais rápidos estarem disponíveis, ainda estamos presos à regra desatualizada do qwerty. Isso não é ridículo? Quando uma regra entra em vigor, é difícil eliminá-la, apesar de a razão original ter desaparecido. Assim, o verdadeiro desafio do pensamento criativo não é apenas gerar ideias, mas fugir das que já não trabalham a nosso favor.

Digamos que você está procurando maneiras de melhorar a produtividade da sua empresa. As suas regras podem ser:

1. Usamos treinadores externos para treinar nossa força de trabalho e motivar as equipes a fazer melhor.
2. Nós sempre nos comunicamos com os clientes por telefone.
3. O departamento de pesquisa e desenvolvimento cria novos produtos.
4. Trabalhamos em um grande projeto antes de começar outro.

O que acontece quando as regras são quebradas?

1. Os gerentes de linha têm a responsabilidade-chave de treinar e incentivar sua equipe, levando a uma melhor comunicação e a relacionamentos mais próximos.
2. Utilizamos métodos alternativos para falar com os clientes, incluindo e-mail, redes sociais e visitas pessoais.
3. Envolvemos outros departamentos no processo de desenvolvimento de produtos, incluindo atendimento ao cliente, suporte técnico, produção e finanças. Como resultado, desenvolvemos soluções mais robustas.
4. Trabalhamos em uma ampla gama de projetos a todo momento, o que é mais estimulante para os trabalhadores.

Ao longo dos anos, trabalhei com várias grandes empresas cujas regras e burocracias rígidas as impediram de se adaptar às mudanças dinâmicas do seu mercado. Obedecer às regras funcionou tão bem para elas no passado que as regras estão além da reprovação; elas são intocáveis. As pessoas têm medo de questioná-las. É difícil fazer com que a inovação aconteça nesse tipo de ambiente. Se as regras nunca estão abertas à investigação ou ao desafio, então como abrir novos caminhos? Como ver os méritos de outras abordagens quando você não está livre para procurá-las?

Se você não perguntar "Por que isso?" muitas vezes, alguém vai perguntar "Por que você?"

— TOM HIRSHFIELD, físico e pesquisador americano

Perdendo para os recém-chegados

As empresas podem continuar durante décadas, ou mesmo séculos, dentro de restrições invisíveis que são aceitas sem questionamentos. Muitas vezes, é preciso o choque de um recém-chegado que entra na indústria e desrespeita descaradamente as regras, o que deixa claro o quão inúteis elas eram.

Richard Branson demonstrou isso perfeitamente quando lançou a Virgin Atlantic, voando na cara da British Airways, da American Airlines e da Pan Am. Esses players estabelecidos mantiveram-se fiéis às mesmas regras — os passageiros de primeira classe desfrutavam de um serviço de primeira classe, os passageiros executivos recebiam um serviço adequado e os passageiros da econômica recebiam um tratamento básico, "sem complicações". O que Branson fez? Ele eliminou a primeira classe e, em vez dela, deu serviço de primeira classe aos passageiros da executiva. Ele também introduziu benefícios inovadores, como bebidas gratuitas para os passageiros da econômica, vídeos nos descansos de cabeça e serviços de limusine no aeroporto, transformando completamente uma indústria um tanto obsoleta.

Muitas empresas estabelecidas estão tão ancoradas nas regras e nas burocracias que as mantêm operando que elas nunca têm tempo suficiente no dia para serem criativas. Quando há um problema, elas optam por "contorná-lo", adicionando novos passos de processo ou camadas de aprovação em vez de encontrar uma solução de qualidade para corrigir as coisas. Passado algum tempo, nem sequer se lembram de onde vieram as novas regras! Os recém-chegados, por outro lado, entram numa indústria na estaca zero, com uma nova perspectiva, então não têm medo de fazer o que os outros não fazem. Eles mudam as regras básicas dos mercados em que entram. Por exemplo, os fabricantes japoneses de automóveis optaram por fazer carros pequenos e eficientes em termos de combustível; algo que os americanos não consideravam naquela época. Os fabricantes americanos mantiveram sua estratégia de lançar veículos grandes e de alta potência e perderam em todo um segmento de mercado. Assim como os novos participantes, as organizações respeitáveis não deveriam ter medo de fazer a pergunta: "O que aconteceria se quebrássemos as regras?"

ESTUDO DE CASO | THE BODY SHOP — DESAFIANDO AS NORMAS

Anita Roddick, fundadora da cadeia de varejo The Body Shop, alcançou um sucesso fenomenal ao ir na contramão da indústria varejista de cosméticos. Ela quebrou quase todas as regras desde o momento em que concebeu a ideia de vender cosméticos naturais, não testados em animais, em 1976. Na época, a maioria das farmácias e cadeias de lojas de beleza eram lugares estéreis que vendiam produtos de higiene pessoal, cosméticos, perfumes e cremes medicinais em embalagens caras e bonitas. Roddick fez o contrário, engarrafando seus produtos em recipientes plásticos baratos com rótulos simples, impressos à mão, e incentivou seus clientes a trazer de volta os recipientes para recargas. Isso não só poupou dinheiro, como também fomentou uma imagem natural e ecológica dos produtos, tornando-os ainda mais atraentes para os consumidores com consciência ambiental.

À medida que a marca se tornava cada vez mais bem-sucedida, Roddick continuou desrespeitando as regras. Por exemplo, ela nunca fez publicidade, mesmo quando as primeiras lojas estavam sendo abertas nos Estados Unidos. E, até hoje, a empresa ainda coloca os ideais antes do lucro. Em um mundo em que a linha de partida é o mais importante, a The Body Shop se destaca por forjar um caminho impressionante para uma nova realidade socialmente responsável e compassiva.

PRINCIPAIS TÓPICOS

O pensamento presumido é a tendência de aceitar uma crença, convenção ou ideia como verdadeira, muitas vezes sem provas. As suposições erradas são uma das piores barreiras à inovação. São invisíveis, crônicas e insidiosas, e somos todos governados por elas em uma ou outra situação. Como elas nos atrasam?

- *Levando-nos a pensar que sabemos todos os fatos quando não sabemos. Suposições como "Temos de lançar uma nova gama de produtos todos os anos para acompanhar a concorrência" devem ser verificadas quanto à sua veracidade.*
- *Fazendo com que fiquemos presos por nossos próprios limites e especializações autoimpostos. Por exemplo, a falha da Xerox em capturar o mercado de computação pessoal, limitando-se a fazer melhores copiadoras.*
- *Regras, como suposições, nos mantêm presos a padrões ultrapassados. Quanto mais arraigada for a regra, maior a chance de que ela não seja mais válida. Às vezes, precisamos sacudir ou reverter nossos padrões existentes para nos destacarmos de todos os outros.*

Parte II
O localizador de soluções

5
O contexto para a resolução criativa de problemas

A criatividade pode resolver quase todos os problemas.... A derrota do hábito pela originalidade supera tudo.

— GEORGE LOIS, diretor de arte, designer e autor americano

VOCÊ É CONDUZIDO PELO MERCADO OU CONDUZ O MERCADO?

Hoje em dia, muitas empresas e empresários se orgulham de serem conduzidos pelo mercado. Elas procuram compreender as características específicas através de uma investigação exaustiva e depois reagir a essas características. Essa é uma abordagem clássica de "pensar dentro da caixa" e não busca satisfazer as necessidades latentes dos clientes ou remodelar os comportamentos e preferências do mercado. Quando você é conduzido pelo mercado, está deixando seu passado tomar suas decisões. Como destaca o comerciante estratégico Andrew Stein (2012): "Como você pode projetar uma visão de futuro, imaginando um futuro novo e diferente, se você está dirigindo olhando para trás?" O fato de sermos seletivos, reativos e presumidos faz com que sejamos conduzidos pelo mercado em vez de conduzirmos o mercado.

Os impulsionadores do mercado são tomadores de risco visionários e surpreendem consistentemente os consumidores ao prever os produtos e serviços de que necessitam. Eles veem oportunidades onde outros não dão um salto no valor do cliente (Kumar, Scheer e Kotler, 2000). Em vez de uma estratégia de negócios reativa, eles são proativos e ágeis, sem impedimentos do pensamento convencional e das regras da indústria. Exemplos notáveis incluem FedEx, Amazon, The Body Shop, IKEA, Starbucks, Wal-Mart e Swatch. Você não consegue ser conduzido pelo mercado e conduzir o mercado ao mesmo tempo — é um oximoro. Consulte a Tabela 5.1 para as principais diferenças.

Tabela 5.1 Conduzir o mercado *versus* ser conduzido pelo mercado

CONDUZIR O MERCADO	SER CONDUZIDO PELO MERCADO
Disruptivo	*Reativo*
Inovativo	*Incremental*
Criativo	*Insignificante*
Valor	*Características*
Ágil	*Rígido*
Competitivo	*Experimental*
Decisivo	*Incerto*
Claro	*Confuso*
Dinâmico	*Estático*

Fonte: A. Stein, SteinVox.com, 2012

Como se tornar um condutor de mercado

Para se tornar um condutor do mercado, você deve primeiro se comprometer a superar as barreiras do pensamento tradicional. Num clima de trabalho seletivo, reativo ou presumido, o processo de resolução de problemas só acontece em resposta a uma crise ou às consequências de uma pesquisa de mercado de padrões fictícios. Isso raramente permite a busca de oportunidades. Assumir o controle do pensamento seletivo, reativo e presumido o deixa em melhor posição para oferecer resultados mais criativos e úteis em qualquer situação. Como? Através de um *processo* que força seu cérebro a romper com seus padrões usuais. Isso é essencial para a criação de um ambiente fértil e produtivo. Lembre-se de que um processo ajuda com a **metacognição**, o ato de "pensar sobre o pensamento". Ao enfrentar um desafio, você obtém os melhores resultados aplicando uma estratégia no seu pensamento para utilizar as habilidades certas no momento certo.

UM PROCESSO VENCEDOR

É tempo de deixarmos de ver a criatividade como um festival único de experimentação e pensamento arrojado. Como gosto de dizer, a inovação é um *processo* e não um acontecimento. Uma ideia matadora não é suficiente. O sucesso a longo prazo é construído sobre uma esteira de ideias criativas — uma coisa nova após a outra, para que você continue em direção ao futuro em vez de ficar preso no passado. Se você continuar inovando, como indivíduo, como equipe e como organização, aumentará dramaticamente suas chances de ganhar... E é disso que se trata o jogo dos negócios. Devido ao fato da inovação ser um processo, é crucial construir um sistema para suas práticas criativas de modo que possa continuar fazendo avanços úteis e quebrando fronteiras em seu campo. Sim, algumas inovações são resultado de acidentes ou erros, mas um processo formal ainda é necessário para transformar esses erros e insights inesperados em algo prático para o mundo real.

Pense num cassino e em todos os diferentes jogos que você pode jogar. Todos os jogos de cassino têm um processo para ganhar, e as probabilidades estão a favor da casa. Sua abordagem para garantir um bom resultado é focada no processo assim como um laser. O mesmo acontece com o seu pensamento. Um bom processo torna o seu pensamento consciente e deliberado, melhorando drasticamente a sua capacidade de encontrar novas oportunidades robustas, raciocinar com maior clareza e resolver problemas de forma mais eficaz. Por mais que desejássemos que houvesse atalhos mágicos para a criatividade, o foco em resultados rápidos pode criar todos os tipos de problemas e nos levar a comprometer as nossas opções. Pense na desvantagem dos pioneiros descrita no Capítulo 3 sobre o pensamento reativo; correr para obter resultados de curto prazo não bastará quando os concorrentes que tiveram mais tempo para se preparar fizerem uma entrada no mercado. Da próxima vez que se deparar com um problema, oportunidade ou desafio, não aja imediatamente. Pense primeiro. Mapeie a sua viagem antes de explorar.

Seu processo criativo deve ter estrutura suficiente para permitir que você e sua equipe desenvolvam e progridam ideias, enquanto se mantêm flexíveis. Qualquer coisa rígida demais irá sugar o entusiasmo, e mesmo a criatividade, das pessoas. Nesta parte do livro (Parte Dois), vou lhe apresentar o **Localizador de Soluções** (Figura 5.1), uma abordagem que desenvolvi para a criatividade aplicada e inovação, e que ensino regularmente nos meus cursos de formação e oficinas. O nome já diz muito, mas se você tiver alguma dúvida sobre o que o Localizador de Soluções faz, é essencialmente uma estrutura para encontrar soluções inventivas para problemas ou desafios. Baseado em quatro passos simples, o objetivo do Localizador de Soluções é ajudá-lo a criar a mentalidade e a atmosfera certas para liberar o poder de pensamento criativo de sua equipe e tomar as melhores decisões para levar sua organização adiante. Ele não só impulsionará sua criatividade quando você precisar de um impulso, mas, se usado de forma fiel e habitual, permitirá que crie e incorpore uma cultura de verdadeira inovação em sua empresa.

Figura 5.1 O Localizador de Soluções

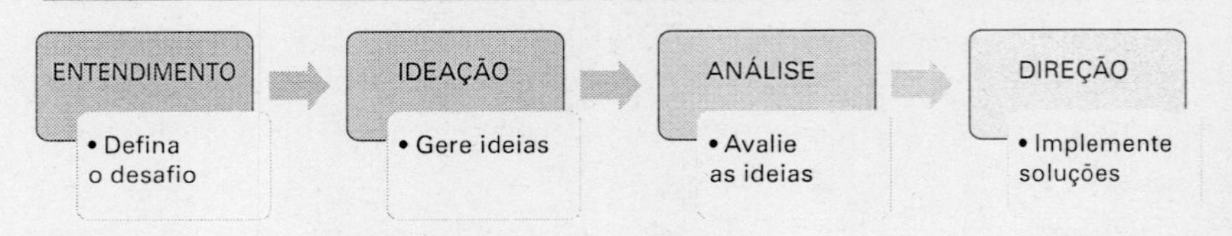

Passo 1. Entendimento — Defina o desafio. Explore a questão completamente; tente entender o que está causando o problema e descreva com precisão o que precisa para lidar com ele.

Passo 2. Ideação — Gere ideias. Use ferramentas de pensamento criativo para despertar uma abundância de ideias que possam potencialmente resolver o problema/desafio.

Passo 3. Análise — Avalie essas ideias. Classifique, filtre e selecione a(s) sua(s) melhor(es) ideia(s) usando uma abordagem de "cérebro inteiro". Tome a decisão.

Passo 4. Direção — Implemente a solução. Fortaleça, melhore e refine a sua solução tanto quanto possível. Obtenha aceitação e estabeleça seus objetivos. Então crie o seu plano e coloque-o em ação!

PENSAMENTO DIVERGENTE E CONVERGENTE

Como em qualquer bom sistema de pensamento, o Localizador de Soluções é influenciado pela noção de pensamento divergente e convergente de Guilford (1967):

Pensamento divergente: Uma atividade expansiva, livre e fluida que nos afasta do assunto original em todas as direções. Ele abre nossas mentes para considerar todas as possibilidades e ideias, mesmo aquelas que são loucas ou fora da caixa. O pensamento divergente é visto como "suave" e está associado a coisas como: metáfora, criatividade, sonho, humor, visual, emoções, visualização, ambiguidade, jogo, imaginação, aproximação, geração, fantasia, espontâneo, intuição, analogia, palpite, aleatório, inconsciência, geral.

Pensamento convergente: A atividade mental que nos guia a tomar uma decisão correta e informada. Ele nos permite examinar como diferentes conceitos se encaixam e foca nossos pensamentos de forma acentuada em um único alvo. O pensamento convergente é um processo de pensamento "duro", caracterizado por palavras como: razão, lógica, precisão, consistência, crítica, fatos, racionalidade, deliberação, trabalho, exatidão, realidade, direção, consciência, foco, sequência, número, análise, linear, específico.

O pensamento divergente é generativo, enquanto o pensamento convergente é analítico e seletivo. Ambos os tipos de pensamento desempenham um papel importante durante o processo criativo, mas em fases diferentes. Há três fases principais no desenvolvimento de novas ideias (Figura 5.2):

1. **Estágio generativo/imaginativo:** Geramos uma vasta gama de opções possíveis, por exemplo, através de brainstorming. Para muitos, essa é a fase divertida e criativa, em que você é livre para expandir sua mente, manipular problemas, testar suposições, quebrar as regras e pensar em toneladas de ideias. Essa fase é DIVERGENTE — você permite que seus pensamentos divirjam ou sigam em direções diferentes. Deve ser bem facilitada para assegurar que o julgamento e a edição precoces não interrompam qualquer ideia nova.

2. **Fase analítica/prática:** Analisamos essas opções e recolhemos informação com o objetivo de convergir para uma única solução. Isso envolve a redução de soluções viáveis e a consideração de aspectos práticos (custos, recursos, prazos etc.). Essa fase é convergente — a ideia é forçar seus pensamentos a convergir, fazê-los se unirem em um único ponto. Só então você pode progredir para a fase de seleção/ação, em que você pode implementar a solução projetada.

3. **Etapa de seleção/ação:** Construímos e reforçamos a solução que escolhemos e começamos a levá-la adiante. Isso envolve gerar recomendações, estabelecer metas, testar a solução e se preparar para levá-la à ação.

Figura 5.2 A ordem do pensamento criativo

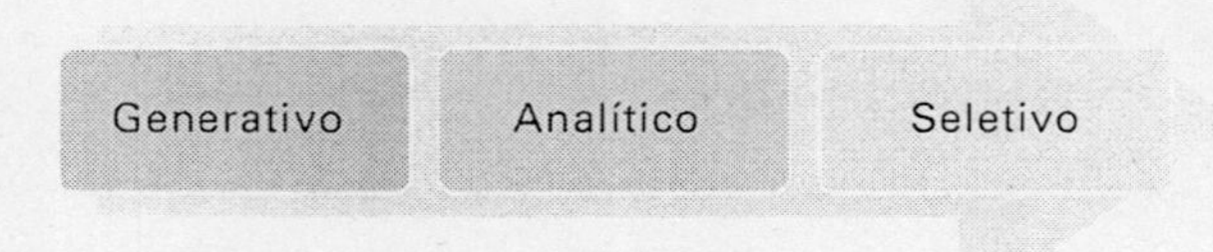

Agora considere como você faz o processo criativo. Seja honesto consigo mesmo. Você segue essa ordem de pensamento? Para a maioria de nós, que somos principalmente pensadores analíticos, pode parecer estranho ser muito divergente em nosso pensamento sem fazer um esforço real e árduo. Isso porque o pensamento convergente é o nosso estado normal. Muitas vezes, permitimos que padrões de pensamento "duros", tais como análise e julgamento, cheguem muito cedo, infiltrando-se na fase imaginativa. Isso restringe o nosso pensamento antes do tempo, fazendo-nos matar ideias que possam parecer ridículas ou excêntricas muito rapidamente: "Isso é uma tolice" ou "Isso não vai funcionar". Se houver uma chance, essas podem ser as nossas melhores e mais brilhantes ideias, mas as rejeitamos desde o início. É como se não conseguíssemos evitar.

A lógica e a análise são ferramentas superimportantes. Precisamos delas para nos ajudar a classificar, triar e selecionar ideias e evitar os erros do pensamento errático. Mas uma dependência excessiva delas, especialmente durante a ideação, pode causar um curto-circuito em todo o processo criativo. Não se pode conduzir um carro na primeira marcha e dar ré ao mesmo tempo. Da mesma forma, você não pode criar e avaliar simultaneamente — vai destruir suas engrenagens mentais. Deve divergir e convergir na ordem correta. Paul Sloane (2010), que escreve sobre inovação, conta como os cientistas Crick e Watson usaram o pensamento divergente como um estágio inicial para ajudá-los a considerar uma série de possíveis padrões e arranjos em sua descoberta da estrutura do DNA em 1953. Eles seguiram isso com um pensamento convergente para encontrar resposta correta — a dupla hélice. O Localizador de Soluções está preparado para ultrapassar o instinto de limitar os seus pensamentos cedo demais e transformar a resolução de problemas num processo mais fluente, ajudando-o primeiro a **divergir** o seu pensamento para produzir muitas e muitas ideias, e depois a **convergir** o seu pensamento para as soluções com maior potencial. Seguindo os passos, você pode se manter organizado enquanto procura pelas respostas inspiradas que o farão ter sucesso.

A inovação não é o produto do pensamento lógico, embora o resultado esteja ligado à estrutura lógica.

— ALBERT EINSTEIN, físico teórico ganhador do prêmio Nobel

OS CÉREBROS ESQUERDO E DIREITO SE UNEM!

Mesmo durante a fase "prática" de avaliação da ideia e da tomada de decisão, temos de ter cuidado para não permitir que o nosso lado analítico assuma o controle. Quando nos concentramos na lógica, no julgamento e na crítica, nossas habilidades corticais (palavras, números, análise, listagem, linguagem e lógica) se tornam excessivamente dominantes e distorcem nosso pensamento. É vital envolver outras habilidades corticais mais suaves do cérebro direito (ritmo, sentimento, cor, forma, mapas, imaginação, sonhar acordado) para equilibrar as coisas e tirar partido de toda a nossa força mental. Note que isso também significa usar emoção, intuição e instinto para alimentar nossa interpretação da situação e nos ajudar a julgar nossas opções.

Embora esse conceito de pensamento do lado esquerdo e direito do cérebro tenha sido amplamente descreditado nos últimos anos, grande parte do trabalho de Roger Sperry, vencedor do prêmio Nobel nessa área, ainda é verdadeiro. Pesquisadores validaram que os dois hemisférios principais do cérebro (esquerdo e direito) operam, de fato, de forma diferente em termos de processamento mental. Mas o que talvez seja mais interessante é que ambos os lados se tornam ativos de forma complementar e coesa quando certas atividades são engajadas (Hellige, 2001). Assim, para alcançar as melhores ideias e decisões, não se trata apenas de um caso de "ou/ou", pensamento cerebral-esquerdo/cerebral-direito. Precisamos de ambas as nossas faculdades analíticas e generativas trabalhando harmoniosamente em conjunto. Precisamos pensar com o "cérebro inteiro".

Perigo de julgamento

Normalmente, passamos a maior parte do nosso tempo no trabalho pensando de forma lógica e crítica. Então, não é nenhuma surpresa que, quando somos convocados para uma sessão de brainstorming improvisada, nosso lado crítico ainda esteja todo acelerado e em modo de trabalho completo. Não importa o quão úteis sejam o julgamento e a análise na tomada de decisões, eles são inúteis em encontrar soluções criativas para os problemas. O objetivo de uma sessão de brainstorming é tirar uma "folga" da lógica para que possamos ter tantas ideias quanto possível, não importa quão selvagens ou ultrajantes elas sejam. Somos práticos em vários momentos do dia, então por que não podemos levar uma ou duas horas para sermos totalmente ilógicos? Dê uma chance às ideias que brotam e você poderá aprender algo novo. Em vez de descartá-las, você deveria estar pensando: "O que há de interessante e inovador nesta ideia?" e "Isso pode levar a outra ideia criativa?". Veja o mérito criativo em cada ideia lançada pela sua equipe. Este não é o momento nem o lugar para separá-las em pilhas de coisas boas ou ruins, úteis e inúteis. Lembre-se: sempre que você interrompe o processo para avaliar, interrompe a criação. Você vai ter muito tempo para testar ideias e descobrir quais delas servem para a sua empresa mais tarde.

E se o problema for o seu próprio crítico interior colocando problema nas coisas? O autoquestionamento nos afeta a todo momento. Muitas vezes, somos vítimas do pensamento negativo quando se trata das nossas próprias ideias: "As pessoas vão mesmo querer isso?", "Não há concorrência demais?", "Por que perder tempo com algo que vai falhar?". Temos de contrariar essa tendência pessimista natural para permitir que novas ideias entrem em cena. Na Tabela 5.2, delineio sete tipos de pensamento negativo que prejudicam o desempenho criativo. Você sofre de alguma destas coisas?

Tabela 5.2 Pensamento negativo

1 PENSAMENTO PRETO OU BRANCO	*Pensamento extremo: As coisas são boas ou más, certas ou erradas. Ou você ama ou odeia uma ideia — não há tons de cinza ou meio-termo. Durante o brainstorming, ele o leva a acreditar que uma resposta menos perfeita não pode estar certa. — "Se não sou um vencedor, sou um perdedor."*
2 PENSAMENTO COMPARATIVO	O desempenho é julgado apenas pela comparação com outras pessoas. — "John sempre tem as melhores ideias. Comparado a ele, nunca apareço com nada útil."
3 SUPERGENERALIZAÇÃO	*Chegar a uma conclusão geral com base em um único evento ou evidência. Se algo deu errado uma vez, você espera que isso aconteça de novo e de novo, em vez de analisar a situação novamente. Caracterizado pelo uso de "sempre", "nunca", "todo mundo", "o mundo é"... — "Não concluiremos o projeto no prazo. Isso é o que sempre acontece."*
4 LEITURA DE MENTES	*Acreditar que você pode dizer o que as outras pessoas estão pensando sobre você ou suas ideias, e presumir que é algo negativo. — "Ela acha que minha ideia é muito destoante. Ela se sente ameaçada por isso."*
5 ROTULAGEM	*Anexar uma descrição a si mesmo, a outras pessoas ou eventos e, em seguida, presumir que rótulos semelhantes ou relacionados também se aplicam. — "Essa ideia que acabei de sugerir foi terrível. Sou inútil em ser criativo."*
6 CATASTROFIZAÇÃO	Superestimar as chances de um desastre. Esperar que algo insuportável ou intolerável aconteça. — "Vou fazer papel de bobo e as pessoas rirão de mim."
7 ADIVINHAÇÃO	*Você sabe como as coisas vão acabar, então nem se coloca nessa situação. Fazer previsões negativas o desencoraja a experimentar e correr riscos positivos. — "Não adianta usar essa ideia. Eu sei que não vai dar certo."*

O KIT DE FERRAMENTAS DA CRIATIVIDADE

A única maneira de construir a sua confiança criativa é através da ação e da prática. Mas pode ser inquietante olhar para uma página em branco e esperar que a inspiração chegue. Fica mais fácil se você der à criatividade um guia de onde trabalhar. Existem milhares de ferramentas de pensamento criativo e de resolução de problemas que podem ajudar a desencadear novas conexões e dar sentido a todos os dados disponíveis para análise e tomada de decisão eficazes. No entanto, as técnicas, por si só, são insuficientes para desencadear um comportamento mais criativo — não podem ser usadas para "forçar" a criatividade das pessoas (Cook, 1998). Elas são mais úteis quando se cria um contexto apropriado. Esse é o propósito do Radar de Decisão e do Localizador de Soluções, que juntos produzem as circunstâncias certas para permitir que o talento criativo inerente das pessoas surja. O Localizador de Soluções contém os meus métodos favoritos, baseados em anos de testes ao vivo em situações em grupo e individuais. Todas as ferramentas são de fácil utilização e foram especialmente escolhidas pela sua adequação em cada fase, dependendo da necessidade um pensamento divergente ou convergente. É oferecido amplo menu de escolhas, de modo que você pode combinar as ferramentas para o seu problema ou oportunidade particular. Além disso, eles podem injetar muita diversão em suas sessões de resolução de problemas (sempre um bônus!).

QUADROS, ***TEMPLATES*** E CHECKLISTS

Templates *e checklists úteis estão inclusos para ajudá-lo a passar por todos os estágios do Localizador de Soluções. Em diversos pontos, você pode completar os quadros relevantes para imediatamente entender o que está estudando enquanto trabalha em um desafio da vida real.*
Todos os recursos desse livro podem ser baixados (em inglês) em

www.thinking.space

6
passo 1 do localizador de soluções: entendimento

O maior desafio para qualquer pensador é declarar o problema de uma forma que permita uma solução.

— ATRIBUÍDO A BERTRAND RUSSELL, filósofo e lógico britânico

DEFINA O DESAFIO

Quando estava na escola, você lembra de terem lhe falado para se certificar de que leu a pergunta corretamente antes de responder? O mesmo conselho se aplica à resolução de problemas. Normalmente, quando confrontados com um problema, o nosso primeiro instinto é ir à procura de uma solução. Quanto mais cedo o resolvermos, melhor. No entanto, o que devíamos estar fazendo era analisar melhor o problema. Em vez de se precipitar para encontrar soluções, invista tempo na definição correta do seu problema. A maneira como você o define afeta também a direção principal para todo o seu suor e luta criativa. Ela influencia a linha de pensamento que seguimos e tem um efeito poderoso nas ideias que entretemos, por isso é importante fazer isso corretamente.

Os indivíduos e as empresas com quem trabalho parecem ter percepções incríveis quando experimentam essa atividade — mas é a fase do processo de resolução de problemas que a maioria de nós tende a ignorar. Achamos que sabemos qual é o problema e não queremos perder tempo discutindo sobre ele. Quando temos uma solução ou ideia maravilhosa, só queremos colocá-la em ação. É frustrante ter que primeiro parar e refletir sobre todos os aspectos do nosso problema. No entanto, o que não conseguimos entender é que a nossa compreensão do problema seja vaga demais. Se não compreendermos e articularmos nosso desafio no início, podemos descobrir mais tarde que o problema que estamos tentando resolver não é realmente o problema certo — apenas o mais óbvio. Ou, podemos até estar tentando resolver um sintoma do problema, e não o problema em si.

Há muitas oportunidades novas nos negócios, e tomar medidas entusiásticas para lançar uma nova ideia é muito bom, mas os nossos esforços serão um desperdício completo se estiverem mal orientados. A inovação não tem a ver com fazer com que qualquer ideia aconteça apenas por uma questão de novidade ou como uma solução rápida. A mudança precisa ser *relevante* e *proposital* na medida em que aproxima você ou sua organização do alcance de suas metas. Pergunte a si mesmo: "Por que estamos fazendo isso, em primeiro lugar?" Se isso não é assustadoramente aparente, então faça com que seja. Em qualquer processo criativo, a qualidade da sua produção depende sempre da qualidade da sua contribuição. Esse primeiro estágio é, portanto, essencial para ajudá-lo a ter clareza sobre o que você está inovando. Ele também:

- Impede que você faça julgamentos precipitados e tire conclusões erradas.
- Ajuda-o a verificar e desafiar as suas suposições.
- Dá a você uma melhor visão sobre as causas subjacentes do

problema — por que o problema existe?

- Permite identificar prioridades para que você possa direcionar seus esforços com mais precisão.

No início de um projeto de pensamento, dedique tempo sozinho e com seus colegas para entender seu desafio e defini-lo com precisão — seja para resolver um problema, perturbar o mercado, oferecer uma melhor maneira de fazer as coisas, lidar com uma ameaça imediata ou explorar uma oportunidade recente que está aberta.

Cada objetivo ou problema necessita de um tratamento especial em termos das pessoas envolvidas e dos dados que lhe dizem respeito. Olhe para o desafio de diferentes ângulos para desenvolver uma visão total do que enfrenta. Colete informações sobre os fatos e sentimentos envolvidos. Uma vez que isso esteja feito, você terá definido o contexto para permitir ideias melhores e mais significativas para o problema ou meta em questão.

ESTUDO DE CASO | O PROBLEMA ERRADO

Problemas e desafios podem assumir um vasto número de formas e tamanhos. Podem representar deficiências ("as vendas repetidas estão diminuindo", "o nosso orçamento foi reduzido") ou objetivos ("conceber um produto atualizado", "recuperar cota de mercado"). Eles podem ser amplos ou específicos, internos ou externos, e podem variar de um tropeço relativamente pequeno a uma mudança importante no foco operacional. Em várias organizações, as pessoas passam horas encontrando soluções para problemas que são triviais ou, em alguns casos, inexistentes. Por quê? Porque o pensamento seletivo, reativo ou presumido as leva por esse caminho. Elas estão resolvendo o que pensam que o problema ou oportunidade é, e desperdiçando tempo, energia e recursos valiosos nisso. Jonah Lehrer (2012), autor de ***Imagine: How Creativity Works****, destaca um exemplo notável desse tipo de abordagem improdutiva. A Proctor & Gamble foi confrontada com um problema — precisava de um novo limpador de pisos para o chão. Um grupo de seus melhores cientistas (com mais doutores do que qualquer outra empresa nos Estados Unidos na época) recebeu a tarefa de projetar um. Esse não foi um problema fácil.*

Embora fosse possível fazer um limpador de pisos mais forte, ele teria o efeito secundário indesejado de remover o verniz da madeira e irritar peles delicadas. Após anos de pesquisa e desenvolvimento exaustivos e mal-sucedidos, o problema foi terceirizado para a empresa de design Continuum. A primeira coisa que a Continuum fez foi levar nove meses observando as pessoas esfregarem o chão das suas casas. Tomaram notas detalhadas e colocaram câmeras de vídeo nas casas. Foi um processo entediante, mas revelou o quanto a limpeza de chão é um processo bagunçado. Então... Uma descoberta interessante foi feita quando algumas borras de café caíram no chão da cozinha de uma das participantes. Em vez de pegar o esfregão, ela pegou uma toalha de papel, molhou e limpou o chão com a mão. O papel foi jogado fora.
Isso levou à revelação de que eles estavam tentando resolver o problema errado. Eles não precisavam de um novo limpador de pisos; eles precisavam de uma ferramenta de limpeza rápida e fácil que as pessoas pudessem jogar fora. O resultado foi a invenção do Swiffer — uma toalha de papel descartável presa a um cabo de esfregão.

O que você pode extrair disso? Antes de tentar encontrar soluções, pare para considerar se você está resolvendo o problema certo.

Qual é o problema?

A maioria dos empresários e profissionais de negócios deve tomar decisões que exigem a resolução de problemas em várias áreas em sua carreira ou empresa. A Tabela 6.1 lista algumas perguntas para descrever desafios típicos que exigem pensamento criativo.

Tabela 6.1 Desafios típicos que exigem pensamento criativo

O QUE...	COMO EU POSSO...
O que eu gostaria de realizar?	*Como eu posso fazer um uso mais eficiente do meu tempo?*
O que não está funcionando corretamente?	*Como eu posso resolver um conflito no trabalho?*
Quais padrões/objetivos não estão sendo atingidos?	*Como eu posso melhorar o relacionamento com os clientes?*

Qual é a missão da nossa organização?	*Como eu posso motivar a mim/meu time?*
O que vai melhorar nossas taxas de retenção de clientes?	*Como nós podemos projetar melhores produtos/serviços?*
Quais mudanças/ideias eu gostaria de introduzir?	*Como nós podemos remover gargalos do sistema?*
Quais sistemas de controle são necessários?	*Como nós podemos cortar custos através de métodos de produção mais eficientes?*
Quais oportunidades lucrativas existem no mercado?	*Como nós podemos atrair mais consumidores para o nosso negócio?*
O que nós podemos organizar melhor?	*Como eu posso treinar melhor as pessoas para as suas funções?*
Que medidas podemos tomar para combater o declínio de nossas vendas no varejo?	*Como eu posso reduzir o estresse no meu trabalho?*
O que eu nunca fiz e gostaria de fazer?	*Como nós podemos administrar melhor este departamento?*

O KIT DE FERRAMENTAS DO ENTENDIMENTO

ENTRADA
Desafio apresentado
PROCESSO
Examine o resumo e defina o desafio em detalhes
FERRAMENTAS
Modelo "Defina e Entenda"
Modelo das seis perguntas
Modelo "Mudando as Perspectivas"
SAÍDA
Desafio claramente definido

O processo criativo começa com o desafio que você identificou. No Passo 1 do Localizador de Soluções, você recebe ferramentas práticas para ajudá-lo a obter um foco preciso em seu problema, objetivo, projeto ou situação. Certifique-se de registrar toda a sua atividade de definição de problemas enquanto trabalha nesta fase e guarde as suas notas num local para fácil consulta. Baixe os modelos (em inglês) para este passo aqui: **www.thinking.space.**

Modelo "Defina e Entenda"

O propósito deste primeiro modelo é exortar você e sua equipe a mergulharem no problema para melhor entenderem o contexto. Examine seus objetivos e pensamentos, enquadre e reestruture o desafio e verifique suas suposições.

1. Identifique o seu desafio e os resultados desejados

Declare seu objetivo, desafio, projeto ou desejo da forma mais concisa possível. Use uma linguagem-chave de convite (frases ou perguntas que convidam à exploração) para abrir sua mente para pensamentos divergentes sobre o problema, como "Seria ótimo se..." ou "Como podemos...?". Isso impede que você se aproxime prematuramente do problema. Descreva os seus resultados ideais, bem como os resultados aceitáveis. Se você tivesse tempo e recursos ilimitados, o que gostaria de alcançar? Quais são os critérios de sucesso? O que seria um resultado "bom o suficiente"? Determine as consequências positivas que você esperaria como resultado da ação. Isso define o objetivo e a direção da sua atividade na resolução dos problemas.

2. Descreva opiniões e obstáculos

Em seguida, anote opiniões e pensamentos iniciais sobre o desafio que você enfrenta. Por que as coisas precisam mudar? Como é que este problema faz você se sentir? É mesmo necessário procurar novas ideias? O que o seu instinto diz? O que é irritante ou perturbador sobre o problema? Nesta fase, certifique-se de registrar apenas opiniões e pontos de vista, não ideias. Deixe de lado quaisquer ideias que surjam para revisitar no próximo passo do Localizador de Soluções (Ideação). Considere quaisquer limites ou limitações que haja em relação ao seu desafio. Por exemplo, há falta de apoio? Você tem o nível certo de influência para enfrentar o desafio? Esse pensamento forma o trabalho de base a partir do qual você pode coletar dados e aumentar ainda mais a conscientização sobre o problema.

ENTENDIMENTO – Modelo "Defina e Entenda"

Defina o desafio ou problema

Opiniões e pensamentos iniciais

Limites e limitações

Resultados ideais

Desafio de redefinir/reformular

Resultados aceitáveis

O que nós sabemos (apenas fatos)

O que nós achamos que sabemos (suposições)

O que nós precisamos saber (pesquisa)

"Se eu tivesse uma hora para resolver um problema, eu passaria 55 minutos pensando sobre problema e 5 minutos pensando sobre as soluções." Albert Einstein

3. Redefina o desafio

Agora brinque com o texto da sua declaração de problemas. A sua primeira impressão do problema não é, de forma alguma, a única. Redefina o desafio de várias maneiras para alterar o foco e encontrar a direção mais benéfica. Cada vez que reformular o problema, você mudará para um novo ponto de partida, a partir do qual poderá olhar as informações disponíveis mais uma vez. Você pode usar essa tática para transformar uma visão negativa em uma visão positiva, para trazer mais energia à sua solução de problemas. Vamos ver um exemplo. Se você fosse um gerente e abordasse seu colega com a declaração:

"Vamos procurar formas de aumentar a sua produtividade."

O que acha que aconteceria? Bem, não só o seu colega se sentiria terrível sobre o desempenho atual dele, mas você acabaria sufocando a capacidade dele de chegar a ideias incomuns. Ele ficaria preso olhando para todos os tipos de maneiras de "trabalhar mais pesado". No entanto, se você reformular a sua declaração para:

"Vamos ver como podemos tornar o seu trabalho mais fácil."

O que isso faria? Simplificaria o problema, além de dar um toque positivo em algo que poderia ser visto como negativo. No final, o problema ainda é o mesmo, mas os sentimentos e pontos de vista associados a ele são diferentes, então você pode responder a ele mais direta e criativamente. É um método particularmente útil para levantar a moral depois de algo ter ido mal no trabalho ou para enxergar um problema como uma oportunidade (Cotton, 2016).

Reformular também ajuda a **simplificar** um problema para estimular um novo pensamento. Quando estamos sobrecarregados com um problema, podemos ficar presos na complexidade. Isso acontece frequentemente quando sentimos que conhecemos um problema de dentro para fora — passamos muito tempo com ele e vivemos todo o complicado processo de desmonte, busca e verificação de que ele é o correto. A boa notícia é que sabemos exatamente qual é o problema. A notícia não tão boa é que temos tanta informação que acabamos por saber *demais*. Temos muitas razões a favor e contra fazer as coisas, e temos uma infinidade de abordagens que podemos adotar. Então, o que acontece? O empurra-empurra de tantos pensamentos conflitantes eventualmente leva a uma interferência mental e nossas ideias param de fluir. Podemos fazer com que as coisas voltem ao básico, reenquadrando o problema. Essencialmente, isso implica remover todos os "excessos" para chegar ao cerne das coisas.

ESTUDO DE CASO | LEGO VOLTA AO BÁSICO

Colocar seu desafio ou missão em foco é uma das melhores maneiras de encontrar soluções criativas. Durante a década de 1990, as extensões da marca em jogos de software, vestuário infantil, acessórios de estilo de vida, parques temáticos e programas de televisão tinham fragmentado a marca LEGO aos olhos dos consumidores e, no final de 2003, a fabricante icônica de brinquedos estava à beira da falência. Embora ninguém pudesse acusar a lego de não ser inovadora (de fato, havia uma grande quantidade de hiperinovação em curso), ela tinha claramente perdido o seu caminho. Foi voltando ao básico e concentrando-se no seu objetivo principal — tijolos e construção como um sistema de jogo — que a empresa foi capaz de corrigir com sucesso o seu rumo e "reconstruir" sua fortuna (Robertson, 2013).

4. Descubra hipóteses

O modelo "Defina e Entenda" incorpora uma Matriz de Suposições (Souter, 2007) para ajudá-lo a compreender melhor o seu problema e desafiar quaisquer suposições quase invisíveis. Na coluna da esquerda (O que nós sabemos), liste todos os **fatos** sobre o problema. Estes devem ser completamente verdadeiros e verificáveis. Se você não pode fazer backup de um determinado ponto, ele deve pertencer à segunda coluna de **suposições** (O que pensamos que sabemos). Isso é o que você acha que sabe, mas não pode provar ou não foi capaz de provar. Ao passar por esse processo, você poderá descobrir áreas de ignorância que são relevantes para o seu desafio. Essa é uma informação que você precisa saber, então coloque-a na coluna 3 para **pesquisa** (O que precisamos saber).

No final, você deve ter uma ideia clara do que sabe, do que acha que sabe e do que precisa saber. Quando você está tentando resolver um problema, mantenha-se fiel aos fatos e procure a informação de que precisa para não trabalhar no escuro.

Modelo das seis perguntas

Essa ferramenta se trata da coleta de dados para ajudá-lo a lidar com o problema "real" — útil se o seu desafio for abstrato ou ambíguo. Uma maneira inteligente de fazer isso é utilizando as perguntas universais: O quê? Por quê? Onde? Quem? Quando? E como? Coletar informações e abordar o problema a partir de diferentes ângulos pode, muitas vezes, resultar em algumas perspectivas e percepções incomuns. Esse método é valioso para problemas complexos que carregam muita informação, pois ajuda a interrogar e extrapolar as coisas mais importantes.

Nós dirigimos a empresa por perguntas, não por respostas.
— ERIC SCHMIDT, ex-presidente e CEO da Google

O QUÊ? Quais são os **fatos**? Analise tanto os dados concretos, tais como estatísticas, fatores históricos e temporais, quanto os dados flexíveis, tais como opiniões, fatores humanos, atitudes e comportamentos. O que já foi tentado para resolver o problema? O que funcionou ou não funcionou? O que está tentando alcançar? Esboce seu **objetivo** ou propósito. Você está tentando "entender melhor os clientes" ou "ganhar um contrato governamental", por exemplo?

POR QUÊ? O que seu filho de quatro anos já sabe é que perguntar "por quê?" é uma ótima maneira de aprender e obter uma compreensão mais profunda de um problema, mas paramos de fazer isso enquanto adultos, porque achamos que é imaturo ou que já sabemos todas as respostas. Faça a pergunta "por quê?" pelo menos cinco vezes até chegar ao fundo de um problema ou objetivo. Essa é uma ótima maneira de garantir que você está abordando a questão e não apenas um sintoma. O conceito de "Cinco Porquês" foi popularizado pela principal fabricante japonesa de automóveis Toyota como uma ferramenta de gestão, com base na história de um robô de máquina de soldagem que tinha quebrado durante uma demonstração (Ohno, 2006). Aqui está um exemplo:

1. Por que perdemos o cliente XYZ este mês?

Porque não acabamos o trabalho a tempo... Outra vez.

2. Por que não acabamos o trabalho a tempo?

Porque não tínhamos trabalhadores qualificados suficientes alocados para o projeto.

3. Por que não tivemos trabalhadores qualificados suficientes alocados para o projeto?

Porque não temos trabalhadores suficientes com a formação necessária para esse tipo de trabalho especializado.

4. Por que os nossos trabalhadores não têm a formação necessária?

Porque não temos orçamento suficiente para oferecer formação especializada.

5. Por que é que não há orçamento suficiente para o treinamento?

Porque o treinamento não é uma prioridade da empresa.

E aqui temos a causa raiz! Você não tem que parar em cinco níveis; aliás, você pode continuar perfurando até que tenha construído uma imagem tão completa quanto possível das causas subjacentes do problema.

Figura 6.2 Modelo das seis perguntas

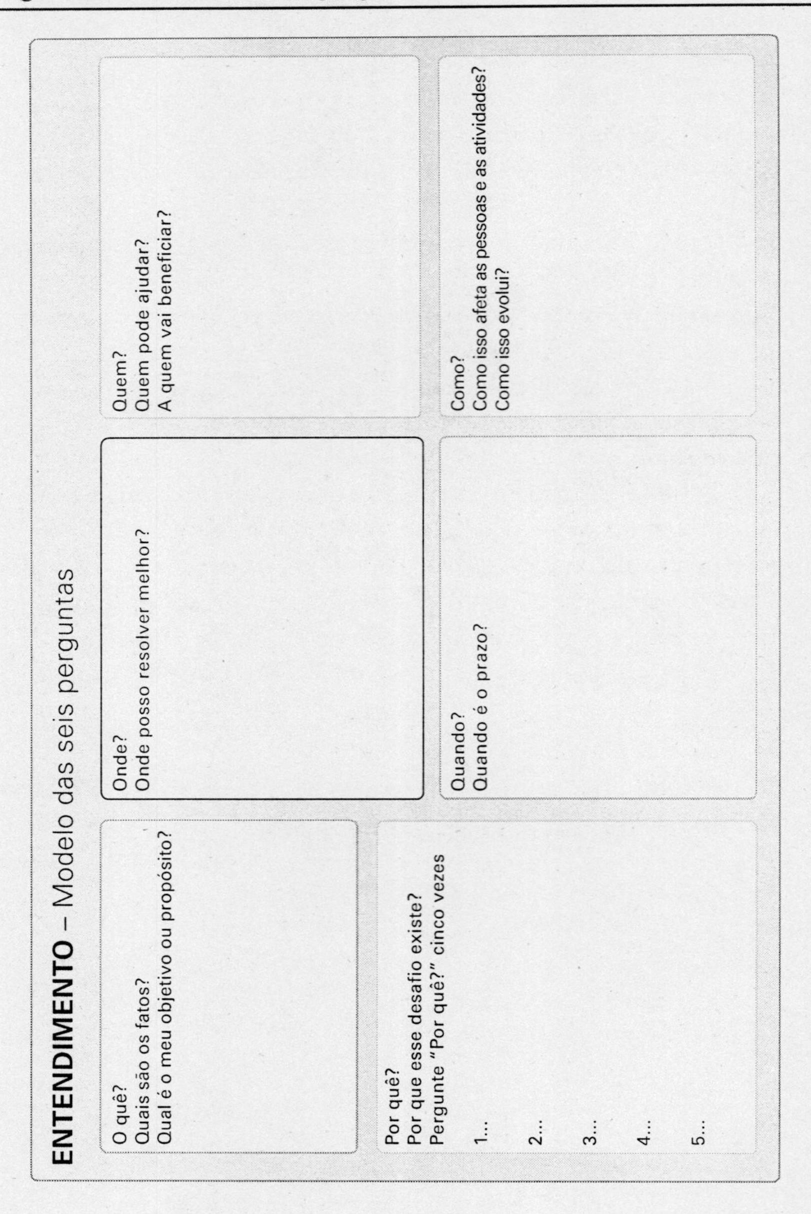

ONDE? Onde podemos resolver o problema? Onde podemos encontrar ajuda financeira? Localize o melhor local ou ambiente para resolver as coisas ou colocar a sua solução em prática. Seu desafio talvez seja algo que pode ser resolvido facilmente no escritório ou em um departamento específico, como Produção ou Atendimento ao Cliente. Talvez possa ser melhor servido em filiais específicas, lojas ou até mesmo no escritório de um cliente.

QUEM? Quem pode ajudar a resolver o problema? Quem se beneficia mais com a resolução do problema? Identifique a pessoa ou pessoas que podem estar interessadas na solução, tanto direta quanto indiretamente. Por exemplo, se houver um problema com o mau atendimento ao cliente numa cadeia de supermercados, a responsabilidade pela execução da solução recai principalmente sobre o pessoal do conselho de serviço da loja, uma vez que estão em contato direto com o cliente e com os supervisores que os gerem. Indiretamente, pode envolver muitos outros também. Por exemplo, membros-chave da matriz que podem ajudar a pesquisar e desenvolver melhores iniciativas de atendimento ao cliente para implementar em toda a empresa, e talvez o pessoal de RH possa dar suporte para lidar com o baixo moral do pessoal.

QUANDO? Quando você precisa ter uma solução pronta? Estritamente falando, qual é o seu prazo? Essa é uma questão chave, porque ajuda você a elaborar um cronograma para o resto de sua solução de problemas. Se o seu desafio é desenvolver uma nova campanha de marketing ou linha de produtos, quando planeja lançá-la? Sua decisão aqui vai alimentar o seu planejamento de ação, ajudando você a ter tempo para tarefas anteriores e manter tudo no caminho certo.

COMO? Como o problema ou desafio influencia as pessoas ou atividades? Explorar o impacto do problema em tarefas, departamentos, recursos, ferramentas ou produtos específicos. Como o problema evoluiu e há quanto tempo ele é uma preocupação?

ESTUDO DE CASO | AIRBNB — LOCALIZE O PROBLEMA, PERTURBE O MERCADO

A Airbnb é um excelente exemplo de como o foco em um problema pode trazer uma resposta inovadora. A ideia de um site que permite às pessoas listar e alugar acomodações de curto prazo em propriedades residenciais de todo o mundo surgiu inicialmente como uma alternativa ao problema dos hotéis lotados (Salter, 2012). Os fundadores, Brian Chesky e Joe Gebbia, viram uma oportunidade de ganhar alguma renda extra alugando um espaço livre quando uma grande conferência de design chegou à sua cidade natal, São Francisco, em 2007. Eles perceberam que havia uma grande demanda por hospedagem sem complicações e logo criaram um site que permitia que as pessoas anunciassem seus quartos para os hóspedes da noite, cobrando entre 9% e 15% do valor das reservas. Apenas uma década depois, a empresa foi avaliada em 31 bilhões de dólares (Statista, 2018).

Modelo "Mudando as Perspectivas"

Uma maneira única de explorar seu problema e abandonar suas limitações mentais é fingir temporariamente que você é outra pessoa. Quando se trata de análise de problemas, sua perspectiva ou ponto de vista fornece apenas uma visão singular da situação, uma que é provável que lhe dê resultados semelhantes aos que você já experimentou no passado ao resolver problemas. O simples ato de pedir emprestado o ponto de referência de outra pessoa pode fazer uma enorme diferença na forma como abordamos as coisas, pois nos força a quebrar o padrão da abordagem habitual. Diferentes pessoas com diferentes formações, experiências, profissões e interesses, olham para as coisas de maneiras diferentes. Como uma estrela de reality show enxerga o seu problema? Uma enfermeira? Uma criança de oito anos? Um motorista de ônibus? Você pode escapar de sua visão estreita e abrir um mundo novo ao mentalmente pegar emprestado as perspectivas deles e olhar para o problema com novos olhos. É uma abordagem muito divertida e vai animar qualquer reunião sem brilho. É assim que se faz:

Passo 1. Identifique diferentes pontos de referência

Use uma seleção aleatória de pessoas em diferentes papéis, circunstâncias ou perfis. Você pode incluir pessoas afetadas pelo problema, como colegas, clientes ou parceiros, mas é muito melhor usar pessoas não relacionadas ao problema — sir Alan Sugar, sua irmã, um agricultor ou alguém que você admire, por exemplo. Você pode até usar arquétipos como os que Carl Jung descreve (Herói, Amante, Sábio, Mágico, Rebelde etc.) personagens de contos de fadas como Branca de Neve ou até super-heróis como o Superman. Quanto mais variada for a escolha, melhor, pois você obtém uma base muito mais ampla para gerar soluções. A Tabela 6.2 oferece uma amostra de perspectivas que você pode explorar.

Embora algumas perspectivas funcionem melhor do que outras, todas elas estenderão seu pensamento para oferecer ideias válidas. Recomendo que escolha pelo menos quatro personagens diferentes para a dramatização. Tente mantê-los alheios uns aos outros para uma análise mais abrangente da questão.

Figura 6.3 Modelo "Mudando as Perspectivas"

ENTENDIMENTO – Modelo "mudando as Perspectivas"

Defina o desafio ou problema

Como as seguintes pessoas que você identifica encontrariam uma solução para o desafio?

Pessoa 1 ______

Pessoa 2 ______

Pessoa 3 ______

Pessoa 4 ______

O que eu faria se não tivesse medo?

O que eu preciso fazer de maneira diferente para encontrar a solução?

O que quero dizer, daqui a um ano, sobre como lidei com esse desafio?

"Não podemos resolver problemas usando o mesmo tipo de pensamento que usamos quando os criamos." Albert Einstein

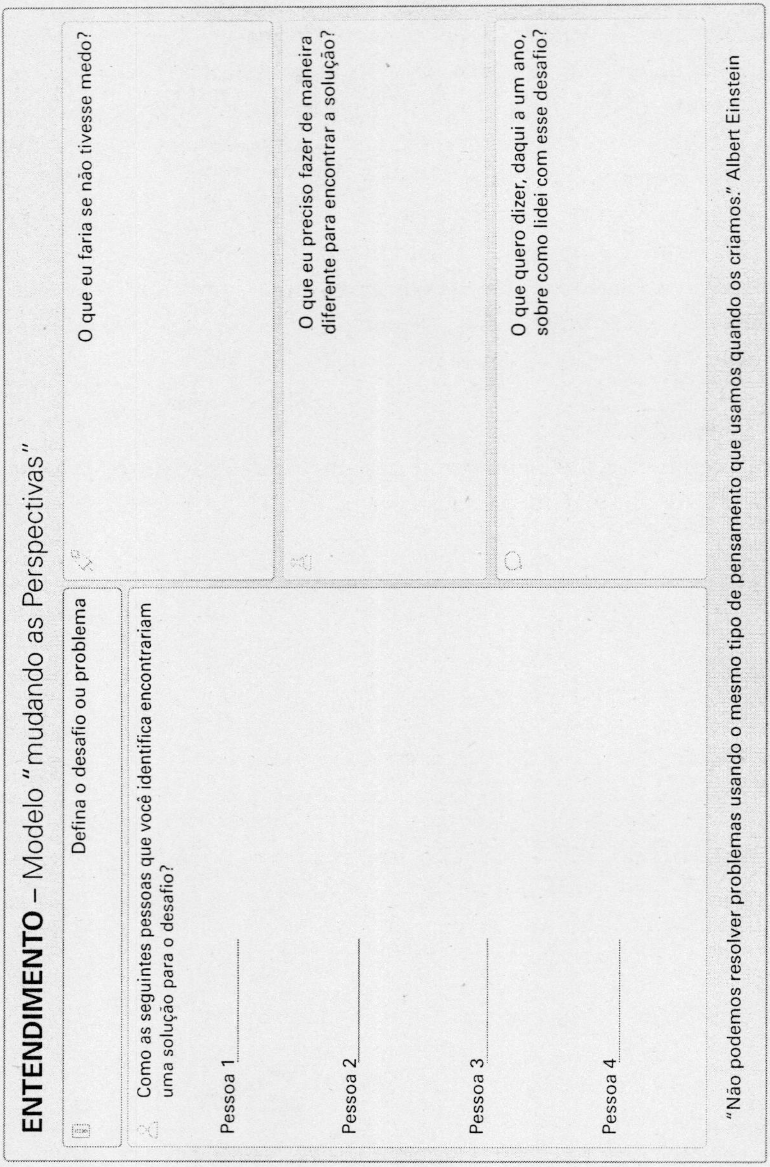

Passo 2. Explore cada ponto de vista

A seguir, considere como cada uma destas pessoas veria o seu desafio particular. Coloque-se no lugar delas — sua mentalidade ou ambiente — e imagine como elas pensariam sobre isso ou o descreveriam. Tente fazer as seguintes perguntas:

- Quais seriam os fatores importantes para elas?
- Em que aspecto da questão elas podem se concentrar?
- Como descreveriam o problema?
- Como a descrição delas difere da minha?
- Será que elas veriam um problema?

Tabela 6.2 Exemplos de perspectivas

Mãe/Pai	*Poeta*	*Comissário de bordo*
Palhaço	*Bibliotecário*	*Criança*
Piloto de corrida	*Homem-Aranha*	*Cabeleireiro*
Médico	*Ministro*	*Kim Kardashian*
Contador	*Músico*	*Leonardo da Vinci*
Comediante de stand-up	*Pessoa aposentada*	*Gerente de vendas*
Homer Simpson	*Professor*	*Cientista*
Um cachorro	*Rainha Elizabeth*	*Will Smith*
Napoleão	*Bill Gates*	*Hulk*
Jogador de futebol	*Chef*	*Detetive*
Dalai Lama	*Piloto*	*Cinderela*
Repórter/Jornalista	*Ladrão*	*Político*

Liste os pensamentos de cada perspectiva na tabela-modelo. Por exemplo, o que você acha que o seu pai diria sobre o seu problema? O que diria um palhaço? Explicações totalmente diferentes, até mesmo loucas ou risíveis, podem surgir. Um padre pode procurar explorar o significado espiritual mais profundo de uma questão, enquanto um advogado examinaria a evidência de lados opostos de um argumento antes de decidir sobre como apresentar um caso. Se possível, fale diretamente com algumas dessas pessoas e coloque o que disseram na tabela. Observe as semelhanças e diferenças na maneira como cada pessoa abordaria o problema.

Outra maneira de mudar sua perspectiva é contemplar seu desafio usando uma perspectiva alternativa. Pergunte a si mesmo estas três coisas:

- O que eu faria se não tivesse medo?
- O que eu preciso fazer de maneira diferente para encontrar a solução?
- O que quero dizer, daqui a um ano, sobre como lidei com esse desafio?

Essa linha mais profunda de pensamento força você a se concentrar no que quer alcançar e por quê. Mais uma vez, registre as suas respostas.

Passo 3. Agrupe pensamentos e ideias iniciais

Refletindo sobre essas perspectivas, anote quaisquer ideias que venham à mente para resolver seu desafio. Como essas pessoas iriam enfrentar o desafio? Que ideias ou abordagens elas podem ter? Quais ações elas tomariam? Essas ideias podem funcionar para a sua situação? Fazer isso o ajudará a desenhar muitas estratégias novas e inventivas.

Às vezes, as perspectivas que parecem ser as mais distantes do seu problema podem lhe dar exatamente a inspiração que você está procurando. Se o seu problema é "aumentar as vendas" e você o vê a partir da perspectiva de um adolescente, isso pode dar origem a ideias como adicionar funcionalidades mais divertidas ao seu produto, pelas quais os clientes estariam dispostos a pagar mais. Ou talvez possa introduzir ofertas modernas de afiliação para que as pessoas possam se sentir parte da "galera", incentivando assim a repetição de compras. Viu como funciona?

CHECKLIST DO ENTENDIMENTO: O QUE FAZER E O QUE NÃO FAZER

Uma das maneiras mais simples e eficazes de manter seu pensamento no caminho certo durante suas sessões criativas é usar checklists. Por essa razão, montei uma série de checklists prontos para uso para ajudá-lo a ser breve e gerenciar seu pensamento junto com os modelos do Localizador de Soluções. Gosto de colocá-los na parede junto à minha mesa para facilitar a consulta, podendo me basear repetidamente em diferentes fases do processo. O checklist do Entendimento apoia seu pensamento para qualquer atividade de definição de problemas, lembrando-o de todas as coisas que você faz e não precisa considerar ao ficar alerta para o seu desafio. Faça o download e verifique cada vez que você iniciar qualquer forma de projeto de inovação: **www.thinking.space**

Figura 6.4 Checklist do Entendimento

CHECKLIST DO ENTENDIMENTO: o que fazer e o que não fazer

O QUE FAZER

- ✓ Identificar o problema real — cuidado para não tratar apenas os problemas
- ✓ Descobrir quem pode ajudar
- ✓ Formar opiniões
- ✓ Reunir fatos
- ✓ Definir limites
- ✓ Concordar com os objetivos
- ✓ Verificar se uma decisão é necessária
- ✓ Usar a experiência anterior — considerar os melhores e piores resultados usando uma solução anterior para um problema semelhante
- ✓ Redefinir o desafio de muitas formas
- ✓ Procurar por dissensão e desacordo
- ✓ Começar com o que é certo, depois explorar o que é aceitável
- ✓ Encontrar uma medida adequada ao desafio
- ✓ Entender se este é um problema genérico que se encaixa em um modelo atual
- ✓ Exigir evidências para cada reivindicação feita

O QUE NÃO FAZER

- ✗ Começar pelas conclusões
- ✗ Improvisar
- ✗ Fazer suposições
- ✗ Reunir fatos antes de obter várias opiniões
- ✗ Buscar um consenso
- ✗ Preocupar-se com a opinião dos outros
- ✗ Gostar mais de uma opção do que das outras nesse estágio
- ✗ Reagir rapidamente (a não ser que seja uma situação de vida ou morte) — Reaja estrategicamente
- ✗ Preocupar-se com compromissos
- ✗ Prosseguir, a menos que haja desacordo
- ✗ Usar uma medida tradicional (caso contrário, é apenas um ajuste)

PRINCIPAIS TÓPICOS

O primeiro passo no processo criativo é identificar e definir o problema. A análise do problema pode ajudá-lo a compreender a natureza geral e as causas subjacentes dele, do objetivo ou da oportunidade que você enfrenta antes de começar a encontrar soluções.

- *Modelo "Defina e Entenda". Estabeleça o cenário para a sua atividade de resolução de problemas, apresentando a sua declaração de problemas, resultados desejados, opiniões e limites/limitações. Redefina seu desafio para olhar as coisas de novo e dar um toque positivo à questão. Descubra o que sabe (fatos), o que pensa que sabe (suposições) e o que precisa saber (pesquisa).*
- *Modelo das seis perguntas. Reúna dados para informar a sua tomada de decisão. Perguntar a quem? O quê? Onde? Por quê? Quando? Como? Interrogue o problema e melhore a sua compreensão dele.*
- *Modelo "Mudando as Perspectivas". Veja o desafio através dos olhos dos outros. Aproxime-se dele a partir de ângulos alternativos. Isso ajuda a quebrar seu padrão habitual de pensamento e traz um novo significado ao problema.*
- *Checklist do Entendimento. Domine o seu pensamento ao definir o seu desafio consultando esse checklist.*

7

passo 2 do localizador de soluções: ideação

brainstorming mentalmente amigável

O papel de um líder criativo não é ter todas as ideias; é criar uma cultura onde todos possam ter ideias e sentir que são valorizadas.
— KEN ROBINSON, autor e conselheiro internacional sobre educação e criatividade

PENSAMENTO GENERATIVO

Como sabemos, a criatividade não acontece simplesmente. Embora às vezes tenhamos esses momentos de "eureca" e flashes de inspiração, é mais provável que ideias bem-sucedidas ocorram como parte de um processo sistemático. Você fez o trabalho de base identificando o seu desafio no Passo 1, para saber com o que precisa lidar. Agora está na hora da parte divertida, gerar muitas ideias para o seu desafio definido. O Passo 2 é estimular o pensamento generativo que produz novas ideias. Isso significa esticar a realidade, desencadear ideias loucas, conectar conceitos existentes de novas maneiras e aproveitar ideias de outras pessoas. Neste capítulo, vamos olhar para como executar as suas sessões de brainstorming para maximizar suas chances de sucesso. Isso anda de mãos dadas com o próximo capítulo, que fala sobre a gama de técnicas criativas que constituirão o seu kit de ferramentas de Ideação, para uso tanto em sessões de brainstorming solo e em grupo.

BRAINSTORMING — ISSO FUNCIONA?

Alex Osborn inventou o brainstorming em 1953 como uma espécie de conferência criativa para grupos de pessoas apresentarem muitas ideias e encontrarem novas abordagens para problemas. Desde então, o brainstorming se tornou um ritual padrão na maioria das empresas. Procurando algo novo? Faça um brainstorming. Você tem um problema persistente? Reúna as tropas para pensar em maneiras de cortar o mal pela raiz. É, de longe, a técnica mais amplamente utilizada para o pensamento criativo, e é parte integrante de qualquer processo civilizado de resolução de problemas e tomada de decisões.

O brainstorming tem sido criticado por parte daqueles que o enxergam como uma perda de tempo. Isso não é nenhuma surpresa se você passou horas preso em uma sala com seus colegas, lutando com flipcharts e colando post-its em todos os lugares, apenas para sair se sentindo desanimado pelo seu desempenho medíocre, em vez de se entusiasmar por todas as ideias incríveis que foram levantadas.

Vamos olhar para as dinâmicas que ocorrem quando um grupo de pessoas se reúne para discutir soluções para um desafio de negócios. Imagine que Linda levantou uma ideia para resolver o problema. O que passa pelas mentes dos seus colegas de equipe? Quase instantaneamente, os outros membros do grupo analisam e julgam a ideia (silenciosa ou abertamente), e a resposta em suas mentes será previsivelmente uma das seguintes:

- **Concordo** com a ideia e farei tudo o que puder para a apoiar.
- **Discordo** da ideia, por isso vou fazer tudo o que puder para que isso não aconteça.

- **Talvez** continue ouvindo e pensando sobre a ideia.
- **Eu não estava ouvindo**. O que ela disse?

Desde o início, a maioria dos membros do grupo se ligou a um modo de pensar, reativo ou seletivo. Em suas mentes, eles já decidiram e iniciaram um caminho. Isso não é brainstorming! Essas pessoas saíram da mentalidade certa para gerar ou estar abertas a novas ideias.

Brainstorming em grupo versus brainstorming individual

Desde que o brainstorming decolou na década de 1950, a criatividade tem sido cada vez mais um processo de grupo, especialmente em grandes organizações. Como diz o ditado, "Duas cabeças pensam melhor que uma", então que melhor forma de gerar ideias do que juntar muitas pessoas diferentes? Todo mundo está pulando no bonde do grupo — a colaboração está dentro e a solidão está fora. Isso é tudo muito bom, mas há algo interessante. Pesquisas acadêmicas sugerem fortemente que os indivíduos que trabalham sozinhos apresentam mais e melhores ideias do que as pessoas que trabalham em grupo. Os pesquisadores Diehl e Stroebe (1987) revisaram muitas das evidências dos testes realizados após 1958, além de acrescentarem seus próprios experimentos. Descobriram que, com um limite de tempo de apenas quinze minutos para a produção de ideias, o número médio de ideias individuais era um impressionante 84, sendo 13 as de alta qualidade. Em forte contraste, os grupos de brainstorming produziram uma média de apenas 32 ideias, sendo apenas 3 de alta qualidade. Assim, em comparação com os grupos, os indivíduos produziram quatro vezes mais ideias de alta qualidade.

O que está por trás dessa perda de produtividade em grupos? Bem, a pressão de estar numa situação de grupo pode afastar algumas pessoas. Você provavelmente já percebeu que os grupos tendem a ser dominados por alguns indivíduos de mente forte, enquanto outros ficam quietos e sem envolvimento. Alguns podem se sentir envergonhados por partilhar as suas ideias mais loucas e estranhas (conhecidas como *apreensão de avaliação*). Alguns podem sentir que as suas ideias não são suficientemente boas, por isso seguem as ideias de outras pessoas, e muitos simplesmente lutam para divulgar as suas ideias enquanto esperam que os seus colegas acabem de falar (também conhecido como *bloqueio de produção*).

PENSAR EM GRUPO

Você já alguma vez liderou uma sessão de brainstorming em que os membros da equipe estavam relutantes em expressar opiniões ou compartilhar ideias? Ou alguma vez você já segurou a língua em uma reunião porque não queria dar a impressão de que estava obstruindo os esforços do grupo? Se sim, você experimentou o fenômeno do ***pensamento de grupo****.*

O pensamento de grupo surge quando os membros da equipe estão mais preocupados em obter a aprovação dos outros do que em expressar suas verdadeiras ideias e opiniões, especialmente quando essas opiniões podem ir contra o consenso. Isso é mais evidente em grupos de pessoas que trabalham juntas; o que pode eventualmente acontecer é que o desejo de harmonia e coesão do grupo afaste o senso comum por completo!

O termo pensamento de grupo foi cunhado pelo psicólogo de Yale, Irving Janis, em 1972, depois que ele descobriu que a falta de conflito ou pontos de vista opostos levava a decisões grupais errôneas. Sua pesquisa mostrou que, em muitas situações, o desejo das pessoas de apoiar a unidade de um grupo as impediu de se aprofundar em diferentes opções e de reunir informações suficientes para tomar uma decisão informada. O pensamento de grupo foi um fator importante quando a British Airways e a varejista britânica Marks & Spencer implantaram suas estratégias de globalização na década de 1990. Em ambos os casos, as empresas subestimaram a possibilidade de fracasso por causa da ilusão de invulnerabilidade (um sintoma chave do pensamento de grupo). Elas pensavam que eram imunes a problemas normais de negócios. Devido a esse excesso de confiança nos seus poderes de decisão, cometeram muitos erros bobos de julgamento e as suas comunicações da gestão ficaram seriamente bloqueadas. Pouco tempo depois, ambas as empresas sofreram uma enorme queda na reputação e na cotação no mercado de ações (Eaton, 2001).

Não se consegue harmonia quando todas as pessoas cantam a mesma nota.

— DOUG FLOYD, no jornal *The Spokesman-Review* de Washington

ATIVIDADE
VOCÊ É UM PENSADOR INDEPENDENTE?

Dê uma olhada nas quatro linhas abaixo.

Figura 7.1 Experiência de conformidade de Solomon Asch

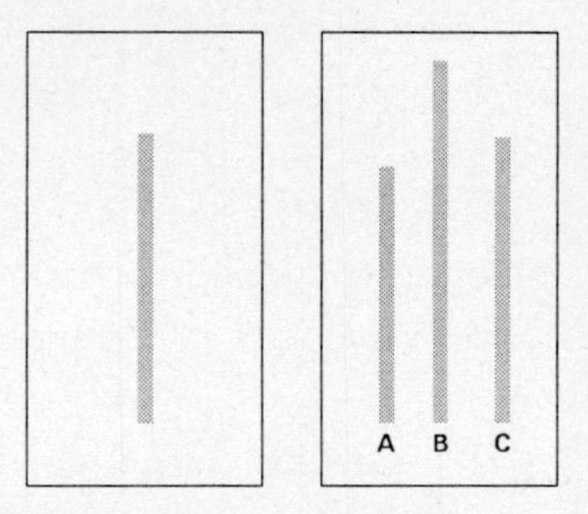

Sua tarefa é escolher qual das linhas do lado direito mais se aproxima da linha do lado esquerdo. Isso não deve ser um grande desafio. Uma das linhas é obviamente muito curta, uma é muito comprida e a outra parece estar quase certa.

Agora imagine que está fazendo esse exercício sentado numa sala com mais sete participantes, e a maioria escolhe a linha mais longa. O que você faria? Você manteria sua resposta inicial ou mudaria sua opinião para corresponder à visão popular?

Durante a década de 1950, o psicólogo Solomon Asch (1951) fez uma série de experimentos usando esse teste das linhas, para demonstrar o poder da conformidade em grupos. Ele descobriu que, em condições definidas de grupos de cerca de oito participantes, as pessoas se conformaram com a resposta incorreta do grupo aproximadamente um terço das vezes. No entanto, quando solicitados a anotar individualmente a correspondência correta, os participantes foram muito mais precisos, escolhendo a resposta correta 98% das vezes (McLeod, 2008). Por que os participantes do teste estavam tão ansiosos para negar a evidência diante de seus próprios olhos? Quando entrevistados posteriormente, muitos deles admitiram que, embora soubessem que o resto do grupo estava errado, não queriam arriscar enfrentar o ridículo ou ser o "estranho". Outros acreditavam realmente que o resto do grupo devia estar correto nas suas respostas: "Devem saber algo que eu não sei." Esse exercício demonstra que ir junto com a multidão não o levará necessariamente às soluções certas — algo a se ter em mente no meio de uma sessão de brainstorming colaborativo.

A visão "moderna" do brainstorming

Embora a pesquisa acadêmica preliminar possa não ser favorável ao brainstorming em grupo, a análise moderna apresenta uma visão diferente e mais positiva. Robert Sutton, um influente professor e cofundador da escola de Design da Universidade de Stanford, argumenta que a maioria dos estudos acadêmicos sobre brainstorming não reflete o mundo real (Sutton e Hargadon, 1996). Os experimentos impõem aos participantes situações hipotéticas em que eles são obrigados a gerar ideias que não têm valor real para eles, por exemplo: "O que você faria com um polegar extra?" ou "Quantos usos há para um tijolo?". Além disso, a forma como os estudos são concebidos torna impossível que as pessoas construam sobre as ideias umas das outras ou façam conexões com ideias que já existem.

Mais importante ainda, Sutton identificou que a chamada perda de produtividade mostrada em grupos se deve ao tempo gasto ouvindo os outros falarem, que é, naturalmente, um elemento prático do trabalho em grupo. As pessoas podem falar mais ideias num microfone quando estão trabalhando sozinhas do que em grupos cara a cara, porque não têm de esperar pela sua vez. A pesquisa exclui a possibilidade de ouvir os outros como comportamento produtivo e critica reuniões por serem uma forma ineficiente de fazer as coisas em comparação com trabalhar sozinho. No entanto, vamos ser realistas. Os encontros cara a cara trazem os benefícios da interação, e o tempo gasto na escuta não é desperdiçado, pois expõe as pessoas a consideravelmente mais ideias por unidade de tempo do que em brainstorming solo. Sutton (2012) afirma que "falar e ouvir são ambos elementos-chave do processo social subjacente à criatividade". Na verdade, a colaboração é central para a cultura de algumas das mais admiradas empresas criativas, como a Pixar.

Isso nos leva a pensar se deveríamos sequer questionar qual brainstorming, individual ou em grupo, é melhor para o trabalho criativo em primeiro lugar. A criatividade efetiva depende de uma mistura dos dois: permitir que as ideias imaginativas surjam individualmente e também sejam reconhecidas coletivamente. Isso significa que você precisa considerar o contexto prático no qual está fazendo o brainstorming, e o nível de habilidade e estrutura que traz para suas sessões. Como verá a seguir, a técnica pode se tornar mais útil com uma boa estratégia de brainstorming que inclui tanto trabalho individual quanto em grupo.

ONDE VOCÊ ARRANJA AS SUAS MELHORES IDEIAS?

Quando essa pergunta é feita, as respostas das pessoas variam:
...no chuveiro;
...dirigindo;
....pedalando;
...deitado na cama de manhã ou à noite.

As ideias vêm até nós quando estamos relaxados e sozinhos. Normalmente acontecem quando menos esperamos. Então, por que a maioria das empresas escolhe fazer brainstorming em grupo? É mesmo inútil?
A inovação não pode ser deixada ao acaso. Tirar um tempo sozinho é importante para permitir que sua mente vagueie e crie livremente. No entanto, é um erro descansar sobre seus louros e presumir que suas ideias só virão quando estiverem prontas. A criatividade tem de acontecer tanto dentro como fora do escritório, caso contrário o seu negócio nunca irá crescer. Fazer um brainstorming com outras pessoas lhe dá um espaço dedicado para abrir e ganhar novas perspectivas, e para compartilhar e construir as ideias de outras pessoas de forma colaborativa. O CEO e fundador da Heleo, Rufus Griscom, observa: "As ideias são como as pessoas — elas não gostam de ser isoladas ou tratadas com ciúmes. Eles gostam de se misturar, interagir com outras ideias." (Seppala, 2016).

Uma pesquisa da empresa de consultoria criativa Idea Champions perguntou às pessoas: "Onde e quando você tem suas melhores ideias?" (Moore e Ditkoff, 2008). Os cinco principais catalisadores das melhores ideias foram classificados da seguinte forma:
Quando você está inspirado.
Brainstorming com outras pessoas.
Quando você está imerso em um projeto.
Quando você está feliz.
Quando você está colaborando com um colega.

Como declarado no relatório: "Nossa sondagem mostra claramente que as pessoas dependem de contextos sociais e solitários para a criação de ideias e para que a inspiração possa acontecer de qualquer forma. A maneira como uma organização apoia ambas as abordagens terá impacto no seu grau de inovação."

COMO SER MELHOR NO BRAINSTORMING

Brainstorming é uma técnica que as pessoas podem executar soberbamente ou terrivelmente, com todos os tipos de resultados intermediários. É errado pensar que brainstorming não funciona e desistir completamente só porque você teve algumas reuniões infrutíferas; é verdade que muitas sessões se tornam perdas de tempo sem sentido, mas isso não é porque o brainstorming enquanto um processo não funciona. É porque a maioria das sessões são realizadas ao acaso, e o pensamento de todos fica fora de foco. A boa notícia é que, com um pouco de treinamento e pré-planejamento, qualquer um pode aprender a ser melhor em brainstorming. Uma pesquisa realizada pelo dr. Roger Firestien (1990) na Universidade Estadual de Nova York College em Buffalo descobriu que grupos que foram treinados nas diretrizes de resolução criativa de problemas e brainstorming geraram significativamente mais ideias do que grupos não treinados. Melhor ainda, isso resultou em quase três vezes mais ideias de alta qualidade (de 281 ideias excelentes para 618). Além disso, os grupos treinados criticaram as ideias significativamente menos, apoiaram verbalmente mais ideias, e também riram e sorriram mais.

Regras para um brainstorming brilhante

As regras não são algo que gostamos de associar à criatividade. Não podemos deixar de vê-las como sendo a antítese do pensamento livre e expansivo; e muitas realmente são. Mas as regras de brainstorming são diferentes — temos de nos manter fiéis a elas se quisermos jogar e ganhar. Em seu livro de referências, *Applied Imagination*, Alex Osborn (1953) delineou quatro diretrizes que passaram a ser conhecidas como as "regras clássicas" para brainstorming. Sem dúvida, você já teve contato com elas milhares de vezes antes, mas consegue dizer honestamente que suas sessões sempre aderem a elas?

1. Vá atrás da quantidade

A inovação é um jogo de números. Ao extrair o maior número possível de ideias, você aumenta seriamente as suas chances de topar com a única ideia inovadora que ultrapassa todos os limites anteriormente conhecidos. Mantenha cada ideia breve — apenas capture sua essência, não a descreva em detalhes. Mantenha o movimento e continue motivado, estabelecendo uma cota para a sua ideação, tal como um mínimo de 50 ideias se estiver trabalhando sozinho ou 150-200 para uma sessão de grupo. O que vier a mais é lucro. Para pequenos *sprints*, tente definir um temporizador — "Certo, quero dez ideias de cada membro da equipe nos próximos cinco minutos."

2. Esteja aberto a ideias loucas e incomuns

Giro livre é o nome do jogo. Inspire seus companheiros de equipe a abraçar suas noções mais selvagens e mire em ideias loucas e exageradas. Deixe-os se divertirem com isso. Para ser criativo, você precisa ter uma mentalidade de "tudo é possível". Como diz o aforismo: "Se inicialmente a ideia não é absurda, então não há esperança para ela." Mesmo que uma ideia pareça completamente ridícula ou rebuscada à primeira vista, você pode sempre tomá-la como uma alternativa mais prática no futuro. Afinal de contas, não é melhor procurar maneiras de deslumbrar os clientes em vez de apenas satisfazê-los?

Mentes abertas são como portais para outras dimensões,
onde a impossibilidade é possível...
— DEAN CHAMBERLAIN, letra de música da banda Quincy

3. Adie os julgamentos

Isso pode parecer óbvio, mas é uma armadilha comum e tentadora — não deve haver crítica ou julgamento de ideias até que você tenha gerado uma quantidade suficiente delas para trabalhar. Qualquer análise, seja ela positiva ou negativa, prejudicará todo o processo, eliminará as sementes de potenciais soluções e evitará que as pessoas corram riscos com as suas ideias. É como tentar dirigir com um pé no acelerador e outro no freio.

Se você continuar parando para discutir as razões pelas quais uma ideia é boa ou ruim, ou para descartar ideias estranhas, vai acabar preso com as mesmas ideias familiares de sempre. Além disso, a energia e a atmosfera na sala vão ter uma queda brusca, pois as pessoas terão receio de falar por medo de terem as suas ideias rejeitadas. Você terá muitas oportunidades para avaliar ideias mais tarde — seja no final da sessão ou em outra reunião em que o objetivo seja convergir para uma decisão. Por agora, tire os freios da sua mente crítica e acenda a luz verde para a imaginação.

4. Combine e desenvolva ideias

É muito raro encontrar soluções instantâneas e totalmente formadas. Esse princípio consiste em pegar a semente de uma ideia e melhorá-la, modificá-la ou desenvolvê-la para torná-la ainda melhor. Encoraje os participantes a fazerem "bolas de neve" com as ideias das outras pessoas para criar soluções mais arredondadas, ou a lançarem as suas ideias para que outras mais novas sejam criadas. Se você precisar de ideias mais práticas, use esse processo para transformar as ideias mais incomuns, para que elas tenham uma base melhor na realidade. Por outro lado, se você quiser ser super-radical, tente combinar duas ideias que não estejam intimamente relacionadas e veja o que acontece. Veja o exemplo do Trunki, um recente produto inovador: essa empresa britânica casou a ideia de um brinquedo com uma mala para inventar uma mala de mão com rodas para crianças. Isso satisfez dois clientes ao mesmo tempo, oferecendo funcionalidade e utilidade para os pais durante a viagem *e* um item de brincadeira para crianças.

DICA

Quando você compila muitas alternativas, o primeiro terço tende a ser óbvio, o segundo terço são as ideias loucas e ridículas, mas o terço final contém as melhores e mais criativas ideias — aquelas que são novas e úteis. Ideias comuns ou irreais são fáceis de encontrar; para encontrar as ideias práticas e originais, você tem que continuar procurando.

ESTUDO DE CASO | NÃO HÁ IDEIAS RUINS

O que você faz com todas as ideias "ruins" que são jogadas na mistura do brainstorming? Use-as como trampolins para boas ideias. Nenhuma ideia é ruim em si mesma, pois pode estar sempre ligada a outra coisa. A própria inadequação de uma ideia duvidosa pode inspirá-lo a seguir em frente e explorar, transformar e descobrir, até que, eventualmente, ela se torne ótima.

Quando Spencer Silver, um funcionário da 3M Company, desenvolveu acidentalmente uma cola incrivelmente fraca que se colava a objetos mas que podia ser facilmente removida, ela foi inicialmente considerada um fracasso. O produto foi arquivado. Anos mais tarde, Arthur Fry, um engenheiro de desenvolvimento de produtos da 3M, descobriu que o adesivo era útil para colar marcadores de página em seu livro de hinos, então ele não se perdia enquanto cantava no coral da igreja. Fry descobriu que os marcadores podiam ser facilmente removidos sem danificar a página. Naquele momento, nasceu o fenômeno multimilionário conhecido como Post-it. A cola superfraca foi um trampolim para uma ideia inimaginavelmente superbem-sucedida.

A estratégia "correta" de brainstorming

O segredo para um brainstorming eficaz e sem obstrução de ideias é capturar as contribuições pessoais dos indivíduos enquanto também aproveita ao máximo a camaradagem e a sinergia de um brainstorming de grupo. Nesta seção, eu lhe apresento um procedimento para que o seu brainstorming funcione. A abordagem que vou descrever é uma que eu gosto de usar para combinar brainstorming solo e de grupo, de modo a extrair um conjunto maior e melhor de ideias da minha equipe.

Preparação pré-sessão

Localização

Encontre uma sala confortável e tranquila e reserve-a pelo tempo que precisar (pelo menos uma hora para uma microssessão rápida, mas de preferência duas horas para uma sessão de pensamento mais ampla e irrestrita). Idealmente, você quer fazer um brainstorming longe do seu ambiente habitual ou local de trabalho, mas isso nem sempre é possível na prática. Tente criar uma atmosfera informal para incentivar a brincadeira e a discussão igualitária. Monte a sua sala com uma mesa redonda se puder (pense no Rei Artur) ou sente as pessoas em círculos abertos em vez de em filas rígidas. Talvez até mesmo coloque alguns adereços criativos, como revistas interessantes ou canetas coloridas. Lanches e bebidas também não passam despercebidos; toda essa atividade cerebral queima muito combustível.

Escolha a sua equipe

É uma teoria bem conhecida de que as pessoas são o maior patrimônio de uma empresa, mas precisam ser as pessoas certas para o trabalho. Ao escolher a sua equipe, tente reunir uma variedade saudável de pessoas com diferentes tarefas e responsabilidades; introvertidos e extrovertidos; especialistas no assunto e não especialistas. Por que isso é importante? Pessoas de diversas áreas e origens trarão uma variedade de perspectivas e pontos de vista para a mistura, então a chance de ideias "diferentes" serem filtradas é muito maior. Como Jerry Hirshberg (1998) aponta em seu livro, *The Creative Priority*, são as diferenças na maneira como as pessoas pensam que muitas vezes estimulam ideias novas e interessantes. Tente ficar entre cinco e dez pessoas para manter as coisas gerenciáveis. Uma equipe grande demais não permite que todos tenham tempo; pequena demais e você não tem diversidade suficiente para desencadear um novo debate. Na Amazon, diz-se que o fundador e CEO Jeff Bezos tem uma regra que limita o tamanho do grupo ao número de pessoas que podem ser alimentadas por duas pizzas (Quinn, 2016). Isso geralmente funciona para cerca de cinco a oito pessoas em qualquer reunião. Tenha em mente que você também precisará de um mediador ou presidente para liderar e apoiar a sessão.

Ferramentas

Reúna os materiais necessários para registrar ideias, como um flipchart ou quadro branco, marcadores, cronômetro, notas autoadesivas e várias folhas de papel em branco. Usar ferramentas de tecnologia ou aplicativos para agrupar ideias torna mais fácil compartilhá-las mais tarde, então pode valer a pena optar por gravar ideias eletronicamente.

Tenha um conjunto de técnicas e jogos de ideação prontos para ajudar a estimular a criatividade de sua equipe e levá-la a diferentes insights. O próximo capítulo oferece uma série de ferramentas para você escolher, e elas podem ser aplicadas em uma configuração de grupo.

BRAINSTORMING NÃO É UM JOGO

*Há um equívoco de que brainstorming se trata de jogar e construir coisas frívolas com LEGO ou massa de modelar. Até mesmo o conceito de "**gamestorming**" se tornou uma alternativa divertida. Jogos, brinquedos e atividades para quebrar o gelo podem, é claro, ser úteis para aquecer e dar às pessoas a oportunidade de incubar os seus pensamentos. No entanto, os jogos são apenas auxiliares do processo formal de brainstorming. Não se trata de uma atividade liderada por jogos, é um processo estruturado para garantir que todos estejam no estado de espírito correto para cavar profunda e criativamente e entregar uma riqueza de ideias e insights. Por mais contraintuitivo que possa parecer, a estrutura não deixa de ser um assunto divertido e as boas ideias continuam a surgir à medida que as pessoas são guiadas para um estado de fluxo e não apenas para momentos esporádicos de ingenuidade. Para um brainstorming funcionar, o processo deve ser sempre atento e não irracional.*

Foco

Informe as pessoas que participam sobre o que elas podem esperar durante a sessão e as regras que precisam ser seguidas; você pode fazer isso antecipadamente por e-mail. Certifique-se de que elas entendam o que a sessão pretende alcançar. É uma boa ideia escrever a declaração do problema em uma fonte grande e agradável e colocá-la em algum lugar proeminente na sala de reuniões, para funcionar como um lembrete visual e manter todos na missão durante a sessão.

Estrutura da sessão

Antes do brainstorming

Quando todos estiverem reunidos, faça as introduções necessárias e estabeleça as regras básicas para uma sessão de ideação ideal (as quatro regras que analisamos anteriormente). Defina a cena apresentando o problema que você quer resolver de forma clara e concisa (consulte o resumo que você compartilhou com antecedência). Forneça qualquer histórico, antecedente ou informação factual que assegure que o grupo tenha uma compreensão suficientemente profunda; você quer que todos estejam na mesma página antes de continuar. Seu desafio pode ser nomear sua próxima linha de produtos, reduzir ineficiências na linha de produção, melhorar os processos de comunicação interna ou redesenhar um departamento — praticamente qualquer coisa. Esse processo será relativamente simples se você tiver seguido as diretrizes da Etapa 1 do Localizador de Soluções para definir o desafio com precisão. Certifique-se de esclarecer quaisquer aspectos que pareçam confusos. Nomeie um mediador para liderar a sessão e garantir que as ideias continuem chegando — não deve haver discussões demoradas durante a ideação. Essa pessoa precisará de uma forte percepção do grupo, a fim de incentivar a igualdade de contribuição. Eles também podem atuar como escrivães, encarregando-se de coletar e escrever as ideias das pessoas. Depois, use o seguinte processo de três etapas para executar sua sessão, certificando-se de considerar alguns intervalos. A Figura 7.2 mostra como deve ser um bom brainstorming.

DICA
DICA DE BRAINSTORMING

Faça pausas. A ideação intensa é cansativa, por isso precisa de uma pausa para manter a centelha criativa acesa. Dar uma pausa também possibilita o processo de incubação, em que o inconsciente tem tempo para se debruçar sobre o problema e mais ideias podem surgir.

Figura 7.2 A estratégia "correta" de brainstorming

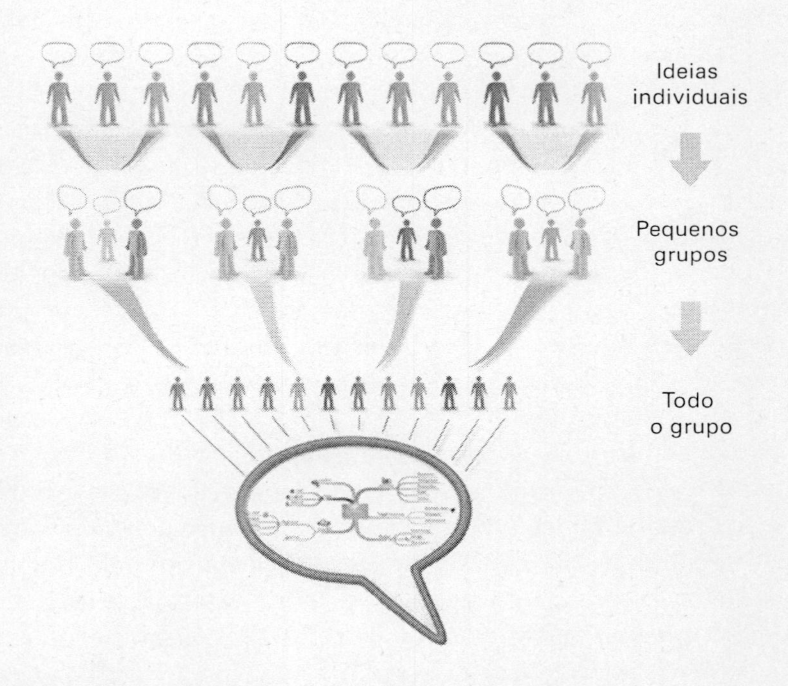

Passo 1. Geração de ideias individuais

Primeiro, peça a todos os membros de sua equipe que façam um brainstorming sozinhos em preparação para a fase de grupos, com estilo livre ou usando qualquer uma das ferramentas do Capítulo 8. No mundo agitado de hoje, muitas vezes negligenciamos a parte calma do processo criativo, preferindo saltar diretamente para as frenéticas e (muitas vezes) inférteis sessões de equipe. Essa etapa cria espaço para o pensamento e um campo de atuação equilibrado para todos os envolvidos.

Incentive as pessoas a limparem todos os cantos da sua mente e anotarem o maior número possível de soluções potenciais antes de qualquer discussão em grupo. Se você esperar até que todos estejam reunidos em grupo para começar o brainstorming, verá que a reunião se tornará governada pelo pensamento de grupo e pelos efeitos nocivos do vandalismo social, a apreensão da avaliação e o bloqueio de produção. Quando os indivíduos trabalham sozinhos, eles não estão sob nenhuma pressão social e são livres para explorar seus pensamentos sem medo de críticas, então mesmo os membros mais silenciosos de um grupo são capazes de contribuir com ideias. As ideias inteligentes nem sempre vêm das pessoas com personalidades dinâmicas e extrovertidas; Susan Cain (2012), autora do livro best-seller de psicologia *O poder dos quietos*, diz que geralmente são os introvertidos que trabalham sozinhos que surgem com as ideias mais poderosas. Em vez de serem ofuscados por personagens carismáticos ou dependerem de estímulos fornecidos por outros membros do grupo, essas pessoas são estimuladas pela própria originalidade. E, crucialmente, eles não são impedidos de pensar por terem de esperar que os outros expressem as suas ideias.

Passo 2. Brainstorming em pequenos grupos

A próxima rodada é dividir todos em pequenos grupos de cerca de três a cinco pessoas, para trocar ideias e criar um único documento que reúna as ideias de cada um. Em um grupo pequeno, os indivíduos se sentem mais confortáveis e dispostos a contribuir, já que se apresenta como um espaço seguro para compartilhar pensamentos e ideias; a dinâmica é mais controlada e o comunicador mais forte não consegue dominar. Além disso, as pessoas não são levadas automaticamente ao pensamento reativo, pois já declararam sua posição e esboçaram suas ideias no primeiro estágio. Há muito mais objetividade e foco em todo o processo. Os membros do grupo podem trabalhar juntos para uma polinização cruzada, rever seus resultados e selecionar as ideias que desejam levar para a próxima etapa.

Esse também é um bom exercício de filtragem, uma vez que as pessoas do grupo muitas vezes apresentam uma elevada porcentagem de ideias muito semelhantes. Agrupar e fundir ideias reduz sua quantidade e elimina as duplicatas. Isso, por sua vez, torna o processo gerenciável. As ideias comuns tendem a ser óbvias e, portanto, menos inovadoras. Os grupos pequenos devem tentar aproveitar os extremos, ou seja, as ideias únicas que os membros do grupo geraram.

NÃO ESPERE PARA INCUBAR

Uma das características mais poderosas e muitas vezes subvalorizadas do brainstorming é a incubação — fazer uma pausa do problema para continuar com algo não relacionado. Não posso sublinhar o suficiente a importância de dar tempo às pessoas para incubarem ideias que surgem durante o brainstorming. As suas mentes continuarão pensando no desafio e nas ideias e pensamentos iniciais que eles, ou o grupo, apresentaram. A maioria das pessoas pensa em brainstorming como uma única sessão, mas isso não permite que os participantes tenham tempo de incubação. Mesmo os indivíduos mais criativos precisam de tempo para deixar as ideias marinando e revirando em suas mentes antes que os melhores conceitos venham à luz.

Pesquisadores da Universidade de Sydney encontraram evidências de que a incubação pode impulsionar o desempenho criativo (Ellwood et al, 2009). Para a experiência, noventa participantes foram divididos em três grupos e tiveram quatro minutos para listar o maior número possível de usos diferentes para um pedaço de papel. O primeiro grupo trabalhou na tarefa continuamente durante quatro minutos, sem intervalo. O segundo foi interrompido após dois minutos para trabalhar em outra tarefa relacionada à criatividade (gerando sinônimos para palavras em uma determinada lista), depois disso receberam mais dois minutos para completar a tarefa original. O terceiro grupo também foi interrompido após dois minutos, mas receberam uma tarefa não relacionada (um teste de indicador de tipo Myers-Briggs). Em seguida, os participantes foram convidados a retornar à tarefa original durante os dois minutos restantes. Apesar de trabalhar na tarefa pelo mesmo período de tempo, o terceiro grupo (que teve tempo para incubação) foi o mais bem-sucedido na geração de ideias após o intervalo, com uma média de 9,8. O segundo grupo teve em média 7,6 ideias, enquanto o primeiro grupo, sem interrupção, apresentou uma média de apenas 6,9 ideias. Os resultados sugerem que agendar um tempo para as ideias iniciais incubarem, mesmo que seja apenas um curto período para uma pausa ou um novo contexto, pode aumentar significativamente a produção criativa.

As empresas tendem a planejar um dia inteiro para estratégia ou brainstorming, porque supostamente é um uso eficiente do tempo, mas não é. Brainstorming não é um evento isolado; é um processo e deve ser respeitado como tal. Por exemplo, uma empresa pode querer alocar um dia inteiro para criar estratégias para um problema. Em vez de fazer isso em um período de oito horas, eles poderiam dissolver esse tempo em oito dias e fazer uma hora por dia, talvez pela manhã, quando as mentes estão frescas.

Uma das maneiras mais simples de se beneficiar do efeito de incubação é fazer brainstorm em pequenos pedaços. Incorpore muitas pausas no seu fluxo de trabalho e altere o que está fazendo após cada pausa. Quatro sessões de trinta minutos são melhores do que 120 minutos de ideação sólida. Durante cada pausa, seu inconsciente continuará trabalhando em segundo plano, resultando em ideias e melhorias mais poderosas. Na nossa experiência, e na de várias empresas com que temos trabalhado, a diferença entre realizar uma sessão grande e muitas sessões pequenas é vasta e não deve ser subestimada.

Passo 3. Discussão de todo o grupo

A etapa final é reunir todos em um grande grupo para reunir também todos os seus pensamentos, discutir as massas de ideias geradas e criar um registro conclusivo de ideias. Isso é melhor realizado pelo mediador, pegando uma ideia em série de cada pessoa/grupo, colocando todas as ideias num documento comum, seja num quadro branco, flipchart ou numa tela, e depois reservando um tempo igual para falar sobre cada ideia (Delbecq, Van de Ven e Gustafson, 1986). Uma opção útil é registar as ideias sob a forma de diagrama ou mapa mental (em vez de uma lista), que é eficaz para estruturar ideias e agrupá-las em temas usando cores e códigos (Buzan e Griffiths, 2010).

Trabalhando em torno da sala, o mediador extrai todas as ideias do grupo uma a uma — a boa, a má e a média. O objetivo de fazer isso é começar em um campo de jogo igualitário. Se forem expressas ideias semelhantes, estas podem ser agrupadas. Todas as contribuições são valiosas, portanto, não deixe de agradecer a todos e demonstrar apreço pelas suas sugestões, sejam elas originais ou duplicadas.

Uma vez que todas as ideias tenham sido compartilhadas, o mediador guia o grupo em uma discussão para esclarecer, desenvolver e complementar cada ideia, evitando que as pessoas interrompam umas às outras e mantendo o foco do grupo quando a conversa é desviada. Deixe claro que este é um esforço de grupo, usando consistentemente o termo "nós". Agora, isto é importante — todas as ideias devem ser apoiadas e levadas em conta pelos outros membros, mesmo as que parecerem fracas, absurdas ou irrelevantes. Lembre-se de que as más ideias podem muito facilmente ser o caminho de pedras para boas ideias.

Trabalhando coletivamente, todos (incluindo os membros mais silenciosos) devem ser encorajados a reformular, combinar e refinar ideias ou servir como trampolim às ideias existentes para criar novas. Se as ligações entre as ideias não forem claras, então faça com que sejam! Produza variação através da introdução de algumas das ferramentas propostas no Capítulo 8 — inverta o desafio para explorá-lo a partir de seu ângulo oposto, pergunte "E se?" ou abstraia o problema usando metáforas e analogias. Não avalie ou julgue ideias. O objetivo dessa fase é consolidar ideias e fazer sugestões construtivas para melhorias sem passar pela votação final das melhores. Guarde todo esse julgamento para mais tarde, de preferência numa reunião separada. O documento final ou quadro de ideias se torna, então, a reflexão externa, o registro da "cópia impressa" da sessão de brainstorming. Coloque-o na parede para fornecer inspiração e contribuição para a próxima fase da resolução de problemas.

Figura 7.3 Exemplo de Mapa Mental

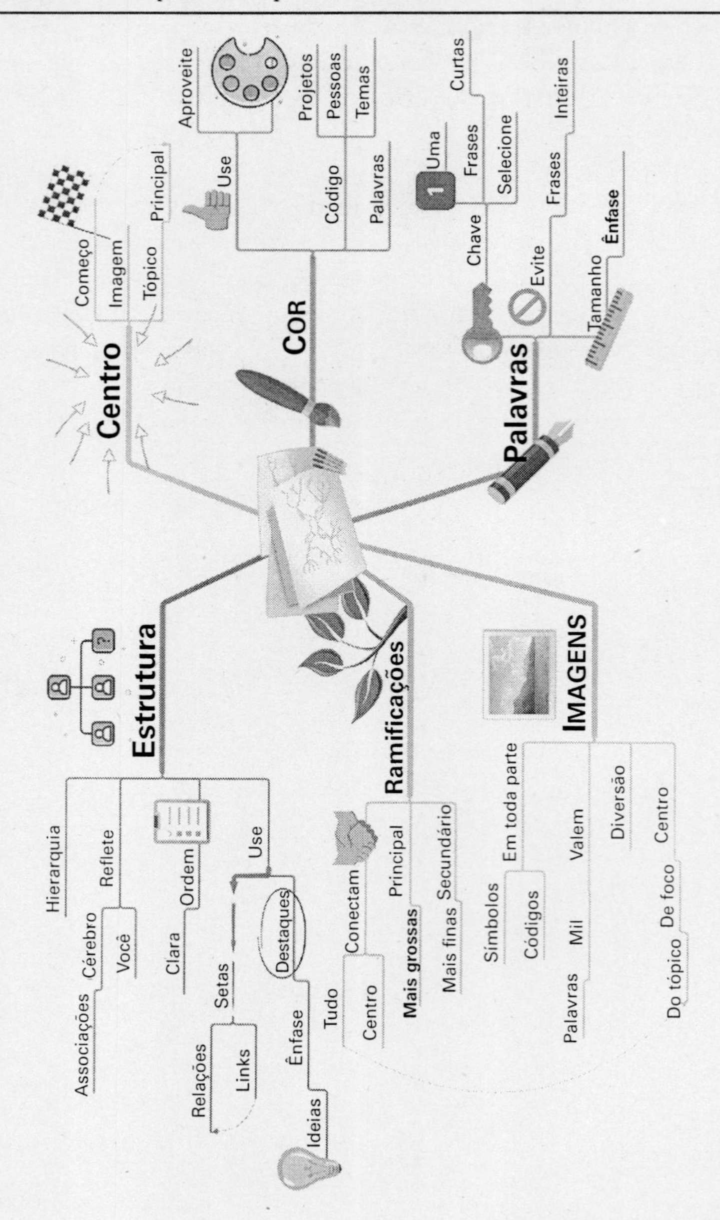

FUNDAMENTOS DO MAPA MENTAL

A criatividade adora conexões! Em vez de registrar todas as suas ideias em uma grande lista, recomendo que você tente usar mapas mentais para capturar, desenvolver e organizar o que sai de sua sessão de brainstorming na fase de grupo. Um Mapa Mental é um diagrama visual onde as ideias são dispostas em ramos ligados a um tópico central. Ele está alinhado com o nosso modo natural de pensar, que funciona fazendo associações entre conceitos. A maioria de nós já usou mapas mentais em um momento ou outro, e não posso enfatizar o suficiente o quanto eles são úteis para categorizar e expandir ideias. Ao contrário das listas convencionais, os mapas mentais se ramificam do centro para o exterior e encorajam os seus pensamentos a se comportarem da mesma forma, sem limitações ou restrições. A natureza visual do mapa também permite que você "veja" conexões entre pensamentos ou ideias que talvez não tenha visto antes, e você pode ser capaz de criar uma ideia ainda melhor a partir de duas sugestões originalmente separadas.

Um exemplo de Mapa Mental é mostrado na Figura 7.3.

PRINCIPAIS TÓPICOS

Brainstorming é uma excelente ferramenta para o pensamento divergente, mas pode ser severamente prejudicado por pressões do grupo, tais como o vandalismo social, o bloqueio de produção e o pensamento/conformidade do grupo. Com um pouco de previsão e planejamento, você pode executar sessões que dão tempo para o pensamento independente, bem como para a discussão em grupo e colaboração, para que todos tenham sua opinião.

Desenvolva uma estratégia de brainstorming que combine trabalho individual para uma melhor geração de ideias com condições de grupo para melhorar e construir ideias existentes. Isso é útil para coletar ideias de pessoas que estão relutantes em falar em um grupo e evita que os personagens mais altos na hierarquia ou mais velhos dominem a sessão. Experimente isto: 1) geração de ideias individuais; 2) brainstorming em pequenos grupos; 3) discussão em grupo.

Lembre-se de aplicar plenamente as regras do brainstorming durante esta fase: 1) busque a quantidade, para que você possa superar as ideias óbvias; 2) procure o selvagem e incomum: remova a caixa para ter todo o espaço necessário para descobrir algo louco e notável; 3) suspenda o julgamento: feche o cérebro analítico para evitar a eliminação de ideias cedo demais, permitindo assim que mais ideias surjam e floresçam; 4) combine e construa para melhorar as ideias de diferentes maneiras: as más ideias podem levar às boas ideias.

8
passo 2 do localizador de soluções: kit de ferramentas de ideação

Não se consegue esgotar a criatividade, quanto mais se usa, mais se tem.
— MAYA ANGELOU, poeta, cantora e ativista dos direitos civis

CRIATIVIDADE SOB DEMANDA

Como adultos, a maioria de nós não se considera pensadores criativos naturais e lutamos para nos enxergar como inovadores. Quando precisamos gerar ideias, enfrentar uma página em branco pode ser assustador. Em um estudo com mais de 1.100 trabalhadores britânicos realizado pela Microsoft Surface (2017), 49% acreditavam que aprender novas habilidades de criatividade os ajudaria a ser mais eficazes em seu cargo, mas 75% disseram que não tinham sido equipados com treinamento e ferramentas relevantes para estimular essas habilidades nos últimos dois anos. Fornecer à sua equipe um conjunto especial de ferramentas de criatividade pode ser um apoio tremendo para estimular ideias e ultrapassar o medo de começar. Precisamos de técnicas diferentes para nos aquecer e enganar o nosso cérebro de modo a afastá-lo dos seus padrões habituais, para que possamos ser imaginativos, divergentes e laterais no nosso pensamento. Este capítulo prático apresenta um breve resumo de ferramentas que oferecem uma abordagem mais estruturada e coordenada à criatividade, especialmente quando se trabalha em grupo. Os modelos são projetados para alimentar sua fome criativa e podem produzir resultados para uma gama diversificada de problemas de negócios. Sinta-se livre para usá-los tanto quanto necessário e para adicionar suas próprias ferramentas à mistura. Ao escolher a forma como vai abordar a ideia, considere o tamanho do seu grupo; se há mais introvertidos ou extrovertidos; o tipo de erros de pensamento a que está propenso; e o clima físico em que você estará trabalhando. Dessa forma, você terá mais chances de apelar para as preferências criativas das pessoas e, consequentemente, uma melhor esperança de obter resultados positivos.

Seu objetivo no Passo 2 do Localizador de Soluções é elaborar a seleção mais ampla possível de ideias. Comece por selecionar a ferramenta que é mais apropriada para o tipo de assunto em que você está trabalhando e use-a para injetar diversão e energia nas suas sessões de ideação. Você tem que dar tempo e espaço para usar novas ferramentas de reflexão, para que sua equipe tenha espaço de explorar possibilidades e insights, para brincar com as conexões e para estender a realidade além do que é esperado. Lembre-se: lute contra a tentação de parar na sua primeira boa ideia e evite criticar ou rejeitar ideias nesse estágio. Dê ao seu pessoal uma experiência agradável e eles continuarão mandando essas ideias.

O KIT DE FERRAMENTAS DE IDEAÇÃO

ENTRADA
Desafio claramente definido
PROCESSO
Gerar o maior número possível de ideias
FERRAMENTAS
Modelo Brainstorming Reverso

Modelo Pensamento Metafórico
Modelo Criatividade Combinada
SAÍDA
Todas as ideias

Use os modelos deste capítulo para romper com processos de pensamento arraigados e se levar até o limite do que é possível. Se você teve uma queda em seu projeto de inovação (e isso é inevitável em algum momento), introduzir uma ferramenta é uma ótima maneira de adicionar uma explosão de energia e foco mental para colocar as coisas em movimento outra vez. Para captar todas as ideias que saem da sessão, faça o download dos modelos aqui: **www.thinking.space.**

Modelo Brainstorming Reverso

Não importa qual seu tipo de negócio, é bom virar as coisas de cabeça para baixo de vez em quando e desafiar a forma como você opera. A rotina corporativa padrão, de abordar um problema de frente, significa que você só consegue respostas simples e orientadas para o mercado. Com o brainstorming reverso, no entanto, a premissa é "fazer o oposto". Você pega a sua definição do problema original e utiliza o oposto dele como um gatilho para novas ideias. Em vez de pensar "o que fazer", pense "o que não fazer". Então, se tem dificuldades para encontrar maneiras de conseguir mais clientes, encontre maneiras de perdê-los. Para reduzir o número de mercadorias defeituosas produzidas, procure maneiras de criar mais mercadorias defeituosas. Se quiser maximizar a participação em um programa de treinamento, encontre maneiras de garantir que ninguém compareça. Embora isso possa parecer um pouco bizarro, reconhecer as ações que você quer evitar dá mais espaço para encontrar alternativas surpreendentes e que conduzam o mercado para obter os resultados que deseja, do óbvio até o radical.

Num grupo, essa estratégia oferece uma abordagem lúdica que conduz a trocas animadas (e por vezes agressivas!) sobre as possibilidades oferecidas pelas inversões. Muitas suposições de negócios que tomamos como certas podem ser viradas de cabeça para baixo, então nada deve estar fora dos limites. É uma técnica fantástica para quando você está preso num modo chato e conservador, pois desequilibra as pessoas para que elas comecem a pensar novamente. Ou para quando o pensamento seletivo cria raízes, impedindo que o grupo ultrapasse certas ideias ou crenças. É assim que funciona.

Passo 1. Defina o reverso do seu problema ou desafio

Comece com a descrição do problema que você identificou em sua sessão de definição de problemas. Vamos usar o exemplo de "Como podemos fornecer um melhor serviço ao cliente?". Altere o texto do problema para o exato inverso ou oposto. Em vez de se perguntar "Como posso resolver ou prevenir este problema?", tente perguntar "Como posso causar o problema?". E em vez de perguntar "Como posso alcançar estes resultados?", pergunte "Como posso alcançar o efeito oposto?" (Mind Tools, 2010). Podemos inverter o nosso problema de "Como podemos fornecer um melhor serviço ao cliente?" para "Como podemos fornecer um péssimo serviço ao cliente?". Isso muda nosso foco imediato, de como resolver o problema para como causá-lo.

Passo 2. Faça um brainstorming para resolver o problema inverso

Quando você faz um brainstorming diretamente sobre o seu problema, é fácil acabar seguindo um caminho previsível com as ideias que você tem. Para um melhor atendimento ao cliente, algumas ideias típicas que surgem durante o brainstorming tradicional podem ser coisas como atender chamadas após três toques ou responder a e-mails em 24 horas. São ideias decentes o suficiente, mas não exatamente quebram os padrões. Depois de reverter o problema, no entanto, a sua perspectiva sobre a situação transforma-se, à medida que passa da melhoria do serviço para a destruição de toda a experiência do cliente. Faça com que o grupo dê ideias para criar o problema. Sempre que faço este exercício com uma empresa ou com clientes, descubro que as prioridades deles mudam drasticamente à medida que eles se deparam com elementos não detectados anteriormente no fornecimento de serviços e suporte aos clientes mais importantes:

Figura 8.1 Modelo Brainstorming Reverso

IDEAÇÃO – Modelo Brainstorming Reverso

PASSO 1: Defina o inverso do seu problema ou desafio

Exemplos: Ganhar mais clientes se torna perder mais clientes
Oferecer melhores serviços se torna oferecer piores serviços
Melhorar a performance se torna prejudicar a performance

PASSO 2: Faça um brainstorming para encontrar possíveis soluções para a declaração acima e então circule aquelas que você já está fazendo

PASSO 3: Inverta as soluções reversas circuladas ou relevantes definidas na etapa 2 para criar correções reais para o desfio original.

"Às vezes, trata-se de saber 'o que não fazer', que é tão importante quanto saber o que fazer." Chris Griffiths

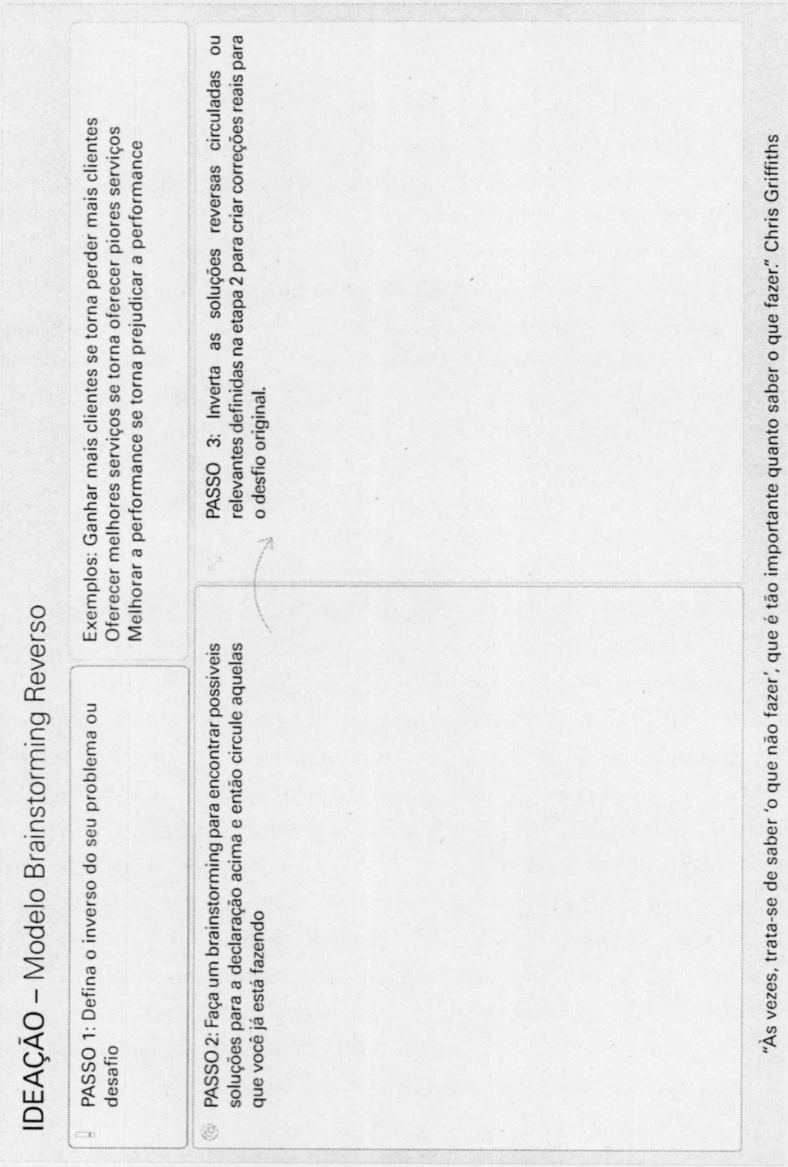

- Abrir tarde e fechar cedo.
- Dar aos clientes o conselho errado.
- Ter trabalhadores com pouco conhecimento do produto atendendo as chamadas.
- Apagar e-mails de clientes.
- Não atender ligações.
- Colocar as pessoas em espera e esquecê-las.
- Utilizar trabalhadores com competências linguísticas fracas.
- Julgar o desempenho do trabalhador por número de chamadas atendidas.
- Usar operadores rudes no atendimento ao cliente.
- Escrever e-mails com erros de gramática.
- Não compartilhar informações sobre problemas e soluções com toda a equipe.
- Não fornecer garantia.
- Estar sempre com falta de pessoal.

Circule aqueles que já acontecem e você pode ficar chocado!

Passo 3. Inverta as suas soluções invertidas

Finalmente, inverta suas soluções para encontrar maneiras positivas de resolver seu problema ou desafio original. Veja se alguma dessas soluções invertidas fornece um bom ajuste para o seu problema, ou se elas podem ser ajustadas para funcionar. À medida que vê as suas respostas, perceberá que há muito mais formas de resolver o problema original do que você inicialmente pensava. Talvez você possa fornecer treinamento extra para os operadores de atendimento ao cliente, para melhorar o conhecimento do produto e o tratamento oferecido. Pode compartilhar informações entre departamentos para que as reclamações dos clientes possam ser resolvidas mais rapidamente. Pode começar a trabalhar por turnos, para abrir mais cedo e fechar mais tarde. Pode testar as habilidades linguísticas durante o recrutamento e julgar o desempenho com base na qualidade da resposta e não no número de chamadas atendidas.

Em qualquer situação de negócios, este exercício é uma verdadeira abertura de olhos, para lhe mostrar o que está fazendo de errado e o que precisa fazer para uma mudança positiva. Seja rebelde e balance o barco. Pense nas restrições ou regras dentro das quais você opera, tais como orçamento, sistemas, recursos, tempo, e use essa técnica para derrubá-las. Por exemplo: Como poderíamos eliminar este processo? Como podemos fazer isto a custo zero? Mesmo que as ideias em que você pensar não sejam úteis de imediato, repense um pouco, e talvez você consiga criar algo funcional. Use as ideias invertidas para estimular o pensamento em vez de considerá-las literalmente. E, se não tirar muito proveito disso, pelo menos você vai entender por que a regra estava lá em primeiro lugar!

ESTUDO DE CASO | FAÇA O CONTRÁRIO — GRANADA TELEVISION

Em 1954, o governo britânico leiloou pela primeira vez os direitos de transmissão das emissoras de televisão comerciais. As operações regionais poderiam oferecer publicidade na televisão. Muitas empresas estavam ansiosas para concorrer a uma franquia e utilizaram a análise demográfica para identificar as regiões mais ricas que, naturalmente, gerariam mais receitas publicitárias. Como resultado, eles se concentraram em Londres e no sudeste da Inglaterra. Na época, Sidney Bernstein era o diretor geral de uma pequena cadeia de cinemas no sul da Inglaterra — Granada Cinemas. Ele também queria competir no leilão, mas, em vez de licitar na região mais rica, decidiu licitar na região mais "úmida" do Reino Unido, que acabou sendo o Noroeste. A proposta de Bernstein foi bem-sucedida e ele estabeleceu a Granada Television, com sede em Manchester e servindo o norte da Inglaterra. Sua teoria era de que os telespectadores em potencial estavam mais propensos a ficar dentro de casa e assistindo TV se estivesse chovendo lá fora, enquanto que, se estivesse ensolarado, eles poderiam ficar em seus jardins ou se aventurar em uma caminhada (Sloane, 2016). Quando todos estavam olhando em uma direção (Qual é a região mais rica?), Bernstein triunfou ao enfrentar outra (Qual é a região mais úmida?). Granada tornou-se uma das produtoras independentes de maior sucesso, conhecida por sua qualidade de entretenimento e programas de alto nível, como ***Coronation Street, University Challenge e World in Action.***

Modelo Pensamento Metafórico

Pensar metaforicamente é uma forma potente de escapar dos constrangimentos do pensamento convencional e abraçar a ambiguidade. Uma metáfora pode mudar a nossa maneira de olhar para o mundo, forçando-nos a compreender uma coisa em termos de outra. Estas expressões familiares são todas metáforas:

- A vida é uma montanha-russa.
- Cão de guarda das finanças.
- É uma selva lá fora.
- Tempo é dinheiro.
- Gargalo operacional.
- A bola está no nosso campo agora.
- O mundo é um palco.
- Um salto de pensamento.
- Ela marcha ao ritmo de um baterista diferente.

Uma das razões pelas quais as metáforas funcionam tão bem para o pensamento criativo é que elas são simbólicas e contam uma história que convida os outros a serem mais abstratos e abertos em seu pensamento. Ao aplicar uma metáfora ao seu problema, você o coloca em um novo contexto, que pode desobstruir seu cérebro e desencadear todo tipo de ideias dinâmicas e totalmente diferentes. O consultor de negócios e autor Kevin Duncan (2014) chama isso de "trampolim da analogia", e as possíveis fontes de inspiração a partir dele são efetivamente infinitas.

Uma boa metáfora faz com que a mente procure semelhanças entre conceitos que, à primeira vista, podem parecer não relacionados. Por exemplo, a vagem de ervilha inspirou uma nova forma de abrir as embalagens de cigarros e agora é um método usado na indústria de embalagem em todo o mundo. A molécula de benzeno, descoberta por Friedrick Kekule, o famoso químico alemão, foi inicialmente descrita como uma "cobra que morde a própria cauda". E o velcro foi inspirado por uma comparação com rebarbas de plantas. Lembre-se: a vida e os negócios nem sempre são lógicos. Ao reestruturar seu problema como uma metáfora, você libera características e suposições antigas dele para permitir que insights novos e originais borbulhem para a superfície. A partir disso, você consegue identificar conexões e ideias relevantes na sua tarefa. O que se segue é um processo simples para usar metáforas na geração de ideias. Observe como a energia na sala muda quando você introduz esta técnica.

Figura 8.2 Modelo Pensamento Metafórico

IDEAÇÃO – Modelo Pensamento Metafórico

Identifique o desafio original

Redefina-o com uma metáfora

Exemplos

Como encontrar mais clientes = Como encontrar mais peixes

Como lidar com um cliente difícil = Como treinar um cachorro teimoso

Lembre-se: mude o verbo e o substantivo para criar novas metáforas.

Passos:

1. Identifique o desafio
2. Redefina o problema com uma metáfora
3. Resolva a metáfora
4. Mapeie as soluções para o desafio original

Maneiras de resolver a metáfora

Mapeie as soluções para o desafio original

Escolha novas ideias a serem exploradas

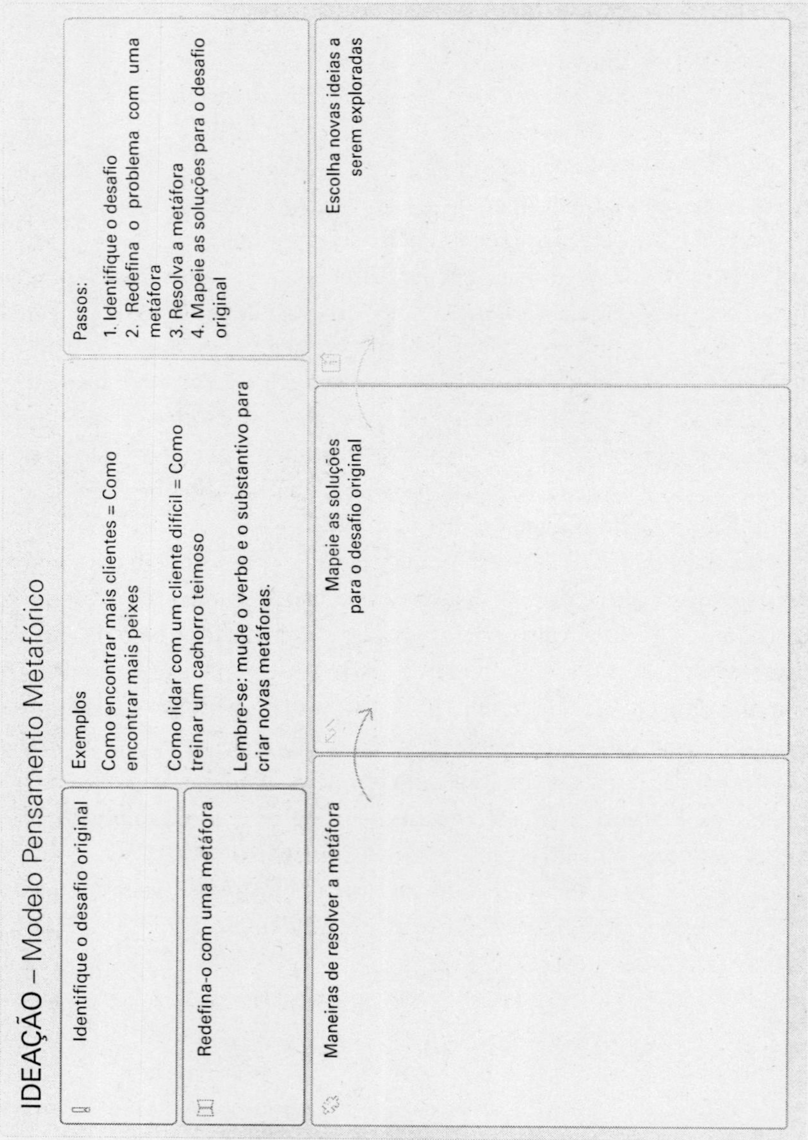

Passo 1. Identifique o desafio

Defina o seu desafio na forma de uma declaração. Para fins de ilustração, vamos usar o problema "Quero mais clientes".

Passo 2. Redefina o problema com uma metáfora

Agora, reformule o problema original como um problema similar ou não relacionado por meio de uma metáfora. Uma maneira fácil de fazer isso é substituir o verbo (que representa o processo) e o substantivo (o conteúdo do desafio). Comece por decompor o verbo e o substantivo como segue (Figura 8.3):

Figura 8.3 Isole o verbo e o substantivo

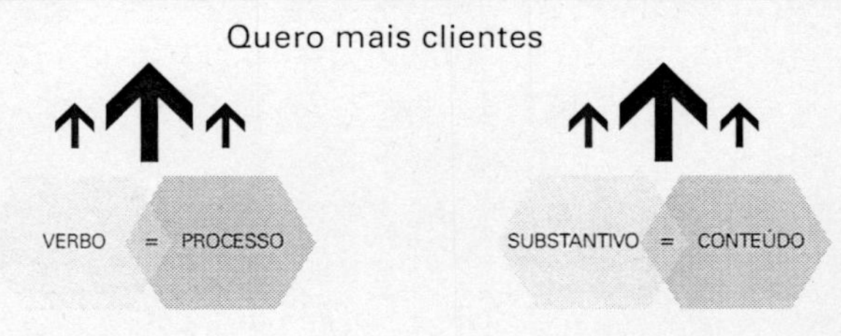

Pense em como você poderia mudar o verbo e o substantivo para criar uma nova declaração. Não há limitações, por isso, vá à loucura com a sua imaginação. Por exemplo, você poderia substituir "querer" por "como" e "clientes" poderia ser mudado para "peixe" para produzir o novo desafio de "Como capturar um peixe". Agora você tem uma maneira alternativa de olhar para o problema (Figura 8.4):

Figura 8.4 Altere verbo e substantivo

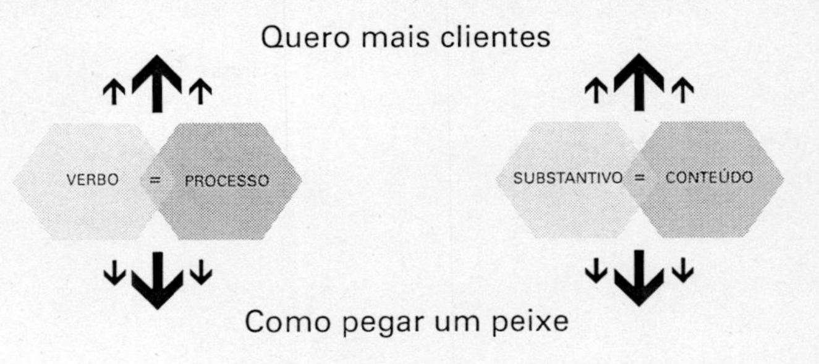

Para lhe dar mais exemplos, o desafio "Lidar com uma pessoa difícil" poderia se tornar "Treinar um cão teimoso", enquanto "Reduzir a burocracia no trabalho" poderia ser análogo a "Tirar as ervas daninhas do jardim".

Pergunte a si mesmo: Em que o problema te faz pensar? Há alguma coisa com que comparar? É bom que haja algum tipo de vaga similaridade entre o verbo antigo e o novo (já que os verbos representam o processo), caso contrário você poderá ter dificuldade na hora de relacionar o conceito de volta ao seu problema. Como seres humanos, somos essencialmente curiosos e estimulados por tarefas obscuras. Mas, se uma tarefa é muito confusa, é provável que a ignoremos em vez de lidarmos com as dificuldades que ela apresenta. Torna-se um bloqueio, e não um estímulo, para o pensamento criativo. Por outro lado, também temos de ser cautelosos ao trabalhar com metáforas que estão muito próximas do problema em questão, pois não estaremos tornando o familiar estranho o suficiente para obter quaisquer insights ou ideias úteis (Proctor, 1989).

Uma ideia é uma façanha de associação, e a sua altura é uma boa metáfora.

— ATRIBUÍDO A ROBERT FROST, poeta americano

Se você está se preocupando, tentando inventar uma metáfora, pergunte a si mesmo se seu desafio pode ser semelhante a uma atividade paralela distante. Isso pode vir da natureza ou de qualquer outro reino que seja diferente do ambiente do seu problema. É importante escolher a metáfora certa, caso contrário você pode seguir o caminho errado. Algumas das melhores metáforas são aquelas em que há alguma ação acontecendo, como por exemplo:

- Andar de bicicleta.
- Planejar uma viagem.
- Cozinhar uma refeição gourmet.
- Fazer uma dieta.
- Ser pai de uma criança.
- Negociar um contrato.

- Cultivar plantas e flores.
- Concorrer a um cargo político.
- Praticar pesca itinerante.
- Construir uma casa.
- Praticar escalada.
- Praticar um esporte, por exemplo, futebol.

Passo 3. Resolva a metáfora

Em seguida, concentre sua atenção na resolução do problema apresentado pela metáfora. Apague completamente todos os pensamentos do problema original da sua mente. Pegue o tema metafórico "Como capturar um peixe" e gere ideias e associações para resolvê-lo como se fosse o verdadeiro problema. Veja até onde consegue estender a comparação. Que soluções funcionam nesse cenário em particular? Algumas soluções possíveis para esse exemplo poderiam ser:

- Usar a isca correta.
- Perguntar a um pescador.
- Comprar um barco.
- Arranjar uma boa vara.
- Usar uma rede.
- Pescar com lanças.
- Usar explosivos.
- Ler um livro sobre isso.
- Usar uma isca.
- Aprender os hábitos dos peixes.
- Ver programas de pesca na TV.
- Comprar um peixe na loja de animais.
- Arranjar um jogo de pesca.

Passo 4. Mapeie as soluções para o desafio original

Nesse passo final, mapeie cada ideia-chave que você gerou para resolver a metáfora *de volta* ao problema original. Como você poderia relacionar as mesmas ações ou respostas? Por exemplo, algumas das ideias do Passo 3 podem ser interpretadas assim:

- Usar a isca correta — usar publicidade apropriada, tornar os produtos mais atraentes.
- Perguntar a um pescador — perguntar ou contratar um especialista/consultor em vendas, encontrar um mentor.
- Usar uma rede — certificar-se de que a mensagem agrada a um público o mais amplo possível, encontre afiliados, divulgue links da web.
- Pescar com lanças — dirigir-se a clientes individuais, concentrar-se em vendas repetidas.
- Usar explosivos — conduzir uma enorme campanha de relações públicas.
- Ler um livro sobre isso — estudar novas técnicas de vendas.

Selecione as ideias com maior potencial e explore-as no seu modelo (Figura 8.5). Adotar uma visão metafórica muitas vezes revela algumas ideias incríveis que você não teria captado enquanto olhava para o seu problema de frente. Isso acrescenta distância ao problema, o que ajuda a remover as emoções e restrições que o rodeiam. Consequentemente, a discussão em torno dele é menos carregada e a decisão se torna mais fácil de ser tomada. Tente usar uma metáfora para o seu próximo desafio. Tenho certeza de que você concordará que é um meio valioso para levá-lo além de ideias previsíveis para fazer descobertas extraordinárias.

Figura 8.5 Mapa mental: como pegar um peixe

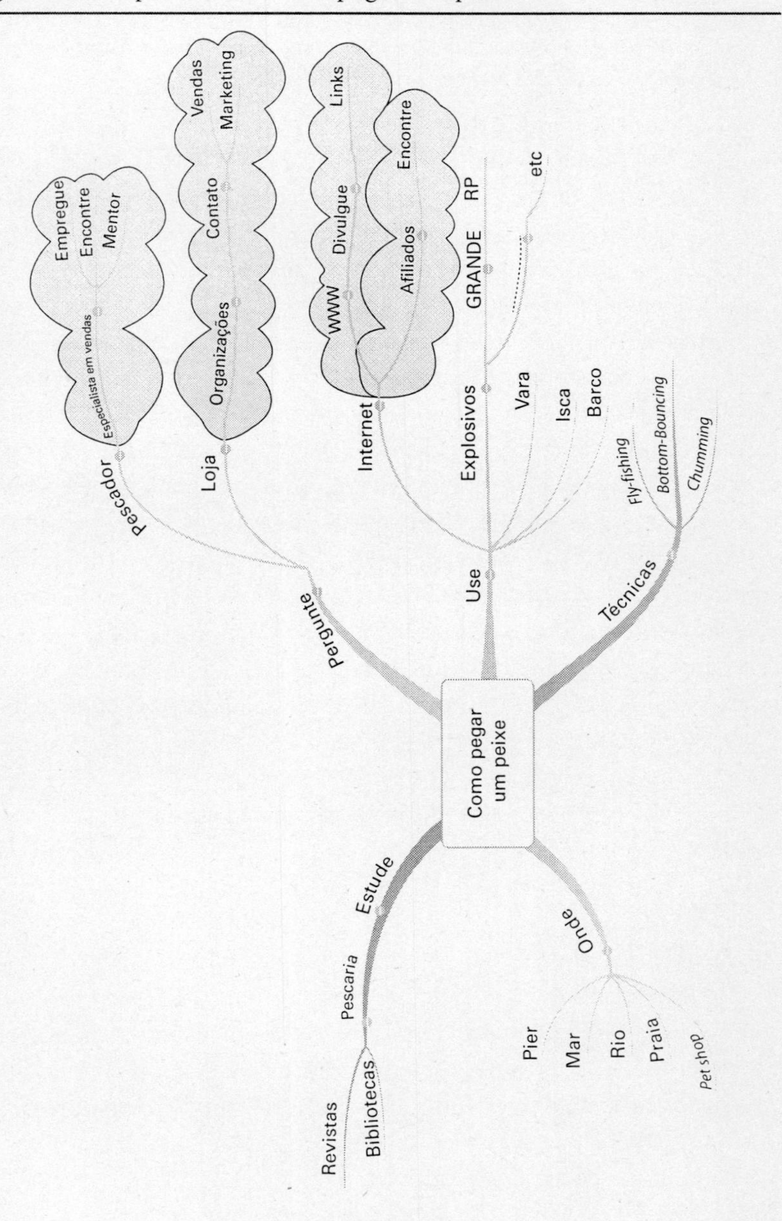

> **DICA**
> *Usar um mapa mental para "mapear" suas soluções metafóricas para o problema original ajuda você a fazer uso do impulso natural do cérebro humano para procurar e criar conexões entre duas ideias diferentes.*

Modelo Criatividade Combinada

Como já sabemos, a criatividade pode acontecer de muitas maneiras. A capacidade de estabelecer ligações é responsável por grandes quantidades de ideias inovadoras em todos os campos, e esta técnica tira partido desse tipo de "criatividade combinada". Sim, isso existe.

Ideação tem tudo a ver com pensar livremente e gerar tantas ideias quanto possível — ideias de rotina, ideias loucas, ideias úteis e assim por diante. Quanto mais ideias você tiver, mais munição terá para resolver a situação. Resista à tentação de parar de fazer brainstorming depois de ter apresentado algumas soluções práticas e executáveis. Seu primeiro conjunto de ideias é fundamental para que o fluxo comece, mas é improvável que sejam inovadoras. O seu pensamento precisa de ir além disso. Esta abordagem permite que as três fases de ideação te levem desde as ideias mundanas e sensatas até às loucas e insensatas, culminando nas soluções vencedoras e funcionais (uma combinação de ideias sensatas e insensatas). É preciso força real para continuar procurando quando você se sente pronto para desistir, então vale a pena definir uma agenda que consiga cumprir. A ideação de alta energia precisa de pelo menos 30-120 minutos para obter os melhores resultados, portanto, a ordem de execução mostrada na Tabela 8.1 pode ser útil se você puder reservar apenas uma hora para uma sessão. Sinta-se à vontade para ajustar os horários de acordo com as necessidades específicas do seu grupo.

Fase 1. Ideias sensatas

Você provavelmente já notou, ao fazer brainstorming, que as ideias óbvias e sensatas tendem a surgir primeiro. É provável que sejam ideias que rapidamente ressoem em outras pessoas do grupo, mas elas não serão únicas (Harris, 2009). Elas podem representar apenas uma melhoria incremental, e não uma inovação impulsionadora do mercado. Se uma ideia é "segura" demais, então não terá o poder imaginativo para mudar para melhor a forma como as coisas são feitas. Olhe para estes insights iniciais como o ponto de partida; você pode voltar a explorar e construir sobre eles mais tarde, mas não se sinta tentado a parar ainda. Basta repetir "Sim, o que mais?" para sinalizar que você quer que as pessoas perseverem e mantenham um fluxo contínuo de ideias. E não se esqueça de tratar todas as ideias de forma igual. Se você mostrar alguma preferência por certo tipo de ideia, sua equipe começará a tentar adivinhar o que você quer (Rawling, 2016).

Figura 8.6 Modelo Criatividade Combinada

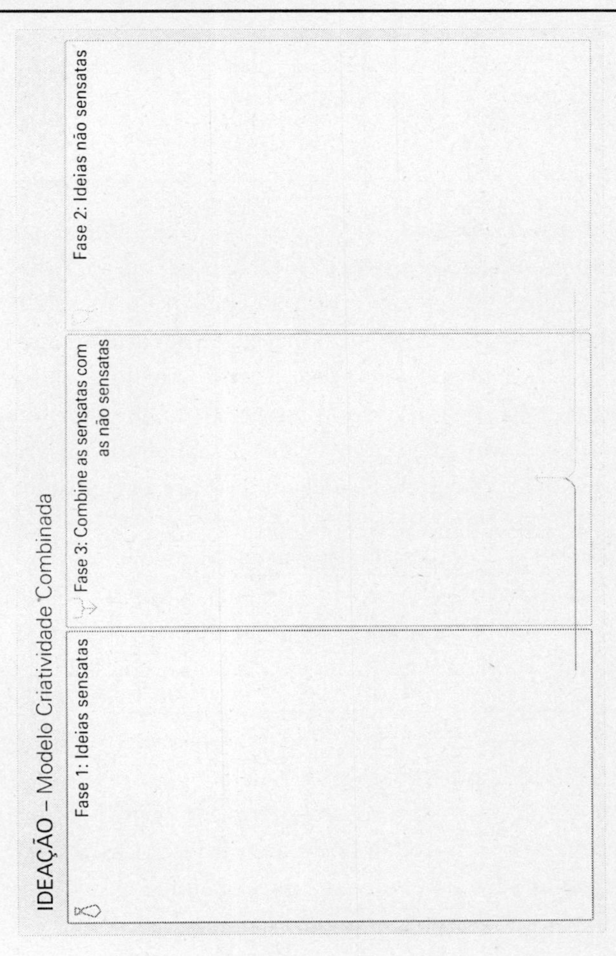

Tabela 8.1 Agenda da sessão de Ideação

AGENDA DA SESSÃO DE IDEAÇÃO (60 MINUTOS)	
10 minutos	*Introdução. Estabelecer regras básicas. Definir o desafio.*
30 minutos	*Ideação individual e em grupo com ferramentas de pensamento generativo. Ideias sensatas e não sensatas.*
5 minutos	*Intervalo*
10 minutos	*Discutir e combinar ideias sensatas e não sensatas.*
5 minutos	*Encerrar a sessão. Próximos passos.*

Fase 2. Ideias não sensatas

Se realmente se atirar no processo de ideação, você vai chegar num ponto em que as ideias começam a parecer um pouco ultrajantes. Observe que, à medida que ganha mais confiança, suas ideias se tornam mais radicais e ambiciosas. Provavelmente porque está fazendo sugestões para mudanças mais disruptivas e transformadoras em vez de melhorias incrementais.

Não mate a empolgação ao ignorar essas ideias bizarras fora de controle. Quanto mais extrema a ideia, menos viável parecerá à primeira vista, mas ela ainda pode conter a semente da possibilidade. Você pode preferir ideias práticas em que consiga encontrar lucro de imediato realisticamente, mas seus clientes ou audiência podem estar desejando o fator "uau". Isso se resume à sua mentalidade. Os tomadores de decisões lógicos não suportam ambiguidades; gostam que as coisas façam sentido e vão forçá-las a se adaptarem a padrões que os ajudem a resolver problemas. Ter medo da ambiguidade engana as pessoas para o pensamento reativo, em que elas pulam a fase selvagem e generativa e entram em decisões importantes. As pessoas criativas, por outro lado, podem se lançar alegremente num redemoinho de caos e confusão. Na verdade, isso é o que as ajuda a fazer o salto conceitual que as leva quilômetros além do óbvio e da abordagem lógica. Foi ignorando a suposta "forma lógica" de fazer carros que Henry Ford surgiu com uma inovação que mudou o paradigma — a linha de montagem. Anteriormente, o método de fazer carros envolvia equipes de homens se movendo de um carro para outro. Ford virou isso de cabeça para baixo, colocando as carrocerias dos carros em esteiras e movendo-as em vez dos trabalhadores.

O caos muitas vezes gera vida, quando a ordem gera hábito.
— HENRY ADAMS, jornalista e historiador americano

PERGUNTE "E SE?"
Se você está ficando atolado pelo pensamento convencional e constantemente se mantém na zona de conforto com as suas ideias durante o brainstorming, tente fazer perguntas "e se...?" para ativar algumas opções mais arriscadas. É a maneira ideal de aumentar suas habilidades visionárias e especular sobre as possibilidades que podem ocorrer. As perguntas "e se" podem ser qualquer coisa que você goste e podem se concentrar em qualquer condição, ideia ou situação, não importa o quão louca ou improvável seja. A questão é que ela lhe dá a liberdade de pensar de maneira diferente e focar no que você ***pode*** *fazer, não no que não pode. Uma boa maneira de usar essa técnica é colocar-se no futuro: "Daqui a dois anos, se estivéssemos celebrando o nosso sucesso, o que teria acontecido?" Escreva a história!*
Suspenda qualquer descrença e se jogue completamente nos cenários imaginados — aja como se eles fossem reais e já estivessem acontecendo. Qual lacuna da indústria você poderia ter preenchido? Como você poderia ter feito o seu produto melhor/maior/mais rápido/menor/mais divertido? Quais regras ou suposições você poderia ter desafiado? Quais pontos cegos terá superado? Você vai se surpreender com a facilidade com que essa adivinhação criativa pode transformar ideias loucas em oportunidades genuínas que podem ser mais exploradas.

Fase 3. Combine ideias sensatas com ideias não sensatas

É um mito pensar que as novas ideias são todas momentos "lâmpada", surgindo espontaneamente na sua cabeça. A maioria das realizações criativas depende de fazer conexões entre peças existentes de inspiração, atributos, conhecimento, materiais e práticas, e recombiná-las para fazer novas formações. Esse conceito é subjacente a muitas das inovações e avanços que encontramos nos campos da tecnologia, arte e ciência. Johannes Gutenberg combinou a pressão de uma prensa de vinho com um mecanismo de impressão de moedas para criar a prensa de impressão em 1440, revolucionando a disseminação de informação pelo mundo ocidental. O revolucionário carro Smart é o resultado de um improvável casamento entre o fabricante de automóveis premium Mercedes-Benz e a Swatch, famosa marca de relógio (Sloane, 2010). O conhecimento de engenharia de precisão da Mercedes foi aliado ao design moderno e ao conhecimento de microtecnologia da Swatch para construir um carro pequeno e elegante, adequado para a condução urbana. Inteligentemente, o nome Smart significa "Swatch Mercedes Art". Desde o início, a easyJet alterou a sua estratégia no serviço de voos domésticos da Southwest Airlines nos EUA e inspirou-se na forma como os ônibus eram utilizados para introduzir viagens aéreas acessíveis e "sem frescuras" na Europa (Sull, 1999). Nada é totalmente original; tudo é uma extensão do que aconteceu antes.

O acaso favorece a mente conectada.
— STEVEN JOHNSON, autor popular de inovação e ciência

Para combinar ideias, você precisa começar com muitas ideias. Por isso, pegue as ideias que você gerou até agora e misture. Emparelhe-as aleatoriamente umas com as outras ou com ideias já disponíveis para criar algo novo. Mesmo uma ideia boba ou absurda pode ter valor quando ligada a elementos mais práticos. Não tenha medo de juntar duas ideias contraditórias ou desconexas. Pode parecer estranho, mas essa técnica pode forçar ainda mais a mente das pessoas, à medida que experimentam as ideias dos colegas. Dê reforço positivo para encorajar combinações. Por exemplo: reconheça abertamente a ideia de alguém e depois expanda-a com sua própria contribuição. Se está gerando ideias para aumentar os níveis de motivação em sua equipe, você pode ter sugestões sãs e loucas, como as listadas na Tabela 8.2.

Agora, junte algumas dessas ideias para obter novas percepções sobre como resolver o problema. Se a sugestão pouco ortodoxa de "trabalhar nu no escritório" for emparelhada com "ambiente de trabalho agradável", o que é que isso irá evocar? Estar nu sugere uma sensação de liberdade, então talvez você possa permitir que as pessoas se vistam de maneira mais simples no escritório para criar uma atmosfera mais relaxada. Não pelados, mas também não com roupas executivas! Ou talvez você possa fazer uma festa do pijama na próxima sessão de brainstorming, em que as pessoas possam trabalhar com seus pijamas e chinelos.

A utilização de múltiplas ferramentas de ideação torna as sessões criativas mais frutíferas, porque a introdução de uma nova ferramenta pode basear-se nos progressos realizados pelas ferramentas anteriores. Em vez de começar do zero, junte todas as ideias que você gerou e continue misturando e combinando a partir desse ponto usando uma segunda, terceira ou quarta ferramenta. Ao combinar o óbvio e o não óbvio, você consegue produzir ideias novas, funcionais e inesperadas, formando a base para a verdadeira inovação.

Tabela 8.2 Ideias para motivar as pessoas

IDEIAS SENSATAS	IDEIAS NÃO SENSATAS
Focar nos pontos fortes individuais	*Formar um culto*
Perguntar às pessoas o que elas querem	*Trabalhar nu no escritório*
Reconhecer conquistas	*Dar folga na sexta-feira*
Construir espírito de equipe	*Colocar em prática apenas as ideias mais absurdas ou divertidas*
Trabalho flexível	*Promover toda a equipe*
Criar metas possíveis de "expansão"	*Subsídios para férias ilimitadas*
Ambiente agradável de trabalho	*Competições de queda de braço*
Oportunidades para aprender/ Treinamento	*Ignorar prazos perdidos*
Mais informações para a tomada de decisão	*Formar casais entre colegas*
Encorajar a criatividade	*Treinar as pessoas em habilidades não relacionadas ao trabalho*

IDEIAS SENSATAS	IDEIAS NÃO SENSATAS
Criar um "calendário do elogio"	*Recompensar pelas falhas generosamente (mais do que os sucessos)*
Demonstrar confiança	*Fazer um happy hour no escritório todo dia*
Diversificar as recompensas	*Encorajar brincadeiras perigosas no escritório*
Insistir no equilíbrio vida-trabalho	*Proibir todas as reuniões*
Medir a saída e não a entrada	*Refeições gratuitas para levar para casa depois do trabalho*
Entender o que desmotiva	*Permitir que metade da semana seja usada para desenvolver hobbies*
Celebrar o sucesso	*Encorajar as pessoas a desistir se uma tarefa for muito difícil*
Mais cor no ambiente de trabalho	*Delegar trabalhos para as pessoas "erradas"*
Dizer "obrigado"	*Permitir a procrastinação ilimitada*
Ser transparente	*Dar bônus pela pontualidade*
Visão/Propósito compartilhado — Focar no "Por quê?"	*Permitir conflito aberto e protestos no escritório*
Oportunidades de crescimento	*Agendar um "momento de fofoca"*
Fazer treinamento de performance	*Fazer eleições para novas posições de liderança*
Oferecer vantagens/incentivos significativos	*Uso ilimitado de celular*
Ser positivo	*Dar aumento mensal*
Comunicar e consultar regularmente	*Criar uma rede social interna*
Trazer palestrantes, mentores e professores	*Recontratar indivíduos para posições diferentes*

IDEIAS SENSATAS	IDEIAS NÃO SENSATAS
Aumentar os salários	*Encorajar a bebida no trabalho*
Dar feedback frequente	*Permitir a delegação de tarefas não desejadas*
Encorajar a competição amigável	*Livrar-se de toda a mobília*
Conceder autonomia	*Fazer um clube noturno no escritório*
Definir expectativas claras	*Montar uma sala de cinema*
Apoiar novas ideias	
Saídas financiadas pela empresa	
Definir tarefas desafiadoras para crescimento	

Uma vez terminado o brainstorming/ideação, é hora de se reunir como uma equipe para rever e analisar as ideias, convergindo para uma solução. Idealmente, isso é feito em uma reunião separada ou após uma pausa, para dar tempo para que as ideias penetrem e incubem em sua mente. O estágio de avaliação é crítico para mover suas ideias da visão para a realidade (ver Capítulo 9).

CHECKLIST DE IDEAÇÃO: O QUE FAZER E O QUE NÃO FAZER

A finalidade do checklist de ideação, mostrado na Figura 8.7, é fornecer orientação construtiva para preparar e conduzir as sessões de ideação, sejam elas formais ou informais. Há maneiras certas e erradas de fazer brainstorming. Faça com que suas reuniões funcionem reforçando comportamentos positivos (o que fazer) e reprimindo os assassinos da criatividade (o que não fazer). Faça o download do Checklist de Ideação (em inglês) em **www.thinking.space**

Figura 8.7 Ideação: o que fazer e o que não fazer

CHECKLIST DE IDEAÇÃO: O QUE FAZER E O QUE NÃO FAZER

O QUE FAZER

- ✓ Estabelecer o ambiente correto
- ✓ Manter a mente aberta
- ✓ Suspender o julgamento
- ✓ Fazer o brainstorming individual primeiro e depois em grupo
- ✓ Envolver os outros
- ✓ Focar na quantidade
- ✓ Dar tempo a você mesmo para utilizar experimentos de pensamento (sonhar acordado de maneira focada)
- ✓ Expandir e desenvolver ideias
- ✓ Relacionar ideias aparentemente aleatórias — conectar e desconectar
- ✓ Capturar todas as ideias
- ✓ Fazer intervalos
- ✓ Ouvir os outros
- ✓ Ter múltiplas sessões pequenas de ideação em vez de uma única reunião longa
- ✓ Tomar emprestado o ponto de referência de outra pessoa
- ✓ Olhar para fora para buscar inspiração — espelhe os outros e melhore
- ✓ Deixar dormir — permitir tempo de incubação
- ✓ Ignorar os desencorajamentos daqueles que duvidam
- ✓ FAZER COM QUE SEJA SERIAMENTE DIVERTIDO

O QUE NÃO FAZER

- ✗ Ser autoconsciente
- ✗ Apressar a geração de ideias
- ✗ Criar e avaliar ao mesmo tempo
- ✗ Ser negativo nesta fase
- ✗ Intimidar os outros com as suas ideias
- ✗ Tentar e ser sensato
- ✗ Vagar fora do tópico
- ✗ Fazer várias outras atividades enquanto tenta gerar ideias
- ✗ Descartar ideias insanas por serem impossíveis
- ✗ Ser vítima da síndrome de "ouvir os especialistas"
- ✗ Ter pouca confiança
- ✗ Fazer brainstorming sem estrutura

PRINCIPAIS TÓPICOS

A criatividade precisa de uma mente brincalhona. Para que a geração coletiva de ideias funcione, procure promover um ambiente positivo e bem-humorado onde as pessoas possam compartilhar suas ideias sem julgamento. Use ferramentas de ideação especiais para acionar seus pensamentos, de modo que possa divergir livremente e construir sua tolerância à ambiguidade.

- Modelo Brainstorming Reverso. *Em vez de procurar maneiras de fornecer um melhor serviço ao cliente, procure maneiras de torná-lo pior. Você vai rejuvenescer a sua mente e ver coisas que não costuma notar. Use esta ferramenta para eliminar as regras e convenções bobas e desnecessárias que impedem a sua equipe de fazer o melhor.*
- Modelo Pensamento Metafórico. *A metáfora é uma força poderosa para gerar novas ideias. Compare para criar! Siga estes passos: 1) identifique o desafio; 2) redefina o problema com uma metáfora; 3) resolva a metáfora; 4) mapeie as soluções para desafio original.*
- Modelo Ideação de 3 Fases. *Faça uma fusão do mundano com o louco para desencadear a inovação. Fase 1: Gere ideias sensatas; Fase 2: Pense em ideias não sensatas. Faça perguntas "E se?" para incentivar sua imaginação a se libertar das restrições atuais; Fase 3: Combine ideias sensatas com ideias não sensatas para formar criações funcionais e inovadoras.*
- Checklist de Ideação. *Tire o máximo proveito de suas sessões de brainstorming seguindo estes simples "faça e não faça" com a sua equipe.*

9
passo 3 do localizador de soluções: análise

Inovação é dizer "não" a mil ideias.
— STEVE JOBS, cofundador da Apple

AVALIAR IDEIAS

Você se divertiu brincando com o desafio e, com sorte, acumulou várias ideias. Agora é hora de avaliar. Uma boa análise é o que o ajuda a lidar com a massa de informações que flui do brainstorming, permitindo que você faça a transição da ideia para a solução. Isso significa classificar e filtrar as ideias mais fracas e selecionar as melhores para levar adiante. De acordo com Stevens e Burley (1997), podem ser necessárias até 3 mil ideias brutas para produzir apenas uma solução comercialmente bem-sucedida. Dessas, cerca de 300 são submetidas a um processo mais formal de seleção de ideias. A análise desempenha um papel indispensável na prosperidade criativa.

A análise é a fase convergente do processo de procura por soluções e exige uma mentalidade diferente da fase de concepção divergente. As coisas podem ficar complexas. A gama de interpretações em torno de um problema pode ser vasta e existem várias formas de olhar para as ideias. Você pode acabar tendo "paralisia da análise" tentando dar sentido a tudo isso. Este capítulo lhe apresenta um pequeno conjunto de ferramentas de análise fáceis de compreender para medir as suas ideias usando uma abordagem equilibrada, dando-lhe a confiança para dizer "não" às ideias mais fracas e oferecendo uma plataforma para nutrir aquelas com o maior mérito. Quais ideias quer levar adiante?

Lembre-se: pode haver mais de uma solução para o problema. Se você especificar que precisa sair do estágio de avaliação com uma ideia perfeita, está no pensamento "ou". Isso é restritivo demais. Você precisa ter uma visão "ambos/e" enquanto trabalha nesse processo, para melhorar suas chances de liderar os conceitos mais inovadores com potencial real. Só porque está estreitando opções e convergindo para soluções, não significa necessariamente que você também deva fechar sua mente.

O panorama geral

Aqui está uma atividade para você colocar em prática a sua capacidade de análise.

ATIVIDADE
QUEM É O MAIS RICO?

Sua tarefa é decidir qual personalidade de negócios é a mais rica dentre três alternativas possíveis. Aqui estão alguns fatos para ajudá-lo a escolher:

Perfil A

- *Vive na mesma casa que comprou nos anos 1950.*
- *Dirige um Cadillac XTS.*
- *Janta fast-food e toma cinco Coca-Colas por dia.*
- *Não usa celular e tem um computador na escrivaninha.*
- *Joga bridge por hobby.*

Perfil B

- *Dirige um Volkswagen hatchback com câmbio manual.*
- *Usa jeans, camiseta e moletom todos os dias no trabalho.*
- *Casou-se no próprio quintal.*
- *Vive em uma casa de cinco quartos.*
- *Fundou uma instituição de caridade.*

Perfil C

- *Possui uma série de propriedades de luxo.*
- *Tem uma extensa coleção de arte.*
- *Mantém uma frota de iates de luxo e um jatinho privado.*
- *É dono de vários supercarros (avaliados em 50 milhões).*
- *Dá festas luxuosas em que celebridades comparecem.*

Qual desses seria a sua escolha?

Julgando exclusivamente os fatos, o perfil lógico seria o C, já que essa pessoa parece ter o estilo de vida mais extravagante.

São estes os empresários:

- *O Perfil A é Warren Buffet, presidente e CEO da Berkshire Hathaway — patrimônio líquido de 84 bilhões de dólares. #3 na lista "The World's Billionaires" da Forbes 2018.*
- *O Perfil B é Mark Zuckerberg, fundador e CEO do Facebook — patrimônio líquido de 71 bilhões de dólares. #5 na lista "The World's Billionaires" da Forbes 2018.*
- *O Perfil C é Roman Abramovich, investidor e dono do Chelsea Football Club — patrimônio líquido de 18,8 bilhões de dólares. #140 na lista "The World's Billionaires" da Forbes 2018.*

Os mega ricos nem sempre vivem em um padrão de vida alto. Nós não podemos automaticamente tomar as coisas pelo seu valor inicial quando pensamos de maneira analítica.

Na fase de avaliação, sempre há o perigo de os dados reinarem, mas — como na atividade acima — eles, por si só, nunca lhe darão a imagem completa. É claro que, em uma empresa comercial, a necessidade de pensamento lógico é evidente se você vai ser objetivo na avaliação da viabilidade das ideias. Os dados lhe dão algo para basear o seu julgamento e o ajudam a comparar os riscos e os ganhos esperados. No entanto, colocar muita fé na lógica pode levar você a conclusões erradas. Ao lançar o malfadado empreendimento da Nova Coca-Cola, a Coca-Cola tinha todos os fatos e estatísticas que poderia desejar, mas isso não os impediu de cometer um enorme erro na forma como interpretaram esses dados... *é só ver* os resultados desastrosos. Em vez de gastar tempo demais examinando os dados, é melhor se concentrar em obter uma visão geral do desafio. Olhe para a floresta, não se perca nas árvores. O xadrez é considerado um dos esportes mais analíticos do mundo. Durante os experimentos, o exame FMRI de jogadores de xadrez amadores mostrou que o lado esquerdo analítico do cérebro estava mais propenso a disparar quando eles resolviam um problema de xadrez. Mas, quando os cientistas fizeram os mesmos testes em grandes mestres de xadrez, que são jogadores experientes, descobriram que eles usavam *ambos* os lados do cérebro igualmente para tomar decisões durante os jogos (Schultz, 2011). Eles engajavam o lado direito visualmente focado para reconhecer padrões de jogos anteriores e o lado esquerdo analítico para avaliar o próximo melhor movimento lógico, tornando-os pensadores mais avançados. Tal como o xadrez, ser altamente lógico pode fazer de você um bom inovador, mas, se quiser ser um inovador *superstar*, você precisa ter o pensamento de "cérebro inteiro". Isso envolve recrutar ambos os lados do cérebro para processar o problema de forma intuitiva e racional ao mesmo tempo.

A lógica é o princípio da sabedoria... não o fim.

— SPOCK, STAR TREK VI: The Undiscovered Country

Onde está o amor?

Uma das coisas mais tristes de estarmos presos ao pensamento lógico é que acabamos ignorando um dos recursos mais preciosos da mente — a **emoção**. É um mito imaginar que, sem emoções, desenvolveríamos superpoderes de raciocínio suficientemente precisos para rivalizar com Spock de *Star Trek*. Na nossa sociedade, somos ensinados a encarar a emoção como uma fraqueza que irá desviar os nossos julgamentos. No entanto, a ideia de que a emoção não tem lugar na tomada de decisões é um juízo errado em si mesmo, como demonstra o trabalho do neurocientista Antonio Damasio (1994). Ele estudou pacientes que, por causa de um acidente ou distúrbio, perderam a capacidade de experimentar emoções e sentimentos comuns, tais como irritação, dor, paixão e assim por diante. Você poderia pensar que isso os tornou criaturas perfeitamente racionais, capazes de usar seu intelecto pleno para tomar as melhores decisões possíveis. Mas eles se ficaram imobilizados em sua tomada de decisão, incapazes atribuir valor a qualquer coisa ou chegar a conclusões simples. Mesmo as decisões mais básicas, como escolher entre uma caneta vermelha ou azul para preencher um formulário, eram um processo excruciante, porque os sinais emocionais sutis que ajudam as pessoas a escolher entre as opções dadas foram cortados. Damasio afirma: "Quando a emoção é deixada completamente de fora do quadro do raciocínio, como acontece em certas condições neurológicas, a razão revela-se ainda mais falha do que quando a emoção interfere nas nossas decisões."

É verdade que as emoções podem ser irracionais e ocasionalmente nos desviam do nosso caminho. De vez em quando, elas nos fazem sentir que estamos certos, mesmo quando não estamos. No entanto, o papel das emoções na prestação de apoio essencial ao processo de raciocínio não pode ser exagerado. À medida que a mente enfrenta uma série de escolhas, são as emoções que aprovam ou não, sinalizando fugazmente como as consequências de uma escolha específica nos fariam sentir (Gibb, 2007). A emoção não vem à custa da lógica, mas, antes, alimenta-se dela. Usando os métodos deste capítulo, você pode aprender a fazer a ponte entre o coração e a cabeça para que sua capacidade de sentir seja tão forte quanto sua capacidade de valorizar e julgar. O que você acha da ideia? Como os outros se sentem em relação a isso?

As emoções ensinaram a humanidade a raciocinar.

— LUC DE CLAPIERS, marquês de Vauvenargues, moralista francês

ESTUDO DE CASO | PUBLICIDADE EMOCIONAL

As marcas mais bem-sucedidas sabem, há muito tempo, que as melhores campanhas publicitárias apelam ao coração, não à cabeça. As pessoas confiam mais nas emoções do que no conteúdo para tomar decisões de compra. Portanto, os anúncios que induzem uma resposta emocional são mais influentes do que aqueles com uma mensagem racional. Através de uma meta-análise abrangente da base de dados do UK Institute of Practitioners in Advertising (IPA), Les Binet e Peter Field (2013) descobriram que a publicidade emocional é duas vezes mais eficiente do que a publicidade racional e proporciona o dobro do lucro a longo prazo. A pesquisa deles se baseia em 996 estudos de caso de eficácia publicitária de 700 marcas e abrange mais de 30 anos de dados de eficácia do IPA. A tendência do Big Data incentiva campanhas fortemente direcionadas e racionalmente persuasivas, em oposição às campanhas emocionais e criativas. O primeiro produzirá efeitos de curto prazo, mas o segundo construirá a fama da marca, levando a maiores retornos de longo prazo (Roland, 2013). Anúncios da John Lewis, Hovis, Nikon e British Gas se destacam como exemplos de campanhas memoráveis que exploram os fatores emocionais do bem-estar.

O KIT DE FERRAMENTAS DE ANÁLISE

ENTRADA

Todas as ideias

PROCESSO

Mina de diamantes

Classificar, filtrar e selecionar as melhores ideias

FERRAMENTAS

Modelo Prós/Contras Coração/Cabeça

Modelo Avaliação de Campo de Força

SAÍDA

Uma ou mais ideias melhores/mais criativas

A minha fórmula para a análise de cérebro inteiro envolve um processo conciso de três fases, que o leva a fazer as escolhas certas para o seu desafio específico — **Classificar, Filtrar, Selecionar**. Isso simplifica a atividade de avaliação, dividindo-a em pequenos passos, e garante que ela permaneça racional e intuitiva. Você pode usá-la para avaliar ideias por conta própria ou em uma oficina/reunião com outras pessoas. Faça download dos modelos de Análise (em inglês) no **www.thinking.space**

1. Classificar

Antes de entrar numa análise detalhada das suas ideias, você precisa editá-las para que cheguem a uma quantidade controlável — uma lista restrita de três a seis itens é o ideal. Esta primeira passagem é crucial para impedir que você se afogue em um mar de possibilidades. Seu foco deve estar sempre no briefing criativo original, ou seja, na oportunidade ou problema que se propôs a abordar. Se tem um grande volume de ideias para trabalhar, digamos de 50 a 100, ajuda se primeiro categorizá-las em aglomerados ou grupos baseados em temas significativos (caso você não tenha feito isso no final da sessão de brainstorming). Por exemplo, você poderia distinguir grupos de ideias de acordo com o tipo de inovação que elas promovem: inovação de produtos, inovação técnica/tecnológica, inovação organizacional, inovação gerencial ou inovação metodológica (Rebernik e Bradac, 2008). Ou, se estiver desenvolvendo um novo produto ou serviço, pode criar aglomerados que se relacionem com "praticidade", "diferenciação", "segurança", "diversão" ou outros elementos relacionados ligados ao design. Outra boa opção é categorizar as suas ideias em termos de tempo e custos, tais como "simples", "complicada" e "difícil". As ideias simples são aquelas que podem ser postas em prática com um gasto mínimo de tempo e dinheiro. Ideias complicadas precisam de um pouco mais de investimento, enquanto as difíceis demandam mais gastos (Moore, 1962).

Não existem regras rígidas e rápidas, por isso escolha as categorias que melhor se adaptam ao seu desafio; certifique-se de que o mantém simples. Uma vez que suas ideias estão em grupos, torna-se mais fácil escolher quais eliminar. Pode ser que elas não se encaixem em nenhum grupo óbvio para ajudar a resolver o problema. Talvez até mesmo aglomerados inteiros possam ser descartados se não se encaixarem no seu objetivo final.

Use o princípio do **julgamento positivo** para manter uma mente aberta enquanto faz isso, de forma que sua atenção seja atraída para as opções mais empolgantes e intrigantes. Os julgamentos que começam com "*não, porque...*" ou "*sim, mas...*" devem ser evitados durante o processo de triagem. Essas aberturas negativas colocam um amortecedor nas coisas e fecham as portas para uma avaliação mais aprofundada de uma ideia estranha que pode ter um potencial real. Começar um julgamento com "*sim, se...*" convida a mais especulações. Isso o mantém focado nos aspectos positivos e inovadores e dá à ideia uma oportunidade de respirar. Nunca se sabe, ela eventualmente pode se transformar numa solução prática maravilhosa.

Ao final desta etapa, muitas de suas ideias originais terão sido descartadas, enquanto aquelas mais promissoras e atraentes ainda permanecerão inexploradas. Essas ideias formam a sua contribuição para o processo de seleção. Se você não tiver um grande volume de ideias ou se precisar se mover rapidamente, pode pular a fase de classificação e ir direto para a avaliação.

2. Filtrar

Como você decide quais ideias são melhores do que as outras? É minha crença pessoal que "cortar" ideias contra uma longa lista de critérios pré-definidos é uma maneira muito ruim de avaliar. Por um lado, não faz bom uso do rico e complexo funcionamento de todas as nossas habilidades corticais, e, pelo fato do procedimento ser tão fixo, quase nenhum julgamento positivo é feito. Precisamos empregar uma abordagem de cérebro inteiro se quisermos explorar efetivamente nossos recursos e nos conectar com os lados quantitativos e qualitativos do nosso pensamento. Para ajudar com isso, use seu Modelo Prós/Contras Coração/Cabeça.

Modelo Prós/Contras Coração/Cabeça

Após o processo de classificação, você deve ficar com uma pequena quantidade de ideias que gostaria de investigar um pouco mais (não mais do que oito). Em um mundo ideal, pelo menos algumas delas serão ideias que quebram paradigmas — aquelas que você normalmente não teria pensado, que podem até ser um pouco loucas. O processo que eu gosto de usar para a seleção de ideias é um que encoraja uma análise equilibrada do cérebro esquerdo e direito, e ajuda você a permanecer generativo ao tomar uma decisão. Avalie cada uma de suas ideias usando os seguintes fatores de medida:

a. **Avaliação Coração *versus* Cabeça**. Pegue uma de suas ideias e comece sua avaliação olhando para ela a partir das perspectivas de seu coração (emoções) e de sua cabeça (lógica). Os indivíduos em um grupo podem fazer isso separadamente e, em seguida, comparar as notas.

- *Coração:* Pense como você se "sente" sobre a ideia — pense com o coração. Qual é o seu instinto? Ela o empolga? Atribua uma pontuação à ideia que melhor sinalize o quão positivo você se sente sobre isso emocionalmente. Use uma escala de 10 pontos, em que 10 indica que você se sente "muito positivo" e 1, "muito negativo".
- *Cabeça:* Siga, então, o mesmo processo, usando raciocínio intelectual — pense com a cabeça. A ideia faz sentido logicamente? Ela é robusta? Você consegue racionalizar e justificar isso? Pontue-a na escala de 1 a 10.

Figura 9.1 Modelo Prós/Contras Coração/Cabeça

ANÁLISE – Modelo Prós/Contras Coração/Cabeça

Solução Potencial 1 = Pontuação (1-10) = Pontuação (1-10) Total =

⊕ Prós ⊖ Contras

Solução potencial 3 = Pontuação (1-10) = Pontuação (1-10) Total =

⊕ Prós ⊖ Contras

Solução Potencial 2 = Pontuação (1-10) = Pontuação (1-10) Total =

⊕ Prós ⊖ Contras

Solução potencial 4 = Pontuação (1-10) = Pontuação (1-10) Total =

⊕ Prós ⊖ Contras

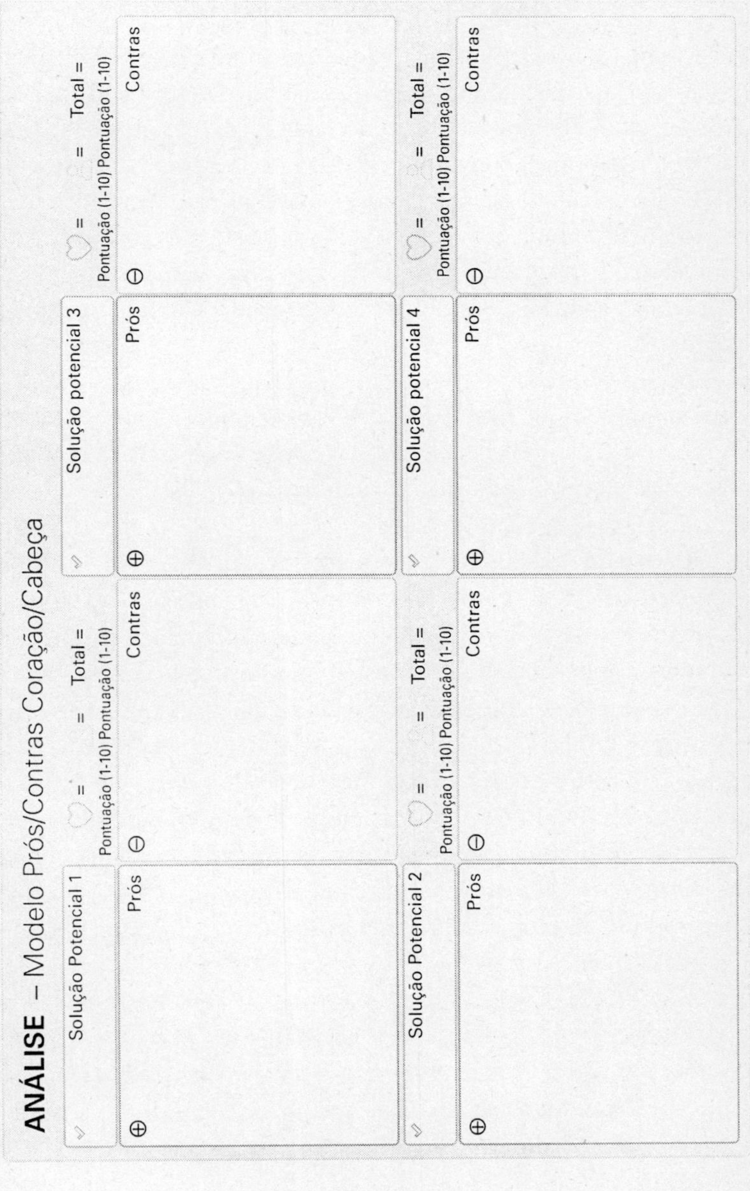

Os resultados desta atividade geralmente são fascinantes. Você pode achar que, para algumas ideias, seu coração diz que sim, mas sua cabeça diz que não, e, para outras, tanto seu coração quanto sua cabeça caminham juntos. Agora, totalize a pontuação do seu coração e da sua cabeça para obter uma pontuação equilibrada que incorpora o pensamento racional e intuitivo. Escalas de pontuação como esta são formas quantitativas de análise e oferecem uma maneira definitiva de trabalhar suas melhores ideias. Uma pontuação fortemente positiva diz que é uma opção atraente, enquanto uma pontuação fortemente negativa sugere que é um pouco mais inusitada. Uma grande variedade de pontuações na equipe indica falta de consenso. Mais exploração pode fornecer mais informações para ajudá-lo a avançar.

Embora os números e as pontuações sejam úteis para avaliar alternativas, também precisamos usar um pensamento mais qualitativo e generativo para ampliar e aprofundar nossa análise. Para fazer isso, estude a ideia a partir dos seguintes ângulos.

b. **Prós e contras**. Divida sua ideia em seus aspectos positivos e negativos — seus prós ("verdes") e contras ("vermelhos"). Faça com que todos se envolvam e use o pensamento generativo para levar em conta importantes implicações financeiras, de marketing e organizacionais, como por exemplo, custos, prazos, novidade, ajuste de marca, impacto, concorrência, confiabilidade, qualidade, atratividade, moral, riscos associados, questões legais, escala, potencial de renda, facilidade de implementação, segurança, práticas empresariais, viabilidade e assim por diante. Novamente, você quer uma visão geral da ideia, então certifique-se de observá-la no contexto de seu mercado atual, ambiente e mix de produtos, e não isoladamente. Alguns cálculos rápidos podem ser necessários para estimar quaisquer entradas ou saídas numéricas. Em certos casos, a filtragem pode gerar mais perguntas e talvez seja necessário obter dados e pesquisas adicionais para alimentar a análise.

- *Prós (os "verdes"):* Quais são os aspectos positivos desta solução? Os seus pontos fortes? Do que você gosta nisto? Por que poderia ser bem-sucedida? O que os outros podem gostar? Quais são os possíveis ganhos futuros? Caminhe pela sala e peça para que todos digam algo positivo sobre a ideia sendo discutida. Realize um exame detalhado de todos os atributos positivos e suas inter-relações. Considere brevemente a possibilidade de construir sobre esses atributos para tornar a ideia maior e melhor. Quando terminar, você já terá uma lista fantástica de pontos de venda que pode usar para implementar a ideia.

- *Contras (os "vermelhos"):* Quais são os aspectos negativos da solução? As suas fraquezas? O que lhe desagrada nisto? Por que pode falhar? Por que os outros a rejeitarão? Quais são as suas limitações no "mundo real"? Seja o seu pior crítico. Explore todas as falhas e desvantagens da ideia, em profundidade. Mantenha a mente aberta e pense em como você poderia eliminar um ponto vermelho ou até mesmo transformá-lo em um algo bom. Afinal, você não quer que o entusiasmo pela ideia diminua nessa fase inicial. Mude a sua perspectiva se for preciso. Por exemplo, se um de seus pontos negativos é que a solução custaria muito caro, mude seu pensamento para: "Como eu poderia pagar por isso?" Se você é capaz de encontrar respostas para a pergunta, a barreira não é mais negativa, não é?

Siga esta atividade para todas as suas ideias pré-selecionadas e você terminará com uma descrição completa e robusta de cada uma delas. Esse exercício pode mudar completamente a dinâmica da tomada de decisões; uma ideia pode ter uma pontuação alta na escala de cabeça/coração, mas ainda assim ter muitas fraquezas. Ou pode ter uma pontuação baixa, mas vir com várias vantagens. Sem que você perceba, o processo o obriga a uma análise inclusiva de cérebro esquerdo-e-direito.

Algumas pessoas podem criticar essa abordagem por ser muito grosseira, simplista ou "branda" — isto é, não suficientemente "analítica". Mas muitos sistemas analíticos mais complexos desmoronam precisamente porque são analíticos demais. Como vimos, ser lógico é ótimo para a tomada de decisões, mas pode ser catastrófico quando exageramos. Ter de aplicar pesos e medidas intrincados a diferentes atributos pode confundir nossas escolhas e nos deixar confusos, resultando na temida paralisia de análise. Este sistema ultrapassa essas limitações, trazendo o pensamento generativo para a mistura e fatorizando a riqueza da emoção. Isso ajuda a criar consenso ao envolver o grupo em uma discussão interessante, em vez de apenas "cortar" ideias contra uma longa lista de critérios exaustivos.

3. Selecionar

Agora é a hora da fase final — escolher a solução. Se você seguiu os passos do livro até aqui, é provável que uma ou duas opções se destaquem mais do que os outras. Você saberá o que gosta nelas e por quê. Trabalhando em grupo, um sistema de votação simples deve ser suficiente para selecionar as ideias em que vale a pena insistir. Você pode afixar as ideias na parede e pedir às pessoas que votem com adesivos coloridos (atribua um número fixo para cada um), ou pedir para que levantem as mãos. Para assuntos mais sensíveis ou controversos, talvez você queira realizar uma votação secreta. Cada indivíduo escreve sua opção preferida em um pedaço de papel e o coloca em uma caixa. Isso supera o problema de que as pessoas podem ser indevidamente influenciadas pelas escolhas de seus colegas. Consulte novamente a definição do desafio para se certificar de que a(s) solução(ões) escolhida(s) atenderá(ão) aos seus objetivos originais. Uma boa ideia contém estas características essenciais de VAD, equilibrando tanto o risco como a oportunidade:

- **Viabilidade**: Nós conseguimos fazer.
- **Aceitabilidade**: Teremos um retorno satisfatório.
- **Desejabilidade**: As pessoas querem isso.

Embora seja bom ter uma ideia vencedora completa que acerta claramente no alvo, pode haver uma ou duas das melhores que você também queira sugerir para a implementação. Pode ser que uma certa ideia tenha mérito, mas precisa de algum trabalho para que atinja a média, ou você pode precisar classificar suas ideias para descobrir quais delas priorizar. Antes de tomar uma decisão firme, coloque suas principais ideias à prova com o Modelo Avaliação de Campo de Força.

Modelo Avaliação de Campo de Força

A análise do campo de forças existe há décadas e foi originalmente desenvolvida por Kurt Lewin (1951) como um modelo de gestão da mudança. Em termos gerais, funciona com base no pressuposto de que, em qualquer decisão, haverá duas forças em jogo — forças motrizes, que apoiam a execução de uma ideia, e forças de resistência, barreiras que podem impedir a mudança. O valor delas durante esta fase é que ajuda as equipes a considerar uma solução de potencial elevado em termos da viabilidade da sua concretização. O modelo contém colunas onde você pode identificar as forças a favor e contra a solução e atribuir pontuações a cada uma delas, o que lhe dá uma visão geral da situação: uma ideia será considerada viável se suas forças motrizes superarem suas forças resistentes. O benefício de fazer isso como equipe antes que uma ideia seja colocada em prática é que as pessoas que provavelmente serão afetadas pela solução podem dar sua opinião no início. Esse envolvimento inicial pode melhorar as hipóteses de sucesso quando a iniciativa estiver em curso. Trabalhemos juntos num exemplo.

Figura 9.2 Modelo Avaliação de Campo de Força

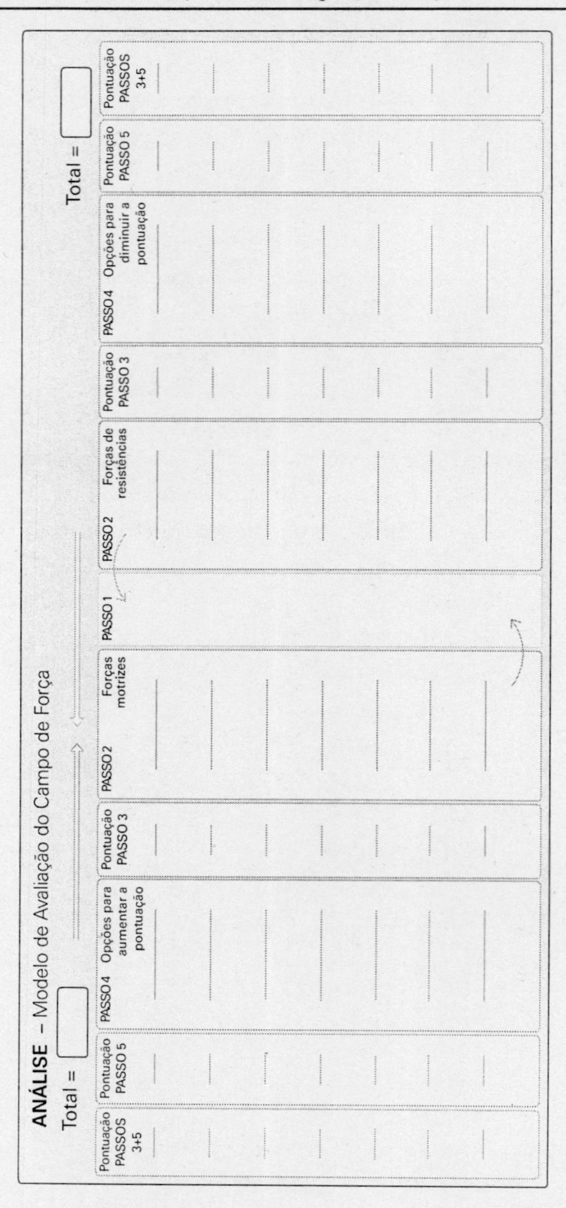

Passo 1. Estado atual ou desejado
Escreva uma breve descrição de sua situação atual ou objetivo na coluna do meio. Por exemplo, você pode estar propondo uma mudança de escritório.

Passo 2. Examine as forças motrizes e as forças de resistência
Considere todas as coisas que ajudarão a ideia a funcionar e liste-as na coluna "Forças motrizes". Estas podem ser forças de ajuda existentes ou previstas, bem como forças internas ou externas. Por exemplo, ela fará com que você seja mais competitivo? Pode ser implementada rapidamente? É rentável ou mais eficiente? Encaixa-se bem com o modelo/visão/estratégia de negócios geral? Quem ou o que pode ajudar a tornar a ideia um sucesso? As forças motrizes podem dar pistas sobre novas tecnologias, mudanças no mercado, legislação, concorrência ou iniciativas estratégicas da liderança.

Em seguida, contemple todas as coisas que dificultariam a implementação da solução. O que poderia dar errado com a solução depois dela ter sido implementada? Poderia criar mais problemas a longo prazo? Ela resolve o problema apenas parcialmente? Quem ou o que pode deter o progresso da ideia? Fatores como a inércia organizacional, a hostilidade do funcionário ou o medo do fracasso contam como forças de resistência. Por vezes, as soluções com o maior potencial também podem acarretar o maior risco. Liste esses fatores inibidores na coluna de Forças de Resistência (Figura 9.2). Exemplos de forças motrizes e de resistência para uma mudança do local do escritório podem ser encontrados na Figura 9.3.

Figura 9.3 Forças motrizes *versus* Forças resistentes: mudança do local do escritório

+ Forças motrizes	**Forças de resistências −**
Novos incentivos para aluguel de escritórios	Inquietante para a equipe
Aproximação da base de clientes	Custos de mudança
Redução dos custos de operação	Necessidade de planejamento
Exploração de um novo mercado	Interrupção dos "negócios como de costume"
Novo começo para a empresa	Boa localização atual
Melhora da imagem	Adaptação a um novo espaço
Necessidade de mais espaço	Dificuldades de recrutamento
Ambiente e regulações novos	

Passo 3. Atribua classificações

Avalie as forças motrizes e de resistência, atribuindo uma pontuação para cada uma de acordo com a força em uma escala de 1 a 5 (1 = fraco, 5 = forte). Some as pontuações de todas as forças motrizes e de resistência. Para seguir em frente com confiança, você precisa de uma pontuação motriz alta. Se seus totais são 21 (motriz) *versus* 32 (de resistência), então você pode se decidir contra uma mudança de escritório nesse momento. No entanto, haverá alguma flexibilidade em torno das forças. Se você realmente quiser prosseguir com um projeto e torná-lo bem-sucedido, esta análise pode ajudá-lo a descobrir como fazer isso, fortalecendo as forças de apoio e reduzindo as forças opostas.

Passo 4. Analise as opções para aumentar/diminuir as pontuações

Examine cada uma das forças motrizes e discuta opções para fortalecer a pontuação. Em outras palavras, encontre maneiras de tornar a solução mais fácil de implementar. Por exemplo, você pode implementar sistemas para minimizar a interrupção dos negócios e usar incentivos para tornar a mudança mais atraente para a equipe. Em seguida, concentre-se em diminuir a pontuação das forças de resistência, explorando maneiras de reduzi-las ou eliminá-las por completo. Fazer isso pode tornar a ideia ainda mais forte, fazendo com que a balança favoreça uma ponderação positiva mais pesada. Observe que essa atividade expande sua avaliação e funde sua decisão final com o raciocínio generativo e analítico.

Passo 5. Total de suas novas pontuações

Verifique os seus novos totais. Você consegue seguir em frente?

DESAFIO DO TRIBUNAL

A ideia se sustentaria no tribunal? Como vimos, a inovação é lógica e emocional. É normal que nos apeguemos às nossas próprias ideias e tomemos decisões baseadas nos nossos sentimentos otimistas em relação a um projeto Mas, quanto mais positivos formos em relação a uma ideia, fica menos provável que vejamos todas as suas falhas. Uma abordagem poderosa para superar esse tipo de pensamento seletivo é deliberadamente procurar e considerar evidências contra sua ideia favorecida em um "tribunal" da ideia. Incentive seus colegas a apresentar fatos opostos e fazer o papel de advogado do diabo. Permita que qualquer dúvida persistente surja. Continue perfurando a ideia e em breve você conseguirá detectar um padrão. Essa é uma ótima técnica para desafiar e testar ideias, pois lhe mostra quais aspectos estão subdesenvolvidos. Destaque quaisquer problemas que possam exigir mais ação antes de se comprometer totalmente.

Não há nenhuma decisão que possamos tomar que não venha com algum tipo de equilíbrio ou sacrifício.

— SIMON SINEK, guru de liderança e autor de Start With Why

Nenhuma solução jamais será 100% perfeita. Sempre haverá ajustes envolvidos. Mas, se você seguiu o processo deste capítulo, está ciente do equilíbrio positivo/negativo. Uma vez escolhida(s) a(s) solução(ões) vencedora(s), é extremamente importante agradecer a todos os envolvidos no processo pela contribuição. É preciso coragem para as pessoas falarem sobre as suas ideias, e elas podem ter gasto tempo e energia consideráveis fazendo isso. Sempre ofereça feedback sobre a razão de certas ideias não estarem progredindo e respeite a maneira como as pessoas podem se sentir sobre ter suas ideias rejeitadas (Gower, 2015).

CHECKLIST DE ANÁLISE: O QUE FAZER E O QUE NÃO FAZER

Na resolução criativa de problemas, há necessidade de uma abordagem mais holística para a avaliação de ideias. Uma boa decisão é baseada na análise de muitos pontos de vista diferentes. Se você confiar em apenas um tipo (como dados "factuais"), não conseguirá ver toda a imagem. Use o checklist de análise para apoiar o seu pensamento enquanto você escava suas ideias de diferentes maneiras. Isso o ajudará a permanecer sistemático e evitará as armadilhas dos vieses que podem atrapalhá-lo caso não pense conscientemente sobre as coisas que você deve e não deve fazer durante a avaliação. Faça o download do checklist (em inglês) em **www.thinking.space**

Figura 9.4 Análise: o que fazer e o que não fazer

CHECKLIST DE ANÁLISE: O QUE FAZER E O QUE NÃO FAZER

O QUE FAZER

- ✓ Concordar com os critérios de avaliação para determinar o que é realmente importante
- ✓ Decidir sobre as melhores soluções possíveis para avaliar
- ✓ Permanecer com pensamento generativo — use o pensamento de cérebro inteiro
- ✓ Lembre-se: fatos só contam metade da história
- ✓ Incluir sentimentos emocionais
- ✓ "O mapa não é o território"
- ✓ Receber bem as críticas construtivas
- ✓ Avaliar o potencial risco e a recompensa para cada alternativa viável
- ✓ Envolver os outros no estágio de avaliação
- ✓ Obter novas perspectivas para considerar o que os outros pensariam das soluções
- ✓ Capturar os prós e os contras de qualquer solução potencial
- ✓ Avaliar o apoio a uma ideia — use a votação para ver como os outros se sentem sobre as alternativas
- ✓ Comparar as opções diretamente
- ✓ Usar processos analíticos testados e comprovados
- ✓ Avaliar a viabilidade, aceitabilidade e desejo
- ✓ Avaliar se a ideia é sustentável a longo prazo
- ✓ Agendar tempo para criticar uma seleção

O QUE NÃO FAZER

- ✗ Pensar demais na solução
- ✗ Confiar apenas nos números
- ✗ Focar em apenas uma ou duas alternativas — tenha pelo menos quatro
- ✗ Basear sua hipótese apenas na confirmação de evidências
- ✗ Evitar indivíduos que já sabe que farão perguntas difíceis
- ✗ Improvisar
- ✗ Ficar preso na zona de conforto de fazer mais pesquisas
- ✗ Considerar este um processo único
- ✗ Ter medo de pensar novamente e gerar ideias adicionais
- ✗ Permitir que vieses psicológicos pré-determinem sua seleção
- ✗ Prosseguir se a solução preferida não parecer correta
- ✗ Ignorar alternativas simples que podem ser testadas imediatamente a baixo custo
- ✗ Aceitar o *status quo*
- ✗ Ter medo de reverter uma decisão
- ✗ Analisar cedo demais
- ✗ Usar pensamento "ou". Considere usar "ambos/e"

PRINCIPAIS TÓPICOS

O Passo 3 do Localizador de Soluções é quando você muda das ideias para as soluções (através da análise). Classifique e selecione a saída capturada de acordo com critérios medidos e selecione as soluções mais adequadas. O objetivo é envolver todo o seu cérebro no processo analítico — as suas emoções e faculdades generativas (cérebro direito), bem como a razão e a lógica (cérebro esquerdo), como os mestres do xadrez.

- *Modelo Prós/Contras Coração/Cabeça. Filtre uma ideia, examinando-a a partir da perspectiva tanto do seu coração (o que o meu instinto diz sobre ele?) quanto da cabeça (é lógica e prática?). A sua ideia está completa? Avalie-a pelos seus prós ("verdes") e contras ("vermelhos") para obter uma visão geral dos dados.*
- *Modelo Avaliação de Campo de Força. Analise as forças a favor e contra uma ideia: passo 1) defina seu estado atual ou desejado; passo 2) examine as forças motrizes e forças de resistência; passo 3) aloque classificações para ajudá-lo a avaliar; passo 4) revise opções para aumentar as pontuações das forças motrizes e diminuir as das forças de resistência; passo 5) verifique seus novos totais. Você tem uma solução à prova de fogo?*
- *Checklist de análise. Siga as regras de avaliação para superar seus preconceitos e avaliar todo o quadro antes de tomar uma grande decisão.*

10
passo 4 do localizador de soluções: direção

Não há estradas antigas para novas direções.
— Atribuída ao Boston Consulting Group

TRANSFORMANDO IDEIAS EM AÇÕES

Uma ideia não é uma inovação até que você a faça acontecer. Em muitas empresas, os esforços criativos de resolução de problemas são interrompidos quando a solução é decidida. Devido à procrastinação, falta de coragem ou negligência, mesmo as soluções mais transformadoras são deixadas na prateleira pegando poeira, destinadas a nunca ver a luz do dia. Não caia nessa armadilha. Nada mata a motivação e a criatividade da equipe mais rápido do que novas propostas que não chegam a lugar nenhum. Criatividade é tanto o movimento de suas ideias quanto a geração dessas ideias em primeiro lugar; estamos falando de **criatividade aplicada**, afinal de contas.

A fase de implementação é crucial para transformar ideias em mudanças positivas — seja num processo, num produto, num departamento, num método, numa cultura, numa forma de pensar ou numa forma de trabalhar. É nessa fase que culmina todo o seu pensamento anterior. Se a sua ideia mais promissora está pronta, os três primeiros passos do Localizador de Soluções foram seguidos. Agora é o momento de reforçar a versão prática da sua ideia, dar-lhe forma e estrutura concretas e levá-la adiante através da definição dos objetivos e do planejamento das ações. Sua ideia precisa de um caminho claro de implementação para colocá-la na melhor posição para sobreviver lá fora, na selva.

É nesse ponto que você pode usar o **pensamento positivo seletivo** para se comprometer completamente com o que está fazendo. Você pode acreditar em sua ideia e em sua capacidade de ter sucesso, porque empreendeu todo o trabalho mental necessário para chegar aqui através dos três passos anteriores do Localizador de Soluções. Sua crença é o que vai reforçar suas ações através de diálogos iniciais, projetos, protótipos, testes, pilotos e lançamento, apoiando você e sua equipe em sua aventura inovadora.

A genialidade é 1% inspiração, 99% transpiração.

— THOMAS EDISON, inventor americano

99% de transpiração, inovação contínua

Sem dúvida, você vai precisar de motivação, disciplina e perseverança para tornar sua ideia realidade. Você chegou ao último obstáculo, mas a difícil tarefa está longe de acabar. Assim como precisa continuar durante a ideação para encontrar as melhores ideias, também precisa continuar durante a implementação para garantir que sua solução seja duradoura. Quando leva sua ideia adiante, você não deve parar de ser criativo — continue a torná-la mais forte até o fim. Continue aprendendo. Você vai precisar de alta adaptabilidade após o trabalho sério de implementação começar, e deve haver um processo contínuo e dinâmico de desenvolvimento à medida que for descobrindo o que funciona, o que não funciona, e o que fazer em seguida. O pessoal do Rovio passou por milhares de iterações do jogo *Angry Birds* antes de se deparar com a fórmula viciante que passou a chamar a atenção do mundo (Cheshire, 2011). O primeiro conceito era apenas o ponto de partida. E, desde o lançamento do jogo, em 2009, as inovações continuaram chegando — vimos mais níveis, novas versões, spin-offs, merchandising com brinquedos fofinhos, uma série de desenhos animados, livros, um filme de animação e muitas outras novidades. Foi o aplicativo pago número 1 no iTunes em 68 países, bem como o aplicativo pago mais vendido de todos os tempos. Não se enganem, havia muito trabalho árduo envolvido. A persistência é o combustível necessário para construir sobre suas melhores ideias e navegar pelos altos e baixos que acompanham a implementação. Bem-vindos ao lado sem glamour do processo criativo! Na verdade, como a inovação é intensa, é importante estar atento às vitórias e celebrá-las ao longo do caminho.

ESTUDO DE CASO | O SUCESSO NÃO VEM FÁCIL

Quando você olha para as histórias de sucesso de alguns dos criadores mais estimados do mundo, é claro que não foi fácil para nenhum deles. A história é muitas vezes manchada de contratempos. A primeira empresa de animação de Walt Disney foi à falência e ele foi rejeitado 302 vezes antes de conseguir o financiamento para a Disney World. James Dyson levou quinze anos para dar vida ao seu conceito de um aspirador sem saco com rotação dupla, criando 5.127 protótipos antes de acertar o alvo (Malone-Kircher, 2016). Ele então lançou a empresa Dyson para produzir seu projeto, já que nenhum outro fabricante o havia aceitado. Elon Musk, o multibilionário por trás da SpaceX e da Tesla, levou alguns bons golpes durante sua carreira e foi ridicularizado por suas altas ambições. Ele ficou famoso por ter sido expulso do PayPal (uma empresa que ele ajudou a fundar) durante a sua lua de mel, seus três primeiros lançamentos de foguetes falharam e suas duas empresas quase faliram em 2008. Em vez de ficar de braços cruzados, ele continua mostrando resiliência e um espírito inigualável ao defender suas inovações que visam um mundo de energia limpa, transporte revolucionário e colonização espacial. E como eu poderia deixar de fora o inventor Thomas Edison, que tentou mais de 9 mil projetos antes de desenvolver com sucesso uma lâmpada elétrica funcional? Por que essas pessoas se tornaram nomes familiares, fontes de inspiração para milhões de pessoas?

Porque continuaram e não aceitaram um "não" como resposta.

A fé é importante

No Capítulo 2, examinamos todos os efeitos colaterais negativos que acompanham o pensamento seletivo, então você pode estar se perguntando por que estou encorajando-o a ser seletivo em seu pensamento neste estágio. Como vimos, o pensamento seletivo é perigoso para a ideação porque faz com que você leve adiante a primeira ideia decente, fechando sua mente para outras oportunidades e caminhos. Durante a fase de Direção ativa, no entanto, você pode se comprometer com sua ideia, porque você seguiu cuidadosamente os passos do Localizador de Soluções, dando a si mesmo a melhor possibilidade de fazer com que ela funcione de maneira bem-sucedida. Até este ponto, você aplicou a fórmula de pensamento ideal, assim pode ter confiança de que escolheu o caminho certo a seguir.

Em um relatório de pesquisa, preparado para a fundação de inovação Nesta, Patterson *et al* (2009) consideraram a "autoconfiança/confiança" como características essenciais que contribuem para o trabalho inovador. Isso está ligado ao trabalho do psicólogo pioneiro Albert Bandura (1977), que desenvolveu a teoria da autoeficácia — a crença de uma pessoa na sua capacidade de ter sucesso numa determinada tarefa ou situação. Seu nível de autoeficácia aumenta seu poder de fazer suas ideias acontecerem. Quando acredita na solução, você possui motivação, convicção e determinação para construir sobre ela e levá-la até o fim.

Desenvolvi um profundo respeito por um dos dísticos de Goethe: tudo o que você puder fazer, ou sonhar que pode fazer, comece. A ousadia carrega em si genialidade, poder e magia.

— WILLIAM H. MURRAY, The Scottish Himalaya Expedition

AUTOEFICÁCIA PARA EMPRESÁRIOS

Um forte senso de autoeficácia, uma crença na capacidade de fazer bem uma tarefa, pode ser obtido a partir de uma tomada de decisão mais produtiva, e é especialmente valioso para os empresários. Pesquisadores de psicologia da Universidade de Giessen, Alemanha, descobriram que a autoeficácia tem uma correlação significativa com a criação de empresas e o sucesso (Rauch and Frese, 2007). De fato, essa correlação é tão elevada quanto a que existe entre o peso e a altura dos adultos nos Estados Unidos, uma das maiores correlações médicas já encontradas (Bharadwaj Badal, 2015). Uma autoeficácia alta encoraja padrões de comportamento que levam ao sucesso empresarial. Ou seja, ela:

motiva as pessoas a tomarem a iniciativa; ajuda-as a perseverar perante os problemas e a lidar melhor com os desafios; dá a elas confiança na sua capacidade de realizar várias tarefas (muitas vezes imprevistas); oferece uma perspectiva esperançosa para o futuro.

O KIT DE FERRAMENTAS DE DIREÇÃO

ENTRADA

Uma ou mais ideias melhores/mais criativas

PROCESSO

Desenvolver a solução final

Planejar e iniciar a implementação

FERRAMENTAS

Modelo Construção de Soluções

Modelo Objetivos SMART

Modelo Plano de Ação

SAÍDA

Processo de implementação

Na etapa final do Localizador de Soluções, use os modelos de Direção para construir sua solução, estabelecer metas inteligentes e implementar um plano de ação para levar sua ideia inovadora ao mercado. Faça o download deles (em inglês) em **www.thinking.Space.**

MODELO CONSTRUÇÃO DE SOLUÇÕES

A sua ideia inicial não será madura, mas será fértil e cheia de potencial. No estado inicial, a ideia necessita do tratamento certo para ajudá-la a crescer e a se desenvolver numa solução robusta e funcional. Por exemplo: o conceito de carros elétricos não é tão novo como as pessoas pensam. Os veículos eléctricos materializaram-se pela primeira vez no século XIX, mas logo se perderam devido à acessibilidade e simplicidade dos motores de combustão interna. Foi somente com os recentes esforços de desenvolvimento que as inovações elétricas se tornaram suficientemente completas para oferecer uma substituição direta dos automóveis convencionais alimentados a gasolina, permitindo que a ideia ganhasse força no século XXI.

Antes de ficar preso em qualquer objetivo ou planejamento, você precisa criar e refinar sua solução, deixando-a pronta para o lançamento. Lembre-se: mesmo depois que seu plano estiver em andamento, você deve continuar desenvolvendo sua ideia para torná-la a melhor possível. Pergunte constantemente: "Como posso melhorar?"

Desenvolva o trabalho que começou durante a Análise para traduzir a sua ideia interessante em algo mais executável. Use a avaliação do campo de força, o desafio do tribunal (ver Capítulo 9) e ferramentas como a análise SWOT (Forças, Fraquezas, Oportunidades e Ameaças) para estimular sua ideia, e para fortalecê-la a partir de vários ângulos. Repense sua ideia em relação ao seu desafio e objetivos para encontrar maneiras de fortalecê-la e torná-la ainda mais viável, aceitável e desejável.

Esse é um exercício necessário, que lhe dá todo o suporte necessário para ganhar apoio e obter a máxima aceitação para a sua ideia. Você precisará dessa adesão para estimular e liderar os outros envolvidos na implementação. Para ter sucesso, cada nova solução deve se tornar parte de uma rede existente de tecnologias e capacidades. Por exemplo, olhe para todas as pessoas (clientes, trabalhadores, acionistas) que terão que usar sua ideia ou mudar para acomodá-la (McKeown, 2014). Antecipe qualquer relutância que tenham em relação à solução proposta e considere outros fatores que possam ajudar ou dificultar a implementação (lugares, coisas, política de escritório, regras, habilidades, cronogramas ou ações). É assim que você constrói uma solução robusta que consegue resistir ao processo de mudança.

Figura 10.1 Modelo Construção de Soluções

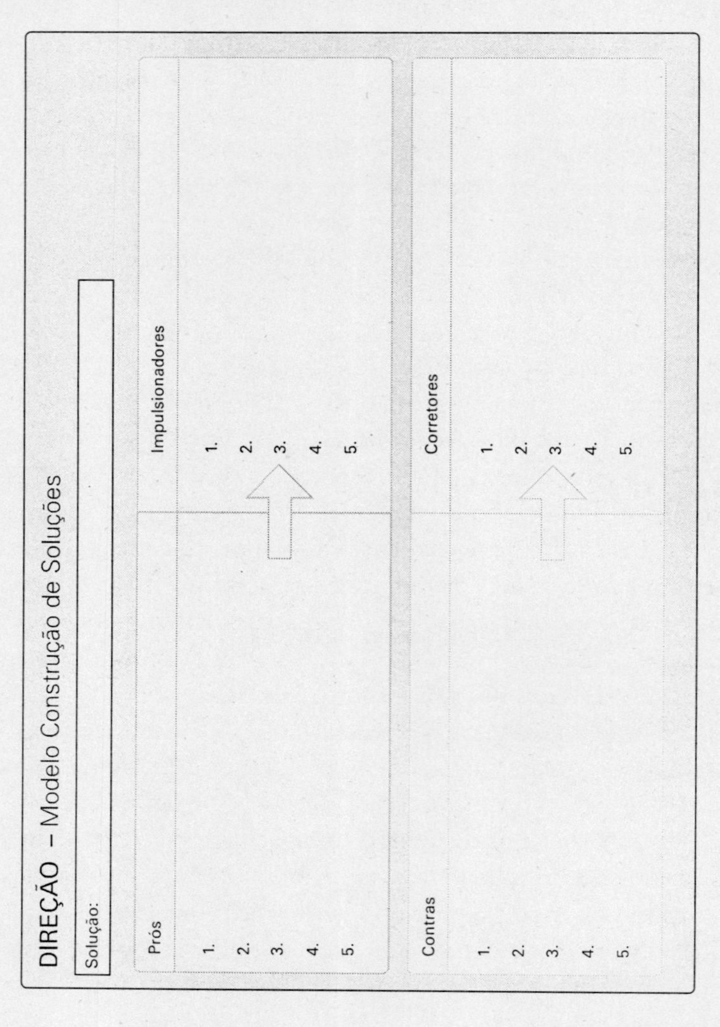

Não exagere na venda da ideia, posicionando-a como a melhor solução ou o caminho definitivo a seguir. Em vez disso, ofereça-a como uma ideia preliminar e envolva outros na sua construção para que se torne também a ideia deles. Isso dará às pessoas a sua própria razão para se juntarem ao barco e mostrarem empenho ativo. Compartilhe a glória. Deixe seu ego de lado e não se preocupe em perder um pouco do crédito por ser o único a ter uma ideia. As pessoas reconhecerão você como um jogador de equipe e como alguém que é proativo na hora de encontrar novas direções e objetivos para o negócio.

Consulte a auditoria de prós e contras realizada no Passo 3 do Localizador de Soluções. Agora, encontre formas práticas de "impulsionar" os aspectos positivos e "corrigir" os negativos.

Impulsionadores

Começando com os prós (os "verdes"), anote todas as maneiras em que cada tópico pode ser fortalecido, enfatizado ou melhorado. Há alguma coisa que você possa adicionar à solução para torná-la maior e melhor? Consegue aumentar a escala? Torná-la mais sólida? Mais rentável? Mais duradoura? Há mais alguma coisa que a ideia lhe permite realizar? Digamos que você tem uma ideia incrível de marketing para aumentar a participação nos seminários e workshops da sua empresa. Talvez você possa levá-la para o próximo nível e atribuir uma marca a sua abordagem para torná-la ainda mais atraente para o seu mercado-alvo.

Corretores

Em seguida, examine todas as maneiras pelas quais você pode superar as pequenas dificuldades da sua ideia e erradicar as falhas. Como você pode contrariar as preocupações de outras pessoas sobre isso e dissipar quaisquer riscos potenciais? Não se preocupe com as rachaduras; vá mais longe e converta quaisquer possíveis objeções em algo positivo. Por exemplo, se a sua ideia envolve a introdução de um novo modelo de gestão na sua empresa, pense em como as partes interessadas podem desafiar as iniciativas de mudança propostas. Em seguida, prepare-se para isso, considerando maneiras de torná-la melhor para a empresa, sua força de trabalho, parceiros e clientes.

Uma ideia por si só não é a soma total do processo criativo; é apenas o começo.

— PROFESSOR JOHN ARNOLD, Universidade de Stanford

TESTANDO, TESTANDO

Parte do processo de construção de uma solução é experimentá-la e ver como funciona. Ao modelar, fazer protótipos ou testar uma ideia "ao vivo", você consegue identificar dificuldades práticas ou falhas em que não tinha pensado. Pode, então, "redesenvolver" e eliminar os riscos da ideia antes de se comprometer completamente. Aqui estão algumas maneiras rápidas de testá-la:

- *Protótipo. Uma amostra ou modelo de trabalho da sua ideia. Sua ideia funciona na teoria, mas só depois que começar a construí-la fisicamente você conseguirá entender como será na prática. Ser capaz de ver e tocar dá vida a ideia e ajuda os outros a compreendê-la melhor do que se fosse apenas fazer uma apresentação formal sobre ela. Não se preocupe em dar um visual polido ao seu protótipo — um pouco de papelão, fita adesiva e algumas canetinhas conseguem fazer um trabalho decente o suficiente, ou desenhe alguns esboços no papel para sites ou aplicativos.*
- *Teste de usabilidade. Crie um ambiente de teste ou experimento simulado e convide potenciais consumidores para experimentar seu produto ou serviço. Observe-os de perto para ver como as pessoas interagem com a sua ideia. Existem características que ninguém de fato precisa? Existem momentos no processo que o usuário acha estressante ou confuso ("pontos de dor")? O objetivo ao captar esse tipo de feedback é identificar o que as pessoas gostam na sua ideia, bem como quaisquer problemas que possam ser resolvidos antes do lançamento.*
- *Piloto. Experimente o novo sistema, produto ou procedimento por um curto período de tempo em condições reais, para ver o que acontece. Pense nisso como a prova de roupa antes do grande espetáculo. A Innocent Drinks começou após testar seus* **smoothies** *originais em um festival de música em 1998. Os fundadores colocaram um cartaz na frente de suas barracas perguntando aos clientes se eles deveriam desistir de seus empregos para fazer* **smoothies** *(O'Neill, 2009). Os clientes respondiam jogando seus copos em caixas marcadas com "Sim" ou "Não". No final do fim de semana, a caixa de lixo marcada com "Sim" estava cheia, enquanto a caixa de lixo marcada com "Não" continha apenas três copos. Os fundadores pediram demissão dos seus empregos no dia seguinte.*

Os resultados de prototipagem e testes ajudam você a refinar e validar sua ideia antes que ela seja implementada em escala. A sua inovação está pronta? Faça o teste e descubra.

Modelo Objetivos SMART

Seu objetivo para o projeto de inovação pode parecer óbvio para você, mas pode não parecer para os outros. É preciso afirmar o seu objetivo em termos concisos, que possam ser verificados, para que você e todos os outros envolvidos possam saber quando o êxito for alcançado. Isso é ainda mais vital se o seu objetivo é algo intangível, como aumentar a motivação dos funcionários ou criar uma mudança de cultura no negócio. Pesquisas mostram que as pessoas que têm metas escritas de forma objetiva são mais bem-sucedidas em alcançá-las. Em um estudo com 149 participantes, a dra. Gail Matthews (2015) da Universidade Dominicana na Califórnia, descobriu que aqueles que escreveram suas metas, estabeleceram compromissos de ação e compartilharam metas e progresso com amigos tiveram uma taxa de sucesso muito maior (76%) do que os participantes que só pensaram em suas metas (43%). Além disso, uma pesquisa com 4.960 indivíduos, realizada pela empresa de treinamento e consultoria Leadership IQ, descobriu que as pessoas que conseguem descrever ou estabelecer seus objetivos vividamente são entre 1,2 e 1,4 vezes mais propensas a atingi-los plenamente (Murphy, 2010). Comprometer seus objetivos com a escrita o obriga a esclarecer suas intenções e as torna mais reais para você. E dividi-los em marcos mostra que você está motivado a seguir em frente com eles. Se estiver trabalhando com outras pessoas, estabelecer objetivos ajuda o grupo a se concentrar nas prioridades certas e capacita as pessoas a tomarem decisões melhores. Ter objetivos bem definidos também permite que você veja e celebre suas vitórias à medida que faz com que suas ideias se materializem.

Existem muitos métodos para a definição de objetivos e você deve usar aquele que for melhor para você. A técnica SMART funciona bem para criar objetivos bem definidos para atingir qualquer tipo de desafio; no Modelo Objetivos SMART, você é encorajado a (surpresa, surpresa) definir objetivos *smart*, ou seja, inteligentes, para descrever como seria um resultado de inovação bem-sucedido. São objetivos específicos, mensuráveis, alcançáveis, relevantes e com prazos definidos: objetivos vagos não são úteis. O modelo completo lhe dá um conceito visual de sucesso com o qual trabalhar. Ele não só canalizará sua atenção, mas também servirá como um documento interno para canalizar o foco das outras pessoas que estarão envolvidas em fazer a iniciativa acontecer.

Faça um balanço. Antes de começar a melhorar seus objetivos, reserve um momento para inspecionar sua situação atual e o problema que você está tentando resolver. Considere as suas intenções. Elas formam o propósito principal de seus objetivos e estão geralmente na raiz de sua motivação de querer resolver este desafio específico. Por exemplo, o objetivo da ativista de controle de natalidade Margaret Sanger de desenvolver a pílula anticoncepcional oral nasceu da intenção de dar às mulheres o direito de controlar seus corpos.

Figura 10.2 Modelo Objetivos SMART

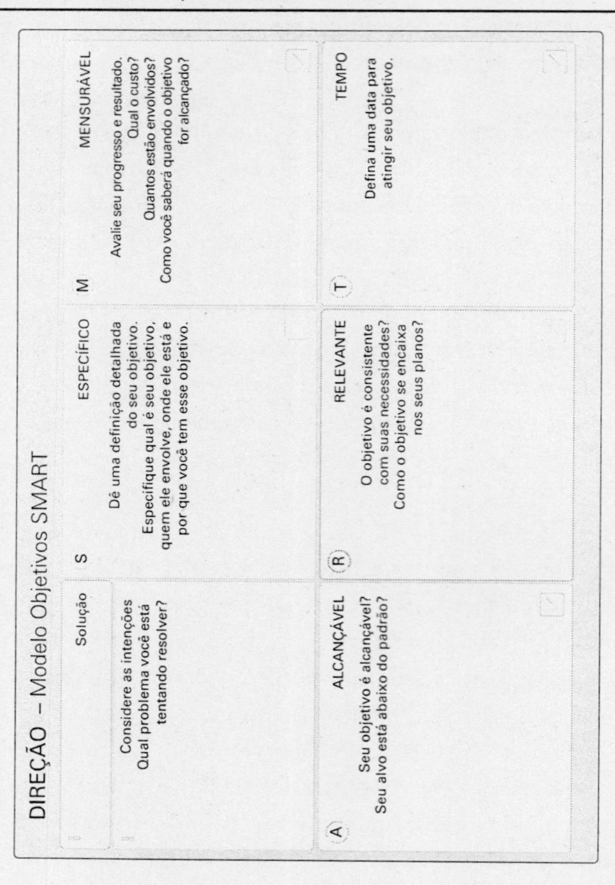

ESPECÍFICO. Dê uma definição detalhada do resultado/objetivo pretendido. Diga qual é o seu objetivo, quem ele envolve, onde ele está e por que você tem essa meta. Por exemplo: "Treinar todos os analistas na utilização do nosso novo software de *business intelligence*, para que possamos obter dados mais abrangentes para a tomada de decisões estratégicas e táticas em todas as unidades de trabalho."

MENSURÁVEL. Adicione metas precisas, métricas ou padrões de práticas melhores para que possa medir o seu grau de sucesso. Qual é o custo? Quantos estão envolvidos? Como você saberá quando o objetivo for alcançado? Se o seu objetivo é melhorar a satisfação do cliente, qual a porcentagem de melhoria pretendida? Se está lançando um novo produto, está visando qual nível de venda? De acordo com um estudo da McKinsey, mais de 70% dos líderes corporativos citam a inovação como uma de suas três principais prioridades de negócios, mas apenas 22% estabelecem medidas de desempenho em inovação (Barsh, Capozzi e Davidson, 2008). Uma meta de inovação pode ser uma coisa complicada de avaliar, mas é importante estabelecer métricas que o ajudarão a medir o sucesso de seus esforços, seja com base em dados financeiros, popularidade ou praticidade.

ALCANÇÁVEL. O seu objetivo é alcançável? Está abaixo dos padrões? Defina um objetivo alto e ele poderá ficar fora de alcance, defina um muito baixo e você não criará nenhuma mudança perceptível. Seus objetivos devem representar um crescimento ou progresso substancial, mas certifique-se de que eles estejam dentro de sua esfera de controle e não tomem o lugar de suas outras responsabilidades principais.

RELEVANTE. A meta é consistente com as suas necessidades? Como o objetivo se enquadra nos seus planos/no quadro geral? Não estabeleça certos objetivos só porque você acha que deve, caso contrário, não ficará tão apaixonado ou empenhado em alcançá-los. Se deseja criar uma nova tendência, ganhar mais dinheiro ou se divertir mais, certifique-se de que o seu objetivo faz parte da cultura dominante e das operações da sua empresa. Deve haver uma linha de visão clara entre seus objetivos e os do departamento ou organização.

COM PRAZOS DEFINIDOS. Defina uma data para seu objetivo ser alcançado. O autor de desenvolvimento pessoal e coach Anthony Robbins define um objetivo como um "sonho com um prazo". Os prazos acrescentam um senso de urgência a um objetivo, trazendo uma realização mais rápida, e são a âncora final para tornar seu objetivo real e tangível. Por exemplo: "Encontrar dois novos fornecedores de componentes até ao final de junho", "Reduzir as despesas mensais em 10% dentro de três meses", "Duplicar o tráfego para o site no prazo de seis meses" ou "Implementar um novo sistema CRM até o final do terceiro trimestre desse ano". Sem um limite de tempo ou data de início para o objetivo, é mais fácil adiar e permitir que tarefas diárias atrapalhem. Você também pode definir datas-limite para as principais realizações ao longo da jornada até um objetivo principal, como prazos para o planejamento, desenvolvimento e implementação de um novo sistema de TI e, em seguida, outros prazos para testar o sistema e treinar a equipe para usá-lo e compreendê-lo.

A ideia desse tipo de definição de objetivos é liderar a inovação através da introdução de algo novo (novos clientes, novos projetos, novos mercados, novos produtos, novas abordagens etc.). Mas o estabelecimento de metas por si só não é suficiente para garantir a execução bem-sucedida de sua iniciativa ou solução: você deve chegar lá passo a passo. Muitas vezes ficamos tão obcecados com o resultado final que nos esquecemos de planejar todos os passos que são necessários ao longo do caminho. Isso nos coloca à mercê de forças externas e nos deixa muito abertos para que o aspecto crítico de nós mesmos se consolide: "Nunca vou acabar isto a tempo" ou "Esta meta é impossível".

MODELO PLANO DE AÇÃO

Com seus objetivos SMART definidos, você sabe exatamente para onde está indo — mas como chegará lá? O planejamento proativo ajuda a dividir a sua "Grande Ideia" em passos discretos e fáceis de gerir e supera a tendência para o pensamento reativo, certificando-se de que as respostas de todos e as ações do dia a dia estão em sintonia com os seus objetivos finais.

Para dar início ao seu projeto de inovação, elabore um plano de batalha usando o Modelo Plano de Ação. O seu plano não precisa ser intrincado e exaustivo, apenas organizado. Se você envolver outras pessoas no seu planejamento, dará a elas a chance de entrar no projeto e reivindicar alguma propriedade sobre ele.

Passo 1. Identifique tarefas

Mapeie todas as tarefas que você precisa realizar para atingir seu objetivo. É mais fácil começar no início e trabalhar através de suas tarefas passo a passo. Qual é a primeira ação que você precisa tomar? Uma vez que isso esteja feito, o que vem a seguir? Concentre-se nos trabalhos que são críticos para o objetivo e nos que mais o farão avançar. Usando notas adesivas, agrupe suas tarefas nas colunas Agora, Próxima e Em breve por ordem de prioridade, para que você possa ver claramente a sequência na qual precisa terminar cada tarefa. Especifique detalhes relevantes da tarefa, tais como "data prevista" e "responsável" em cada Post-it para uma maior responsabilização. Algumas tarefas serão dependentes de outras e outras serão ações autônomas — tenha em mente quaisquer dependências ao elaborar seus cronogramas.

Figura10.3 Modelo Plano de Ação

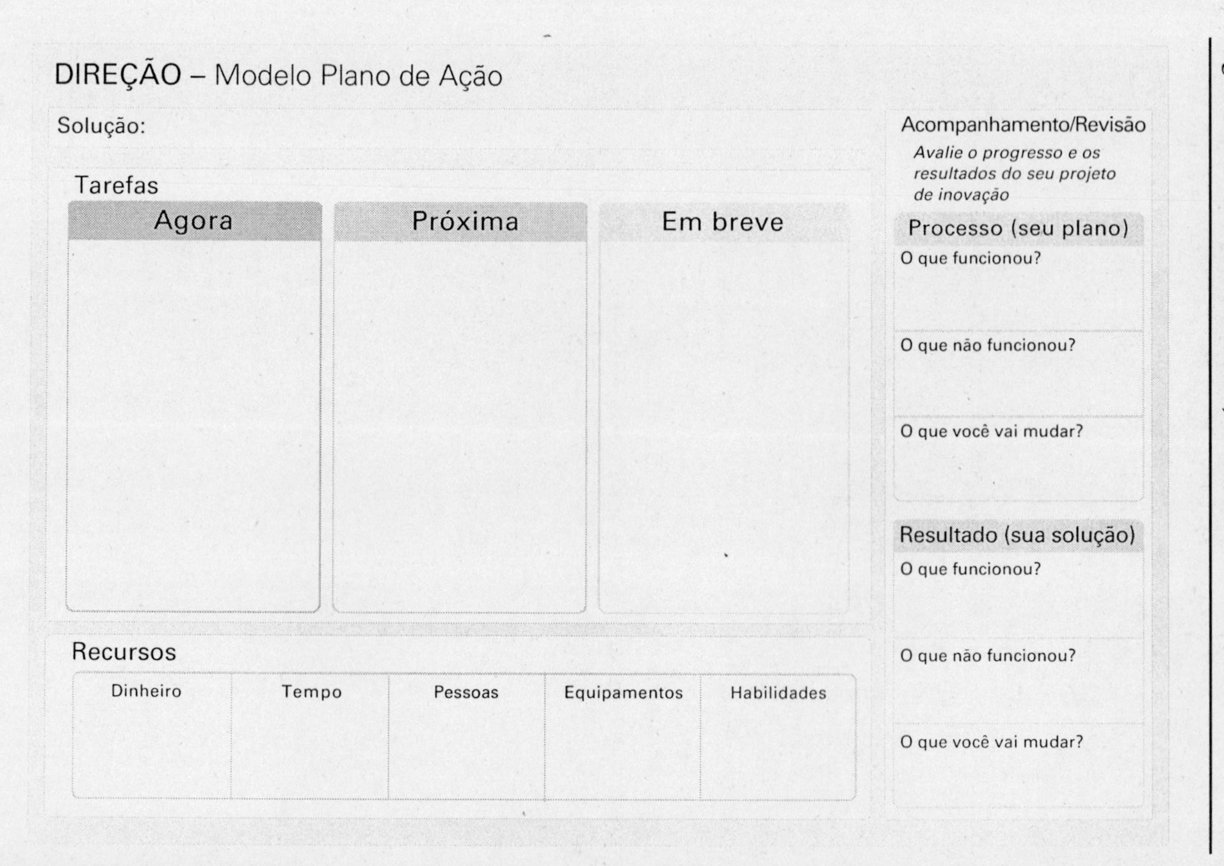

Passo 2. Aloque recursos

Agora que você consegue ver todas as suas tarefas com clareza, estude-as com mais detalhes. De quais recursos precisará, em termos de pessoas, dinheiro, instalações, tempo e perícia para fazer o que precisa ser feito? Use os seguintes indicadores para verificar se você pensou em tudo:

- **Dinheiro**. De quais recursos financeiros você precisará para completar todas as etapas de sua ação? O dinheiro está disponível agora? Se não, como pode obter os fundos de que precisa? A sua resposta a isso pode sugerir passos de ação adicionais para o seu plano.
- **Tempo**. Adicione escalas temporais para cada uma de suas etapas de ação. Há tempo suficiente para atingir seu objetivo? O modelo ajuda você a identificar facilmente quais tarefas terão de ser reorganizadas para acomodar outras que precisariam ser feitas de antemão. Se não tiver tempo suficiente para certas tarefas, descubra como tomar tempo emprestado de outras atividades.
- **Pessoas**. Há recursos humanos suficientes para fazer o plano acontecer? Em que apoio e contribuição você pode confiar? Eles conseguem lidar com o aumento da carga de trabalho ou você precisará recrutar? Certifique-se de que todas as suas tarefas são atribuídas às pessoas certas. Uma tarefa que não foi atribuída pode muito facilmente ser deixada por fazer. É uma boa ideia delegar ou terceirizar as atividades nas quais você não é bom — arranje um assistente para ajudar com a administração ou use freelancers qualificados para um trabalho técnico, analítico ou criativo detalhado. Concentre-se nas áreas onde suas forças e habilidades naturais significam que você agrega mais valor, por exemplo, na tomada de decisões estratégicas ou na comunicação com grandes clientes. As pessoas podem ajudá-lo de diferentes maneiras — algumas podem oferecer seu tempo, conhecimento, dinheiro ou influência, outras podem oferecer apoio moral. Uma vez que você tenha definido quem são essas pessoas, pergunte-se como pode engajá-las ainda mais. Isso sugere passos de ação adicionais para o seu plano?
- **Equipamentos**. Você tem os equipamentos, sistemas e instalações essenciais para executar o plano? Se já tem os recursos materiais

necessários, inclua-os em seu plano de projeto. Se não, escreva como irá consegui-los.

- **Habilidades.** Você e seus associados têm o conhecimento e o treinamento necessários para realizar cada etapa da ação? De quanto treinamento você vai precisar? Se for precisar de mais experiência ou conhecimento, mapeie como vai obtê-los.

Agora você tem uma plataforma para a ação. Para projetos menores, você provavelmente não precisará pensar em todos esses fatores. Por exemplo, se estiver trabalhando em um pequeno projeto interno para criar um banco de dados departamental, talvez tenha que considerar apenas "Pessoas", "Habilidades" e "Equipamento". Para projetos maiores e mais complexos, pode achar útil usar técnicas e ferramentas formais de gerenciamento de projetos, tais como gráficos de Gantt ou software de gerenciamento de tarefas e projetos para organizar todas as suas atividades.

Passo 3. Comunique o plano

Se quer que as pessoas apoiem sua solução brilhante, então você terá que vendê-la para elas. Como pode construir entusiasmo e aceitação? Quem pode fazer uma objeção ou precisa ser persuadido? Novos planos nem sempre são aceitos automaticamente. Na verdade, na maior parte do tempo eles sofrem resistência. Essa resistência pode ser atribuída a qualquer número de fontes, tais como medo do desconhecido, falta de informação, ameaças ao status, medo do fracasso e falta de benefícios percebidos; portanto, esteja preparado para uma reação negativa, e não deixe que isso o impeça de agir de acordo com sua ideia. Em vez disso, pense em como desviar qualquer potencial negatividade. Como parte da sua teoria da gestão da mudança, Kurt Lewin (1958) defende que as pessoas devem ser introduzidas na mudança antes dela ser introduzida. Uma boa comunicação é vital para delinear os méritos do seu caso e colocar as pessoas ao seu lado. Conte-o como uma história. Dê-lhe uma manchete cativante e descreva a viagem que a sua ideia vai fazer, complete com potenciais obstáculos, escolhas e encontros de sorte. Consulte novamente a lista de profissionais que identificou no Passo 3 do Localizador de Soluções (Análise) e junte fatos e números convincentes para ajudar. Evite clichês e jargões — use linguagem cotidiana para expressar sua mensagem de forma clara, de modo que as pessoas possam ouvi-la, compreendê-la e agir de acordo com ela. Mantenha ela simples, concentrando-se no problema central e na forma como pretende revesti-la de forma criativa. Mas, o mais importante de tudo, seja apaixonado e resoluto. Para vender uma ideia, você precisa demonstrar que acredita nela.

Passo 4. Implemente o plano

Finalmente, depois de todo o pensamento e planejamento vem a ação. Esse é o ponto em que você injeta energia e entusiasmo para lançar a ideia. Não espere muito tempo. Se insistir em esperar pelas condições perfeitas, com todas as provisões de prontidão, você pode nunca começar. Se estiver implantando uma solução ou mudança em larga escala, eu sugeriria estudar as habilidades e técnicas de gerenciamento de mudanças para tornar a transição o mais suave possível. Não importa quão grande seja sua ideia, ela nunca será perfeita, e você só poderá adivinhar como ela vai acabar quando for lançada no mundo real. Apesar da melhor das intenções, novos negócios, decisões e projetos podem falhar ou errar o alvo. Tenha sempre um bom Plano B. Esteja atento a potenciais armadilhas ou constrangimentos que possam ter impacto no plano. Certifique-se de que possui um sistema de comunicação eficiente que monitore o progresso e chame rapidamente a atenção para quaisquer obstáculos que surjam no seu caminho (ver passo seguinte). Por exemplo, novos concorrentes entraram no mercado? A atual estrutura de gestão está dificultando o crescimento? Faltam habilidades importantes? Mantenha-se aberto a informações emergentes, observe o que acontece e esteja preparado para mudar de direção se não estiver no caminho certo.

O objetivo de todo esse planeamento não é procurar uma certeza garantida. É difícil acertar 100% do tempo... quase acertar é o suficiente. Ter um plano não protege a sua empresa do futuro. Isso não significa que você nunca mais vai cometer erros ou ser reativo novamente. Mas ajuda a reduzir a frequência e a gravidade de erros ou reações.

Todos têm um plano até receberem um soco na boca.

— MIKE TYSON, ex-boxeador profissional

ESTUDO DE CASO | PESSOAS PODEROSAS PODEM ESCORREGAR

De acordo com um estudo conduzido por Jennifer Whitson na McCombs School of Business, pessoas poderosas tendem a ser mais orientadas para a ação e focadas em metas do que aquelas que não têm poder (Whitson **et al**, *2013). Embora essa tendência a tomar medidas decisivas possa ser um motor de sucesso, também pode trazer problemas, pois as pessoas em posições de liderança podem ter dificuldades para ver obstáculos no caminho de seus objetivos. Whitson montou experimentos nos quais os participantes foram aleatoriamente designados para uma posição poderosa ou impotente. Em um exercício, foi pedido aos dois grupos que se imaginassem planejando uma viagem à floresta amazônica ou como um empreendedor iniciando um negócio de venda de flores. Então, lhes foi apresentada uma série de afirmações a serem consideradas no seu planejamento — metade era vantajosa ("você tem experiência prévia em visitar selvas") e a outra metade era restritiva em termos de objetivos ("você tem medo de alguns dos animais nativos"). Ao serem convidados a relembrar essas afirmações posteriormente, os pesquisadores constataram que os participantes com alto poder recordaram significativamente menos declarações restritivas do que os sujeitos impotentes. O último grupo lembrou-se de números iguais de vantagens e limitações. Isso levou Whitson a concluir que as pessoas em posições de poder podem muito bem ter mais dificuldade em ver obstáculos ou desafios (Collins, 2015).*

Então, se você é um gerente ou CEO, entenda que sua capacidade de identificar obstáculos imprevistos pode ser reduzida. Você pode não ter as ferramentas mentais para saber o que precisa ser feito para fortalecer e implementar a solução. Seus funcionários, por outro lado, podem ter uma visão mais equilibrada e podem ajudá-lo a manter os pés no chão. Eles podem lhe dar o estímulo necessário para que você detecte problemas à espreita na névoa. A melhor resposta é permitir a colaboração rotineira com outros que possam apontar riscos e abrir caminho para que as decisões sejam levadas adiante.

Passo 5. Analise e celebre o progresso

Como você sabe ao certo se a decisão que tomou é a correta? A inovação prospera com o feedback. Um aspecto central da fase de implementação é a coleta de dados para ajudá-lo a avaliar o sucesso, a aprendizagem ou o fracasso. A verificação desses dados à medida que avança, o ajuda a gerir e modificar as suas atividades mais ou menos em tempo real, para mantê-lo em movimento no dia a dia. Se você estragou algo, terá tempo para remediá-lo enquanto é apenas um incômodo, antes que ele possa evoluir para um grande problema. Desenvolva formas transparentes de medir o quão bem você está se saindo na realização de seus objetivos. Como parte da sua revisão, você precisa julgar a eficácia do seu processo (o plano), bem como o seu resultado (a solução). Uma ideia "certeira" pode fracassar, se você tiver como alvo a base de clientes errada, a tecnologia for muito cara ou o gerenciamento de projetos muito errático.

- **Processo**. O plano foi executado de acordo com o cronograma? Se o plano não foi seguido como esperado, então reflita: O plano era realista? Havia recursos suficientes para realizar o plano? Houve ausência de sistemas ou processos para apoiar a mudança? Houve alguns aspectos que foram negligenciados? Ocorreu algum erro grave? As pessoas foram resistentes? Onde você perdeu tempo? Se acha que vai atingir um objetivo semelhante novamente, determine quais passos foram bem-sucedidos e mantenha esses elementos como parte de sua implementação revisada. Então modifique todas as coisas que poderia ter feito melhor. Por exemplo, dê mais tempo para certas tarefas ou consiga fundos extras para que você não fique aquém do esperado.
- **Resultado**. Como controla a eficácia de sua decisão depende do tipo de solução que você colocou em prática. Algumas soluções são baseadas em fatores numéricos e envolvem a comparação de mudanças nas quantidades — por exemplo, a frequência de produtos defeituosos ou reclamações/erros antes e depois da implementação da solução. Nesses casos, é possível adotar uma abordagem quantitativa, coletando estatísticas e outras informações matemáticas para verificar os resultados. Outras soluções envolvem mudanças nas atitudes, opiniões, satisfação ou moral das pessoas, e estas se beneficiarão de uma abordagem mais qualitativa. Por exemplo, podemos solicitar feedback das pessoas afetadas pela solução por meio de uma mistura de métodos, como pesquisas ou grupos focais. As respostas delas nos darão uma ideia do sucesso que elas acreditam que a solução tem.

À medida que os resultados começam a aparecer, é importante dar um passo atrás e ser objetivo sobre as razões pelas quais a sua estratégia de inovação está ou não funcionando. O que aconteceu? O que correu bem e o que não correu bem? O que você vai fazer de diferente da próxima vez?

Tire tempo para refletir sobre suas realizações e comemorá-las. Os perfeccionistas muitas vezes lutam para seguir em frente porque nunca estão felizes com o que conseguiram. Aprenda a reconhecer a fórmula que trouxe sucesso, para que possa repeti-la sempre que necessário. Celebrar as vitórias da equipe é uma maneira ideal de nutrir uma atmosfera vibrante, "familiar" e criativa — isso dá às pessoas a chance de se unirem em atividades compartilhadas e as incita a gerar mais ideias e fazê-las acontecer. Coisas simples como um almoço ou piquenique fora do local de trabalho funcionam bem. Comemore o progresso feito, não apenas o final. Em qualquer jornada de inovação, haverá, naturalmente, marcos de projeto ao longo do caminho. Esses são bons momentos para reconhecer o quão longe você chegou e celebrar os pequenos triunfos.

Você falhou nos seus objetivos? Não desanime. Até mesmo os inovadores mais bem-sucedidos estragam as coisas de vez em quando. Lembre-se que o fracasso é um trampolim, não um obstáculo. Foi o desempenho decepcionante do ROKR E1, uma colaboração entre a Motorola e a Apple para integrar o player de música iTunes em um celular, que estimulou a decisão da Apple de avançar com um smartphone próprio. São os erros e as desistências que muitas vezes nos ensinam mais. O mais importante é manter uma atitude positiva. A criatividade prospera num clima de otimismo, aventura e compromisso, por isso, mantenha-se focado nas oportunidades que se adequam à sua visão. Identifique o que deu errado, encontre formas criativas de se adaptar e trabalhe sobre o seu alvo novamente para voltar ao jogo.

Nós não aprendemos com a experiência. Aprendemos com a reflexão sobre a experiência.

— JOHN DEWEY, em *How We Think* (1993)

ESTUDO DE CASO | REFLETIR E APRENDER

Pesquisas mostram que reservar um tempo para refletir sobre o nosso trabalho leva a um melhor desempenho. Em um estudo de campo da Harvard Business School, os funcionários da empresa de terceirização Wipro foram divididos em três grupos: reflexão, compartilhamento e controle (Di Stefano ***et al****, 2014). No grupo de reflexão, os participantes receberam um diário em papel, onde tinham que passar os últimos quinze minutos do seu dia de trabalho refletindo sobre as atividades do dia e escrevendo sobre as lições-chave que tinham aprendido. O grupo de compartilhamento fez o mesmo exercício de reflexão durante dez minutos, mas gastaram mais cinco minutos explicando as suas observações a um colega. Aqueles na condição de controle continuaram trabalhando até o final do dia. O resultado após dez dias consecutivos foi que os trabalhadores que escreveram diariamente tiveram um desempenho 22,8% maior do que aqueles que não refletiram.*

A autoavaliação e a aprendizagem regulares são fundamentais para uma cultura de "ser melhor". Elas dão às pessoas a oportunidade de fazer uma pausa e peneirar mentalmente as experiências do dia — ao captar as lições aprendidas durante o dia, os trabalhadores são capazes de levá-las adiante para melhorar a sua produtividade futura. Logo, é importante monitorar e refletir sobre o progresso da sua solução de vez em quando. Não olhe apenas para o que está fora dos trilhos; deixe as pessoas celebrarem as pequenas vitórias como e quando elas ocorrerem. Isso fornece um efeito cumulativo que aumenta a confiança na capacidade das pessoas de conquistar um objetivo, tornando mais provável que a solução seja executada com sucesso.

Passo 6. Repita

A revisão é a última fase de inovação ou a primeira? A implementação não é um processo estritamente linear, é um ciclo contínuo de desenvolvimento. Lançar a sua nova ideia no mercado ou no seu negócio é apenas o começo. Permita que o seu plano continue evoluindo através de um ciclo de feedback contínuo. A filosofia japonesa de **Kaizen**, ou melhoria contínua, encoraja você a fazer pequenas mudanças no seu trabalho pouco a pouco. Com o tempo, essas pequenas mudanças se acumulam para fazer uma grande diferença. Muitas empresas se tornam complacentes e presunçosas após uma grande vitória, mas uma inovação excepcional não é suficiente para proporcionar um sucesso perpétuo — o impulso que levou à inovação deve ser sustentado para que você seja conduzido a testar e implementar soluções mais originais. Como um líder criativo, você deve estar constantemente buscando oportunidades para fazer as coisas melhor e afinar o seu negócio em resposta às condições em mudança. Acompanhe seu ambiente interno e externo com ferramentas úteis como as análises SWOT e PESTLE (Político, Econômico, Social, Tecnológico, Jurídico e Ambiental). Faça perguntas como:

- Por que estamos fazendo dessa forma?
- O que falta?
- O que estamos aguentando?
- Estamos nos adaptando às novas necessidades de nossos clientes ou do mercado?
- Quais oportunidades deixamos passar?
- De que forma estamos correndo riscos?

A Amazon é um excelente exemplo de uma organização que usa suas fontes criativas para desenvolver continuamente o negócio. "É sempre o primeiro dia", segundo o fundador e CEO Jeff Bezos, e essa é a mentalidade que promove a inovação em escala, tornando-a parte do DNA da empresa. Em vez de se estabelecer em sua zona de conforto, a varejista online continua se expandindo em muitas frentes. Alguns de seus sucessos mais marcantes incluem a Alexa (a assistente digital baseada em IA da empresa), compra com um clique, Kindle, Amazon Marketplace (permitindo que fornecedores vendam através de sua plataforma), Prime (seu programa de associação), streaming de música, conteúdo de TV/filmes e automação de atendimento através de robôs. E a lista continua.

O *ethos* da Amazon é inovar cedo e, muitas vezes, sem perder de vista os objetivos centrais. Na assembleia de acionistas de 2011 da Amazon, Bezos disse: "Nós somos teimosos na visão. E somos flexíveis nos detalhes." O conselho aqui é: tenha um plano, mas seja rápido e veloz para que você possa estar pronto para abraçar novas tendências. Sejam comprometidos, mas fluidos. Afinal, quantos planos você já levou até ao fim, independentemente do que aconteceu? Mais uma vez, não busque a perfeição. A Amazon nem sempre acertou da primeira vez. O seu marketplace teve três tentativas antes de dar certo.

CHECKLIST DE DIREÇÃO: O QUE FAZER E O QUE NÃO FAZER

Não é fácil manter o seu pensamento em linha reta enquanto você está em plena ação. Você sustenta 100% sua decisão? Tem os recursos e competências para gerenciar ideias? A sua estratégia reflete os objetivos a longo prazo equilibrados com um elemento de flexibilidade? Consulte o checklist de direção para ajudá-lo a colher todos os benefícios do seu plano e se tornar um verdadeiro campeão da inovação. Faça o download em **www.thinking.space**

Figura 10.4 Direção: o que fazer e o que não fazer

CHECKLIST DE DIREÇÃO: O QUE FAZER E O QUE NÃO FAZER

O QUE FAZER

- ✓ Acreditar em você e no seu time
- ✓ Tomar uma atitude
- ✓ Usar a ferramenta Radar de Decisão
- ✓ Ver se você alocou recursos para implementação
- ✓ Definir metas alcançáveis claras e com prazos
- ✓ Criar um plano de implementação
- ✓ Considerar o que pode dar errado — tenha um plano e contingência
- ✓ Comunicar a decisão aos investidores
- ✓ Refletir regularmente sobre a decisão e sobre o progresso dela
- ✓ Monitorar, documentar e compartilhar os resultados
- ✓ Lembrar-se de que é improvável que você esteja 100% certo — "quase certo" serve
- ✓ Usar ferramentas visuais para gerenciar o seu projeto
- ✓ Ter reuniões de progresso regulares
- ✓ Unir os pontos ao longo do caminho
- ✓ Celebre quando alcançar um resultado bem-sucedido
- ✓ Ser apaixonado e determinado
- ✓ EXECUTAR O SEU PLANO

O QUE NÃO FAZER

- ✗ Perder de vista o quadro geral — veja a madeira E as árvores
- ✗ Supor que todos entenderam a meta/objetivo — explique e esclareça
- ✗ Deixar que o medo de fazer um mal julgamento o detenha
- ✗ Olhar constantemente para trás
- ✗ Predizer os resultados da sua decisão
- ✗ Mudar de ideia, a menos que não haja outra escolha
- ✗ Esperar que seja fácil — nada importante é
- ✗ Esperar resultados imediatos
- ✗ Ter medo de tentar e de tornar a decisão melhor
- ✗ Ignorar qualquer lição que possa ser aprendida com os sucessos e fracassos

PRINCIPAIS TÓPICOS

Buscar a inovação significa tomar medidas. Nesta última etapa do Localizador de Soluções, você construiu um caso forte e comunicável para a sua ideia e formulou um plano de trabalho para implementação. Com crença e confiança em sua solução, não haverá como parar! Mantenha-se fluido, acompanhe o progresso, continue inovando e comemore o sucesso.

- Modelo Objetivos SMART. *Use a fórmula SMART para definir seus objetivos, para que você tenha um conceito visual de sucesso a partir do qual trabalhar.*
- Modelo Construção de Soluções. *Procure maneiras de tornar a sua ideia mais robusta, popular, atraente, benéfica, prática e/ou eficaz. Como pode construir sobre os "verdes" positivos e neutralizar os "vermelhos" negativos?*
- Modelo Plano de Ação. *Delineie uma estratégia ampla de medidas de ação e cite como os obstáculos serão superados. Aloque seus recursos (dinheiro, tempo, pessoas, equipamentos, habilidades), comunique-se com as partes interessadas importantes e comece a trabalhar! Desenvolva um ciclo de feedback para rever o desempenho e se adaptar à inovação contínua.*
- Checklist de direção. *Mantenha-se atento a esses aspectos úteis do que fazer e do que não fazer à medida que você coloca sua ideia em prática e se aproxima de seus objetivos inovadores.*

Parte iii
o fim do começo

11
comprometa-se a "pensar diferente"

Há apenas duas opções em relação ao compromisso. Ou você está dentro ou está fora. Não existe isso de vida no meio.

— ATRIBUÍDO A PAT RILEY, executivo/ex-treinador e ex-jogador de basquete

JUNTANDO TUDO ISTO

Parabéns! Você está quase lá, estamos na seção final do livro. No Capítulo 1, exploramos o que estava acontecendo no seu pensamento usando o Radar de Decisão e descobrimos todas as áreas potenciais de mudança. Depois disso, mergulhamos nos preconceitos e erros comuns da mente, olhando para a programação defeituosa e para a maneira como ela poderia estragar nosso pensamento. Em seguida, fomos em uma jornada de busca de soluções, onde definimos nosso desafio, saímos de nossa zona de conforto e sondamos nossas ideias antes de agir de acordo com nossas melhores decisões (ver Figura 11.1).

Mesmo se não leu o livro todo e apenas mergulhou nos capítulos que pareciam mais relevantes, você terá absorvido novos conhecimentos e insights projetados para torná-lo um melhor e mais criativo tomador de decisões. Está quase na hora de testarmos seu pensamento novamente com o Radar de Decisão para avaliar suas habilidades "novas e melhoradas". Mas, primeiro, você precisa entender um pouco sobre raciocínio.

O QUE É RACIOCÍNIO?

A inovação necessita de uma boa tomada de decisão estratégica — as ideias têm de ser geradas, discutidas, desenvolvidas e, em última análise, postas em prática para marcar a sua posição no mundo. O Localizador de Soluções reúne as principais habilidades de Entendimento, Ideação, Análise e Direção, na ordem correta, para que possamos ter certeza de que nosso pensamento é relevante para a tarefa em que estamos trabalhando. Conectando e ligando esses quatro estágios, no entanto, está o Raciocínio. É através da nossa razão que nos transformamos em pensadores **proativos** com uma abordagem consciente e focada na resolução de problemas. O raciocínio nos faz pensar sobre *como* pensamos, em vez de simplesmente *no que* pensamos (também conhecido como metacognição). Muitos de nós estamos familiarizados com cada tipo de pensamento, mas a chave para o sucesso criativo é usar os tipos certos nos momentos certos. Isso nos mantém sob controle para trabalhar através do nosso desafio de forma abrangente, atenuando nossos preconceitos improdutivos. Quanto mais repetimos o bom raciocínio, mais ele se torna um hábito positivo.

Não há nada de inovador nessa abordagem. Muitas das coisas discutidas neste livro podem parecer senso comum. No entanto, o senso comum muitas vezes não é comum; a maioria das pessoas não passa muito tempo reorganizando seus pensamentos quando ficam criativamente "bloqueadas". Poucos esforços são feitos para acabar com o pensamento ruim e as barreiras comportamentais que o causam. Por vezes, as coisas mais simples e mais "óbvias" são as mais difíceis de pôr em prática; mas tornam-se mais fáceis e intuitivas à medida que você faz.

Figura 11.1 A matriz do Localizador de Soluções

O Localizador de Soluções

Entendimento Defina o desafio	Ideação Gere ideias	Análise Avalie as ideias	Direção Implemente a solução
ENTRADA Desafio apresentado	ENTRADA Desafio claramente definido	ENTRADA Todas as ideias	ENTRADA Uma ou mais ideias melhores mais criativas
PROCESSO Examine o resumo e defina o desafio em detalhes	PROCESSO Gerar o maior número possível de ideias	PROCESSO Mina de diamantes Classificar, filtrar e selecionar as melhores ideias	PROCESSO ◦ Desenvolver a solução final ◦ Planejar e iniciar a implementação
FERRAMENTAS ◦ Modelo Defina e Entenda ◦ Modelo das seis perguntas ◦ Modelo Mudando as Perspectivas	FERRAMENTAS ◦ Modelo Brainstorming Reverso ◦ Modelo Pensamento Metafórico ◦ Modelo Criatividade Combinada	FERRAMENTAS ◦ Modelo Prós/Contras Coração/Cabeça ◦ Modelo Avaliação de Campo de Força	FERRAMENTAS ◦ Modelo Construção de Soluções ◦ Modelo Objetivos SMART ◦ Modelo Plano de Ação
SAÍDA Desafio claramente definido	SAÍDA Todas as ideias	SAÍDA Uma ou mais ideias melhores/mais criativas	SAÍDA Processo de implementação

Raciocínio

FERRAMENTAS
- Use solução estratégica de problemas
- Entenda erros/vieses comuns de pensamento
- Use checklists para pensar melhor
- Use o Localizador de Soluções
- Pense de forma proativa

Checklist de raciocínio: o que fazer e o que não fazer

Quando se é proativo na forma como se pensa, você fica equipado para qualquer situação. Consulte o checklist de Raciocínio (Figura 11.2) para juntar as suas ideias à medida que pretende trabalhar de forma mais objetiva, explorar de forma mais criativa e planejar de forma mais eficaz. Ao ativar o bom raciocínio, você coloca a si mesmo e à sua equipe em uma posição melhor para criar condições ótimas para a inovação. Com o passar do tempo, será mais fácil equilibrar e orquestrar quando você precisar ser generativo, analítico e seletivo na sua rotina diária. Faça o download do checklist em **www.thinking.space.**

RADAR DE DECISÃO V2

Agora que você está transbordando com novos conhecimentos e experiências reais depois de usar as estratégias deste livro, visite **https://decisionradar.opengenius.com/** para completar o Radar de Decisão outra vez, implementando as lições que aprendeu. É recomendado que faça o teste completo novamente para um perfil mais preciso, mas, se estiver com pouco tempo, pode optar pelo teste rápido de dez minutos para obter uma avaliação geral.

Reveja os seus novos resultados. O que você reparou? Quais as áreas que se desenvolveram em pontos fortes e quais ainda requerem atenção? Verde é bom, então o objetivo é trabalhar para colocar tudo na área verde (os anéis externos).

Figura 11.2 Raciocínio: o que fazer e o que não fazer

CHECKLIST DE RACIOCÍNIO: O QUE FAZER E O QUE NÃO FAZER

O QUE FAZER

- ✓ Permanecer objetivo — mantenha a mente aberta
- ✓ Estudar metacognição — crie uma estratégia por trás do seu pensamento
- ✓ Procurar por evidências não confirmadas
- ✓ Compartilhar suas ideias com os outros
- ✓ Estar ciente do impacto da autoimagem — pergunte-se quem você está tentando impressionar
- ✓ Prestar atenção em qual informação você usa
- ✓ Entender que a maneira como você enquadra o problema altera a solução
- ✓ Ser confiante, mas não muito
- ✓ Ouvir seu instinto logo no início do processo de tomada de decisão
- ✓ Usar técnicas de pensamento positivo e negativo
- ✓ Quebrar as regras quando for apropriado
- ✓ Evitar a pressão causada pelo "grupo" ou pelas "massas"
- ✓ Estar ciente do impacto dos vários tipos de vieses
- ✓ Entender que o senso comum não é comum
- ✓ Abraçar a imperfeição
- ✓ Pensar grande, mas dividir em pequenos passos

O QUE NÃO FAZER

- ✗ Tirar conclusões cedo demais
- ✗ Ignorar suas emoções
- ✗ Ser seletivo naquilo que você busca
- ✗ Fazer escolhas principalmente porque elas são egoístas
- ✗ Ser vítima do viés de confirmação
- ✗ Evitar conflito e desacordo
- ✗ Temer o fracasso
- ✗ Ficar preso por falsos limites
- ✗ Ser indevidamente otimista sobre estimativas
- ✗ Permitir que heurísticas e suposições ditem a resposta em decisões importantes
- ✗ Seguir palpites sem testá-los primeiro
- ✗ Agir agora e pensar depois
- ✗ Sofrer de seriedade extrema
- ✗ Ignorar os erros comuns de pensamento
- ✗ Sempre seguir as regras
- ✗ Ter um ponto-cego de viés

Isso pode levar tempo. Muitas vezes, as pessoas compensam excessivamente os seus preconceitos em certas áreas, o que, por sua vez, cria uma deficiência em outras. Para um bom raciocínio, é preciso buscar equilíbrio em toda a escala.

Tire um momento para refletir e considerar:

O que você aprendeu no geral? Anote as lições-chave relacionadas ao seu progresso e quaisquer padrões únicos que surgirem.

Em que você é bom? Liste algumas ideias de como você pode jogar ainda mais com seus pontos fortes.

Figura 11.3 O Radar de Decisão

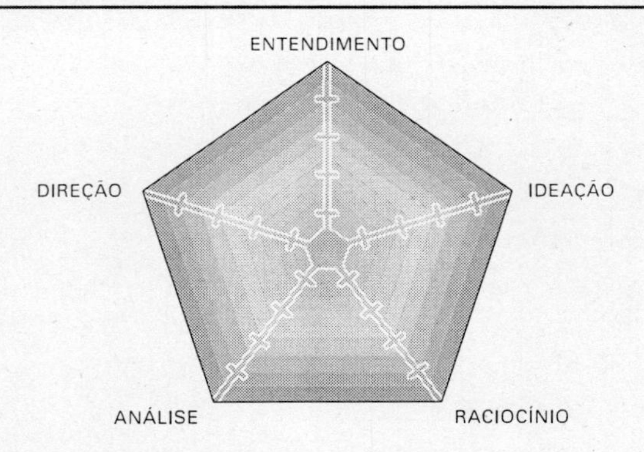

Figura 11.4 Exemplo do perfil Radar de Decisão V2

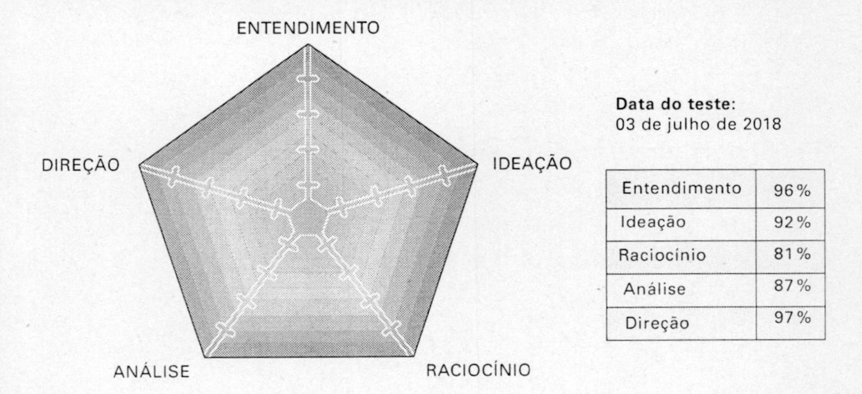

Entendimento	96%
Ideação	92%
Raciocínio	81%
Análise	87%
Direção	97%

Quais são as suas áreas de desenvolvimento? Anote as ações que você pode tomar para melhorar suas habilidades e superar quaisquer pontos cegos.

O que você pode levar à frente agora mesmo? A tomada de decisão criativa é um grande empreendimento que requer um conjunto de habilidades variadas. Não se coloque sob pressão para se destacar em tudo de imediato; em vez disso, comece com as áreas em que está mais interessado ou que podem fazer a maior diferença em seu papel, carreira ou negócio.

Ao revisitar o Radar de Decisão, é provável que você mostre uma abordagem mais forte e equilibrada em suas habilidades de tomada de decisão. Aproveitar esse tempo para refletir sobre sua aprendizagem e habilidades melhoradas o ajudará a construir uma maior autoconsciência e confiança. Ele também fornece uma oportunidade adequada para reexaminar as áreas que você gostaria de trabalhar um pouco mais.

Mantenha um registro das suas pontuações e da data em que completou o radar. Para obter um maior retorno do seu investimento criativo, você pode completar o radar regularmente, digamos, no início de cada trimestre ou após um grande desafio. Isso permite que você observe como sua tomada de decisão se manifesta à medida que continua a construir sua compreensão e experiência do processo criativo. Por exemplo, trabalhar em uma área ajudou a melhorar outra?

O Radar de Decisão pode ser usado de duas formas:

- **Individualmente**. Para identificar áreas de melhoria como base para uma conversa de coaching para estabelecer metas e ações.
- **Em equipes/organizações**. Para obter um apanhado das habilidades do grupo. Os gerentes e líderes podem então assegurar que haja uma equipe equilibrada criada para trabalhar nos problemas, com pontos fortes coletivos em todas as áreas de tomada de decisão.

COMPROMETIMENTO

As habilidades e estratégias neste livro serão de pouco valor se você não reservar um tempo para desenvolvê-las. Nós aprendemos mais quando colocamos em prática, então, para dominar verdadeiramente o seu pensamento, você precisa se comprometer a colocar habilidades positivas em ação e erradicar o comportamento que não quer ter. Ao identificar visualmente seus padrões de pensamento únicos, o Radar de Decisão irá ajudá-lo a escolher estratégias para gerenciar seus preconceitos diários e os da sua equipe. Afiar o seu pensamento é um esforço a longo prazo, que pode ser difícil de manter nos dias de hoje, com horários de trabalho mais longos para combater a sobrecarga, dados sendo lançados para nós sem parar e o imediatismo das tecnologias de comunicação. Todos nós sabemos como é começar algo novo, com muita animação e entusiasmo, só para ver nosso entusiasmo desaparecer quando estamos no meio das coisas. Para causar um impacto duradouro, você precisará de uma enorme quantidade de autodisciplina. Um comprometimento formal ou público com a mudança o ajudará a continuar aprendendo, crescendo e direcionando sua energia para onde ela é mais necessária.

Semáforo do Comprometimento

Como você pode se comprometer a ser um pensador melhor? Concebi o exercício Semáforo do Comprometimento como uma forma fácil de ajudá-lo a avançar. Para cada aspecto da sua tomada de decisão criativa, escreva o seguinte:

- O que você vai parar de fazer? (Vermelho)
- O que você vai continuar fazendo? (Amarelo)
- O que você vai começar a fazer? (Verde)

Os modelos de Comprometimento para Entendimento, Ideação, Análise, Direção e Raciocínio estão disponíveis em **www.thinking.space**

Algumas pessoas têm dificuldade em mudar numa determinada área devido aos seus hábitos ou preferências existentes:

- Os indivíduos que são fortes em Ideação não têm problemas

em gerar muitas de ideias, mas, se forem comparativamente fracos em Análise, podem nunca chegar a avaliar essas ideias ou a tomar uma decisão oportuna.

Conselho: Um processo bem equilibrado e metódico, como o Localizador de Soluções, irá guiá-lo para um resultado bem-sucedido.

- Alguém excessivamente cauteloso e fortemente analítico pode precisar estabelecer compromissos para aceitar os erros como lições futuras, evitar a paralisia da análise e fazer maior uso de ferramentas divergentes para ganhar confiança em sua criatividade.

Conselho: Lembre-se de que uma mente, assim como um paraquedas, funciona melhor quando aberta. Permita-se sonhar acordado para acessar sua mente inconsciente. Trabalhe na criação de uma cultura segura para que você e sua equipe tenham tempo e espaço para criar ideias insensatas. Use as técnicas de ideação deste livro para despertar mais ideias.

- Os pensadores seletivos fariam bem em se afastar do viés de confirmação e do pensamento de "uma resposta certa", estendendo a fase de Ideação e envolvendo outros para desafiar o seu pensamento.

Conselho: Considere o uso de brainstorming individual e em grupo para solicitar diferentes perspectivas e confrontar quaisquer suposições.

- Os pensadores reativos podem se beneficiar ao deixar as coisas "dormirem" e usando um processo sistemático (o Localizador de Soluções) para atrasar as decisões.

Conselho: Administrar um processo bem construído é um passo-chave para o pensamento proativo e ajuda a eliminar muitos dos erros de pensamento que poderiam estar presentes.

Figura 11.5 Comprometimento de raciocínio

Comprometimento.
Ou você está dentro ou está fora.
Não existe isso de vida no meio.

Comprometimento de Raciocínio

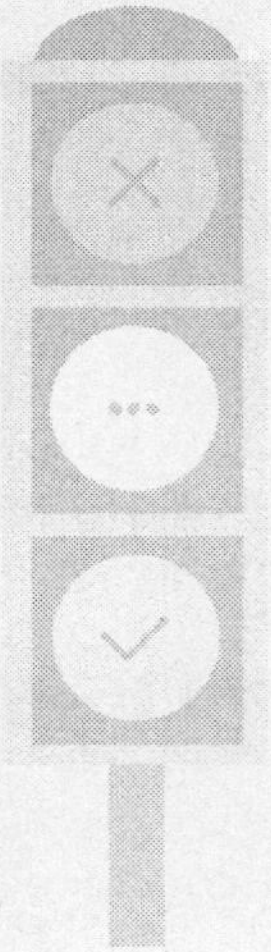

Parar de fazer

Continuar fazendo

Começar a fazer

Meu comprometimento:
"Eu vou...

Compromisso leva à ação.
A ação aproxima seus sonhos.
— MARCIA WIEDER

Mantenha a dinâmica no seu progresso de comprometimento, verificando diariamente, semanalmente ou mensalmente. Vale a pena lembrar-se sempre de que cada partezinha do que você faz agora conta para o seu crescimento criativo.

ARRANJANDO TEMPO PARA A CRIATIVIDADE

Agora, mais do que nunca, a criatividade é um prêmio. Mas as pessoas, muitas vezes, lamentam não ter tempo para serem criativas. Os proprietários e gerentes de pequenas empresas caem nessa armadilha, pois suas responsabilidades diárias os deixam com uma sensação de desamparo. O tempo é o recurso mais precioso que temos e é de longe o mais difícil de gerir. Arranjar tempo para ser criativo não é diferente de arranjar tempo para qualquer outra coisa. Sem alguma forma de gerenciamento de tempo, você pode perder horas/dias/semanas nas coisas erradas ou acabar correndo em círculos, tentando fazer tudo de uma só vez. Pior ainda, você pode até adiar o início dos grandes projetos que importam como, por exemplo, sua próxima inovação. É por isso que marcas de vanguarda como LinkedIn, 3M, Apple e Intuit dão aos seus funcionários tempo livre para brincar com novas ideias e trabalhar em projetos paralelos.

Não é incomum que a criatividade se perca no meio dos trabalhos inúteis e das distrações repentinas. De acordo com uma pesquisa de Julian Birkinshaw e Jorden Cohen (2013) publicada na *Harvard Business Review*, os trabalhadores do conhecimento gastam uma média de 41% do seu tempo em atividades discricionárias que oferecem pouca satisfação pessoal e podem ser executadas de maneira competente por outras pessoas. Por quê? Do ponto de vista psicológico, isso ocorre porque o cérebro tenta "simular" trabalho produtivo, evitando projetos pesados e, em vez disso, enfrentando muitas tarefas humildes e de baixo valor. Ele habilmente o faz pensar que você está superocupado, mas o trabalho real, que produz resultados mensuráveis, permanece sem ser feito.

Mesmo que você já seja criativo e tenha pilhas de novas ideias, sem gerenciar seu tempo suas ideias nunca acontecerão. Para ser bem-sucedida, sua criatividade precisa ser produtiva, caso contrário, é apenas uma habilidade vazia. Mas, como maximizar a sua criatividade sem perder a produtividade? A vida nunca vai parar de ser "superocupada". Os maiores ganhos muitas vezes vêm dos pequenos investimentos que você faz, das pequenas táticas e hábitos que melhoram sua eficiência em toda a gama de disciplinas e obrigações profissionais, incluindo a criatividade. Aqui estão algumas estratégias para ajudá-lo a falar sobre criatividade e entregar valor mais inovador usando o tempo que você tem.

1. Encontre seu foco

Por anos, as empresas têm colocado a capacidade de ser multitarefa em um pedestal como algo a ser reverenciado em seus funcionários. Muitos de nós gostamos de acreditar que isso nos torna mais criativos e nos ajuda a lidar melhor com nossas responsabilidades. Infelizmente, a ciência diz ser "pouco provável". Teresa Amabile (2002) e seus colegas da Harvard Business School avaliaram os padrões de trabalho diário de mais de 9 mil indivíduos envolvidos em projetos que exigiam criatividade e inovação. A sua principal descoberta? O foco e a criatividade estão intimamente ligados. É mais provável que as pessoas sejam criativas se lhes for permitido se concentrar em apenas uma atividade durante um período de tempo ininterrupto e quando elas colaboram com apenas uma outra pessoa. Em contraste, quando as pessoas têm dias desarticulados com muitas tarefas pequenas, e-mails, reuniões e discussões em grupo, o pensamento criativo é que sofre.

Pense nisso por um momento. Quando você responde a um alerta de e-mail ou tweet, ou mesmo fala com um colega, não é apenas um caso de ler uma mensagem e escrever de volta, nem de dar sua opinião rapidamente. Você também precisa se recuperar da perturbação e redirecionar a sua atenção. Agora, não sei você, mas acho muito difícil voltar ao que estava fazendo antes de ser interrompido, especialmente se estou trabalhando em uma tarefa criativa. Se precisa tomar uma decisão importante, saltar rapidamente de pensamento em pensamento ou de tarefa em tarefa não dá à sua mente a chance de fazer as melhores escolhas.

Dê uma olhada na sua agenda. Ela está repleta de reuniões e discussões de ponta a ponta? E a sua lista de tarefas? Está cheia de demandas e tarefas que poderiam ser feitas por outras pessoas? Esse é um grande problema com executivos e líderes, e isso os leva para longe dos problemas de alto perfil e dos desafios inovadores onde eles são mais necessários. Uma boa maneira de se proteger contra essa e outras distrações, como redes sociais e similares, é programar tempo especificamente para criar e pensar. Para ser criativo, você precisa ser capaz de entrar nas profundezas mais escuras com seus pensamentos, e isso só pode acontecer se tiver tempo para isso. Eu gosto muito de pensar quando estou dirigindo, no avião ou no trem, quando sei que terei uma quantidade decente de tempo ininterrupto. Mas talvez você prefira reservar "tempo a sós" quando ainda está no escritório. O ator e comediante John Cleese costumava arranjar um "oásis" de tempo silencioso e ininterrupto para o pensamento generativo quando estava escrevendo *Monty Python*, em geral cerca de 90 minutos, e consequentemente descobriu que muito de seu esboço era mais criativo do que o de seus colegas comediantes (Rawling, 2016).

P&D PESSOAL

Ao programar "tempo para pensar" na sua agenda semanal, considere isso uma reunião consigo mesmo. Quase todas as empresas têm departamentos ou unidades de Pesquisa e Desenvolvimento (P&D). Se você não gosta da ideia de reservar tempo para criar ou pensar, veja isso como seu próprio tempo de P&D. Reservar duas horas numa quinta-feira à tarde para um pouco de P&D não soa tão mal.

Concentre todos os seus pensamentos no trabalho que tem em mãos. Os raios solares não queimam até serem colocados em foco.

— ALEXANDER GRAHAM BELL, cientista e inventor do telefone

Dias bons/dias ruins

Uma maneira sensata de encontrar o seu foco é olhar para os seus dias bons e maus durante a semana e organizar o seu pensamento dentro disso. Conforme relatado em uma pesquisa realizada pela empresa de pessoal Accountemps (2013), os executivos dos Estados Unidos acreditam que terça-feira é, de longe, o dia mais produtivo para os trabalhadores. A segunda-feira é vista como um período de "recuperação" após o fim de semana, com a maioria das reuniões agendadas para esse dia. Quarta e quinta-feira seguem juntas como os próximos dias mais produtivos, e a sexta-feira fica para trás, já que o fim de semana começa a dar as caras. Esse padrão funciona para você? Quais são os seus dias bons, maus e ideais para pensar?

Melhor época para ser criativo

Você sabe quando é o seu momento ideal de criação durante o dia de trabalho? De acordo com um artigo publicado na revista TIME (2006), o que importa é se você é uma pessoa da manhã ou da noite.

Pessoa da manhã:

Tabela 11.1 O relógio mental da pessoa da manhã

HORÁRIO	ATIVIDADE	
6h às 8h	*Criatividade*	*Para quem acorda cedo, a criatividade atinge o pico no início do ciclo de vigília, quando há menos distrações e o crítico interno ainda está dormindo.*
8h às 12:30h	*Resolução de problemas*	*O cérebro está aquecido e preparado para uma atividade mais analítica de resolução de problemas.*

12:30h às 14:30h	Baixa concentração	As tarefas de rotina são mais bem mantidas no início da tarde, quando o relógio biológico do corpo muda, diminuindo a concentração.
4:30h às 16:30h	Resolução de problemas	Outro momento produtivo para o pensamento analítico
16:30h às 20h	Rejuvenescimento	Refresque a mente com pausas, exercícios e atividades de voltadas para o cérebro, como leitura e resolução de quebra-cabeças.
Dica	É uma boa ideia agendar compromissos e reuniões à tarde para manter a memória de trabalho livre em pensamentos de ordem superior pela manhã	

Pessoa da noite:

Tabela 11.2 O relógio mental da pessoa da noite

HORÁRIO	ATIVIDADE	
8h às 10h	Baixa concentração	Este é um momento ruim para se concentrar em tarefas pesadas, enquanto a pessoa da noite luta para acordar.
10h às 12h	Criatividade	A janela da criatividade ocorre depois que eles se livram da sonolência da manhã.
12h às 13h	Resolução de problemas	Horário de pico para atividades como análise e memorização.
13h às 15h	Baixa concentração	A mente entra no período da tarde, então é um bom momento para tarefas discretas ou para se engajar com colegas.

15h às 18h	*Rejuvenescimento*	*Renove e reabasteça a energia com exercícios ou meditação. Fique mentalmente afiado lendo e fazendo quebra-cabeças mentais leves.*
18h às 23h	*Resolução de problemas*	*Prepare-se para se concentrar nas coisas que importam quando a mente é mais capaz de filtrar as distrações.*

Quer você seja uma pessoa da manhã ou da noite, observe os seus padrões diários e anote quando estiver mais criativo. Se achar que tem mais insights e que consegue pensar mais amplamente à tarde, então reserve uma hora de "tempo criativo" depois do almoço. Certifique-se de que sua equipe saiba que você está em uma sessão de ideação focada; desative as notificações do e-mail, feche os navegadores da web e configure suas chamadas telefônicas para o correio de voz. Então ninguém poderá perturbar. Depois de ter tido a sua sessão privada, você pode se deixar ocupar por e-mails, usar as redes sociais ou conversar com os colegas sem se sentir culpado, porque não terá negligenciado o seu trabalho criativo.

2. Divida

Em qualquer projeto de inovação é provável que você tenha uma mistura de tarefas criativas e produtivas. Para um novo site, tarefas como o brainstorming de ideias e a concepção do layout são criativas, por exemplo, mas ações como a prova e a publicação de páginas da web são mais produtivas (DropTask, 2016). Você pode tornar o projeto mais gerenciável dividindo as tarefas em atribuições menores e, em seguida, identificando se a produtividade ou a criatividade são mais adequadas para cada um.

A divisão das tarefas dessa forma faz com que elas sejam muito mais fáceis de resolver em termos psicológicos. Ao planejar o seu dia, procure juntar tipos semelhantes de atividades e trabalhar nelas em sequência, para que tenha menos desses momentos de arranque. Assegure-se de reservar tempo para suas atividades habituais e para as tarefas mais criativas, para que possa fazer brainstorming e deixar a sua imaginação fluir sem se distrair com todo o resto.

Ao trabalhar no processo do Localizador de Soluções, divida-o em várias "mini" sessões, para que as pessoas tenham tempo de fazer os intervalos importantes para renovar e incubar as ideias. Por exemplo, separe cada etapa em quatro dias, em vez de tentar espremê-las em apenas um. Para evitar a queda de energia, faça pausas frequentes e "mude o canal" depois de cada pausa, a fim de que o pensamento de todos possa reiniciar para trabalhar em uma nova técnica ou fase do processo. Lembre-se de manter períodos curtos — quatro sessões de trinta minutos são melhores do que uma sessão contínua de 120 minutos. Essa abordagem é mentalmente satisfatória, pois injeta muitas vitórias rápidas em seu processo, alimentando seu entusiasmo para dar o próximo passo, depois o próximo, e assim por diante.

ATIVIDADE
FAÇA UMA PAUSA NA CIDADE

Dê a si próprio um minuto e veja se consegue pensar em pelo menos sete grandes cidades que começam com a letra "M".

...Isso não deve ser difícil. Há muitas cidades ao redor do mundo começando com essa letra.

Em quais cidades você pensou?

Reparou que a sua mente começa a secar depois de pensar em sete cidades?

Agora pare de pensar no problema até amanhã de manhã. Eu prometo que, quando você acordar, será capaz de pensar em pelo menos mais sete cidades começando com a letra "M". Isso acontece porque fazer uma pausa do problema permite que o seu inconsciente faça o seu trabalho. Ao trabalhar conscientemente em um problema, você planta uma semente no seu cérebro. Então, quando você recua, essa semente continua crescendo, lançando raízes no seu cérebro e fazendo mais e mais conexões. Experimente e veja.

3. Sonhe acordado propositadamente

A maioria das pessoas pensa que sonhar acordado é uma brincadeira — algo que você pode fazer durante aqueles momentos de preguiça em que supostamente deveria estar trabalhando. Mas acredito que sonhar acordado é uma das ferramentas de criatividade mais profundas que você pode ter, e é gratuito. Suas ideias mais criativas e incomuns vêm quando você está tentando forçá-las durante uma longa sessão na frente do seu computador? Ou vêm quando você está andando, dirigindo, tomando banho ou quando acorda no meio da noite? Bem, você não está sozinho. Isso acontece com todo mundo. Parece que a inspiração borbulha durante os momentos em que desligamos as nossas mentes e não estamos realmente "trabalhando". Muitas das maiores mentes do mundo alcançaram momentos de verdadeiro brilho através do simples ato de sonhar acordado. Aqui estão apenas alguns exemplos:

- Sir Isaac Newton e a sua descoberta da gravidade e da teoria da órbita;
- Thomas Edison e suas inúmeras invenções (incluindo a lâmpada);
- Albert Einstein e a sua teoria da relatividade;
- Wolfgang Mozart e suas lendárias composições musicais.

Einstein foi muito franco sobre o seu amor pelo ato de sonhar acordado — o que ele chamou de suas **"experiências de pensamento"**. Ele ainda creditou esses "experimentos" por dar a ele as ideias que o levaram às suas maiores obras. Diz-se que ele surgiu com a teoria da relatividade imaginando-se sentado num raio de luz e fazendo uma viagem através do universo. Edison tinha uma maneira única de aproveitar o poder do sonho diurno. Ele segurava os rolamentos de esferas em cada mão, sentava-se numa cadeira com mesa de apoio e dormia. Conforme ele relaxava durante o sono, suas mãos afrouxavam e os rolamentos de esferas caíam no chão, despertando-o. Imediatamente após acordar, Edison anotava quaisquer ideias que tivessem chegado até ele (Gilliard, sd). O grande compositor austríaco, Mozart, sonhava acordado com a música em longas caminhadas pelo campo, imaginando sons que se tornariam a base das suas poderosas composições (Fries, 2009).

Não há nenhuma razão pela qual não possamos nos beneficiar das experiências de devaneio e pensamento da mesma forma que Einstein ou Mozart. Nosso pensamento criativo é, muitas vezes, influenciado pelo que estamos acostumados na vida real e pelo que vemos ao nosso redor. A beleza do devaneio é que nos dá permissão para abandonarmos a realidade a que estamos habituados, para que as ideias que geramos sejam mais extraordinárias e envolventes. Houve mais do que algumas ocasiões em que me esforcei durante horas — até mesmo dias — para resolver um problema, sem qualquer sucesso. É quando sei que preciso parar de me forçar a encontrar uma resposta, e, em vez disso, encontrar uma maneira de relaxar e descontrair, deixando minha mente à deriva. Com certeza, uma solução criativa logo floresce, aparentemente do nada e quando eu menos espero.

Como fazer com que o ato de sonhar acordado "funcione"

Sempre que tento transmitir as vantagens de sonhar acordado às pessoas, recebo, muitas vezes, um comentário semelhante: "Se sonhar acordado é tão eficaz, por que não estou sempre tendo ideias brilhantes? Estou sempre olhando pela janela!" E a minha resposta é simples. Tal como acontece com todas as boas técnicas de criatividade, o devaneio tem de ser focado, orientado para os objetivos e deliberado para ser bem-sucedido. Normalmente, sonhamos acordados sem qualquer preparação e sem um objetivo em mente. Mas sonhar acordado para a criatividade é mais do que apenas relaxar, ser passivo ou colocar o problema em segundo plano. A chave para usar o ato de sonhar acordado como uma técnica criativa é fazer o trabalho burocrático de antemão e ter consciência do que se quer alcançar.

A CIÊNCIA DO ATO DE SONHAR ACORDADO

Graças à sua reputação como uma atividade que desperdiça tempo e é autoindulgente, sonhar acordado no trabalho está fora de questão. Mas a maré está mudando, e o apoio ao ato de sonhar acordado como uma ferramenta para a criatividade está crescendo a todo tempo. Ao longo de anos de estudos, os cientistas descobriram que nossos cérebros têm dois modos independentes — uma rede executiva e uma rede padrão. Quando estamos fazendo trabalho ativo de criatividade, resolvendo problemas de alto nível, fazendo coisas importantes ou aprendendo algo novo, estamos no modo executivo "focado" (veja "Encontre seu foco" acima). Quando estamos relaxando, mexendo no jardim, rabiscando ou caminhando, nosso cérebro assume o modo padrão "difuso". Isso acontece quando não estamos realmente controlando a direção de nossos pensamentos, e nossa mente começa a refletir sobre o passado ou especular sobre o futuro. Nesse estado de espírito errante, começamos a visualizar e fazer as nossas próprias conexões e gerar ideias espontâneas.

Com base nessa pesquisa, Kalina Christoff e outros colegas (2009) da University of British Colombia descobriram que mais áreas do cérebro se acendem quando sonhamos acordado do que quando estamos envolvidos num pensamento vigoroso e consciente. Os pesquisadores descobriram que, além da rede padrão, a rede executiva do cérebro é engajada simultaneamente quando sonhamos acordado. Antes disso, os cientistas tinham suposto que as duas redes funcionavam numa base ou na outra — quando uma era ativada, pensava-se que a outra estava adormecida. Então, veja: sonhar acordado faz com que o cérebro entre em hiperpropulsão. Longe de ser vago, nosso cérebro fica mais ocupado e mais criativo quando recebe permissão para sonhar acordado. Da próxima vez que você se preocupar com um problema incômodo, tente se distrair, faça uma "pausa no cérebro" e permita que a magia aconteça em segundo plano.

Passo 1. Faça o seu dever de casa, sozinho ou com a sua equipe, pegue o seu problema e olhe para toda a informação relevante para ele, explorando todas as soluções possíveis em que possa pensar, usando técnicas de criatividade mais ativas ("conscientes"), tais como a reformulação do problema, desafiando os seus pressupostos, e o brainstorming reverso. Isso funciona para resumir e programar as partes mais profundas de sua mente para que seu inconsciente tenha muito em que pensar. Quando você usa uma metáfora para resolver um problema, está efetivamente entrando em um sonho acordado, e ferramentas como os modelos deste livro ajudarão a colocar você e/ou sua equipe em um estado de espírito diferente sem que perceba.

Passo 2. Desligue. Quando a preparação estiver concluída, afaste-se da pressão do problema fazendo outra coisa durante meia a uma hora. Entregue conscientemente a questão aos poderes ativos da mente inconsciente, depois saia um pouco ou faça algo agradável e relaxante. Deixe os seus pensamentos vaguearem sozinhos enquanto toda a informação fica "incubada". Encoraje a sua equipe a fazer o mesmo — envie-os para um café, a fim de mudar o cenário ou para encontrar algum lugar onde possam ficar tranquilos e sonhar acordado sobre o problema.

Ao fazer isso, você liberta a mente inconsciente para vagar produtivamente, brincar com conceitos e gerar novos insights e ideias — aqueles que pode nunca encontrar ao enfrentar seu desafio diretamente. Ao dar à sua mente o espaço para se dedicar à questão, ela fará o trabalho imaginativo por você.

Esse tipo de devaneio propositado é uma ótima forma de fazer avançar um projeto quando ele está travado ou quando você tem muitas opções. Há várias maneiras de entrar no estado de espírito certo para sonhar acordado:

- Faça uma caminhada no parque ou ao redor do quarteirão para limpar da cabeça.
- Ouça música.
- Sente-se em um banco em algum lugar.
- Visite um museu ou galeria de arte.
- Tome um banho.
- Ande de bicicleta ou faça um passeio de carro.
- Pratique jardinagem.
- Vá a um café.
- Desenhe.
- Vá pescar.
- Resolva alguma atividade na rua.
- Medite.
- Deite-se de manhã ou à noite, mantendo-se acordado.
- Limpe sua mesa ou lave os copos do escritório. (Sim, até mesmo isso!)

Eu gosto de fazer muito do meu "passeio mental" quando estou viajando, seja em um trem, avião ou carro. Outras pessoas preferem dar um passeio. Por exemplo, Charles Darwin gostava de fazer longas caminhadas por Londres. O inventor Thomas Edison pescava no final de sua doca por uma hora quase todos os dias, embora não fosse muito bom nisso. Ele nem sequer usava isca. Quando perguntado sobre isso mais tarde na vida, ele admitiu que não o fazia para apanhar peixe. Sua a resposta foi: "Quando se pesca sem isca, as pessoas não te incomodam, nem o peixe. Isso me proporciona o meu melhor momento para pensar" (Kothari, 2016).

A pesca funcionava para Edison. Vale a pena fazer experiências para encontrar o que funciona melhor para você. Enquanto sonha acordado, permita que as ideias penetrem e sejam filtradas. Sempre — e isso é muito importante — preste muita atenção em quaisquer ideias que surgirem e anote-as em um papel ou grave-as usando seu telefone celular/gravador. Não adianta ter uma ideia fantástica e depois esquecê-la imediatamente!

Use os seus sentidos (mindfulness)

O pensamento criativo requer uma mudança deliberada para uma nova zona. Um bom truque para criar o clima mental certo para que as ideias se desenvolvam é usar o **mindfulness**. Essa é a arte de prestar atenção cuidadosa aos detalhes do momento presente, sem julgamento. Não se assuste com o quão "nova era" e "pouco empresarial" ela soa. Estudos mostram que a meditação mindfulness estimula o pensamento divergente para abrir sua mente para ideias originais (Colzato, Ozturk e Hommel, 2012) e aumenta a flexibilidade cognitiva, que é fundamental para o processo criativo (Baas, Nevicka e Ten Velden, 2014). Ela o ajuda a desenvolver sua sensibilidade e consciência interiores para que esteja aberto até mesmo à mais leve sugestão de uma ideia. Se está em casa ou no escritório agonizando sobre um problema que parece intratável, vá em uma pequena excursão para ajudá-lo a se afinar, de preferência em algum lugar da natureza. Ou reserve cinco minutos para se sentar numa sala sossegada. Inspire-se em Leonardo da Vinci e entre em contato com seus sentidos para tornar a experiência mais rica e envolvente. Olhe ao seu redor com os olhos de um artista, ouça através dos ouvidos de um músico, sinta com o tato de um escultor, cheire com o nariz de um perfumista e prove com o paladar de um chef. Esse exercício aumenta a sua consciência em apenas 20 segundos e coloca você em foco para olhar para a sua situação com muito mais clareza. Pegue um caderno e registre as coisas que vê. Quais ideias essas coisas estimulam quando as relaciona ao seu desafio? Quais novas conexões vêm à mente? O problema é o verdadeiro problema? Se não, considere a necessidade de redefini-lo. Quanto mais você se treina para estar ciente do que está ouvindo, vendo, sentindo e pensando, mais dados estará transferindo para o seu sistema de pensamento inconsciente. O resultado? Mais associações e ideias.

Os maiores gênios às vezes conseguem mais quando trabalham menos.

— ATRIBUÍDO A LEONARDO DA VINCI, artista, cientista, engenheiro e gênio renascentista italiano

PRINCIPAIS TÓPICOS

Comprometa-se a buscar, desenvolver e sustentar a capacidade de pensar de forma diferente usando o conhecimento e as ferramentas que lhe foram dadas ao longo dos capítulos deste livro. Boas habilidades de raciocínio são a única maneira de se conscientizar de seus próprios preconceitos cognitivos, e com a conscientização vem a habilidade de fazer algo a respeito deles e tomar decisões de melhor qualidade. Com uma gestão cuidadosa do tempo e um respeito saudável pelas pausas e por sonhar acordado, você e a sua equipe podem infundir criatividade no seu trabalho diário.

- *Checklist de raciocínio. Traga mais estratégia para a resolução de problemas e mantenha sua objetividade sob controle com estes procedimentos abrangentes do que fazer e não fazer.*
- *Radar de Decisão V2. Faça novamente a avaliação do Radar de Decisão para ver como você progrediu na execução dos ensinamentos do livro. Aproveite a oportunidade para refletir sobre a sua aprendizagem e competências melhoradas, bem como para reexaminar as áreas em que gostaria de continuar trabalhando.*
- *Semáforo do comprometimento. Evite a procrastinação, assumindo um compromisso formal com uma mudança positiva. Para cada aspecto da sua tomada de decisão, o que você vai parar de fazer (vermelho), o que vai continuar fazendo (amarelo) e o que vai começar a fazer (verde)?*
- *Não tem tempo para a criatividade? Passe a ter! O seu cérebro tem uma capacidade natural para resolver problemas. Explore tanto o poder executivo (focado) quanto o poder padrão (difuso) de sua mente para enfrentar desafios complexos:*
    - *Encontre o seu foco reservando uma hora tranquila e sem interrupções na sua agenda de trabalho para poder pensar.*
    - *Sonhe acordado propositadamente, para abrandar, desligar a sua mente consciente e permitir que novas ideias se espalhem. Imite Leonardo da Vinci e use os seus sentidos. Fique atento ao que você está vendo, ouvindo, saboreando, cheirando e sentindo. Quando relaxa sua mente e corpo, você consegue visualizar mais vividamente, despertar sua imaginação e criar melhor com seus pensamentos. Lembre-se de anotar as suas ideias depois!*

12
liderança criativa

Liderança é a arte de dar às pessoas uma plataforma para espalhar ideias que funcionam.

— SETH GODIN, autor americano e ex-executivo de negócios da DotCom

A INOVAÇÃO É UMA COMPETÊNCIA ESSENCIAL DE LIDERANÇA

Grandes ou pequenas, jovens ou antigas, todas as empresas devem encontrar uma forma de inspirar a criatividade e alimentá-la dentro de seus domínios. Sem um suprimento saudável e consistente de ideias, a maioria das organizações passará da data de validade. Isso não é brincadeira — a pressão para se manter atualizado está sempre presente, fazendo da inovação uma prioridade máxima para os líderes. A abordagem criativa pode ser diferente para cada negócio, mas, em última análise, o objetivo é fazer com que as pessoas trabalhem juntas para entregar novas ideias e resolver problemas. As pessoas fazem a mudança acontecer, e, assim, o seu sucesso como líder de primeira linha depende da construção de uma cultura onde a inovação é responsabilidade de todos, desde o Sam do RH até a Louise da Contabilidade.

Inovação não é apenas uma questão de produtos, serviços ou tecnologias que quebram paradigmas; trata-se de qualquer nova ideia que possa ajudar a fazer melhor as coisas, quer se trate de reduzir custos através de métodos de produção mais eficientes, imaginar formas de aumentar o valor da marca ou decidir quais trabalhos precisam ser realizados em cada departamento. Kaizen (melhoria contínua) é tão relevante quanto a disrupção. Liderança criativa significa capacitar as pessoas a assumirem comportamentos lúdicos, ousados, sedentos de ideias e de soluções no seu trabalho diário, para que a empresa possa avançar rapidamente para um objetivo comum. Ter as ferramentas e os processos certos, como o Localizador de Soluções, é importante, mas a inovação não florescerá em todo o seu potencial sem uma cultura ou ambiente geral que a apoie. Você é uma equipe de um? Não é o CEO? Não importa, ainda pode liderar criativamente em seu departamento, com seus colegas de trabalho em outras unidades funcionais ou dentro de sua esfera de influência. Em termos práticos, "vestir a camisa" da inovação significa:

- **Defender uma grande missão e visão**. A capacidade de definir uma direção significativa para o negócio que empolgue os outros, em vez de dar declarações brandas que são longas em banalidades e curtas em inspiração.
- **Obter informações dos fracassos e dos sucessos**. A criatividade tem o espaço que merece através da tomada de riscos e da experimentação. Qualquer fracasso é uma oportunidade de aprendizagem para criar melhores resultados para escolhas futuras.
- **Fazer da brincadeira uma prioridade corporativa**. Injetar diversão nas práticas do local de trabalho é uma forma fundamental de ajudar a criatividade a fluir. Quanto mais você joga, mais ela é aceita como uma norma cultural.
- **Ser uma fonte de otimismo**. Mudar atitudes para mudar de antagonismo para antecipação. Manter um espírito de "é possível

fazer". Um líder consistentemente positivo vê o lado bom em tudo e supera humores para manter a equipe avançando.

- **Implementar sistemas de apoio para permitir a experimentação.** Complementar a estrutura organizacional formal com sistemas e redes informais que permitem o compartilhamento de informação e a fertilização cruzada de ideias entre unidades de trabalho.

O JOGO FINAL

O maior desafio da liderança criativa é motivar as pessoas a querer estar envolvidas na inovação. Muitas pessoas não se veem como criativas ou sentem que não é o seu trabalho ter novas ideias; e, para ser honesto, os sistemas organizacionais são, muitas vezes, concebidos de forma a sufocar a criatividade em vez de fazê-la acontecer. Uma das formas mais poderosas de inspirar e focar as pessoas para uma mudança positiva é se conectar a um significado maior — a missão intencional e a visão do quadro geral que você tem para a empresa ou para um projeto específico de inovação. Sua missão é o que você está fazendo hoje; sua visão é sua ambição para o futuro.

Trabalho que importa (missão)

Por que você faz o que faz? Qual é o propósito principal do seu negócio? Ele deve ser maior do que dinheiro; seu negócio deve ter um significado que as pessoas possam abraçar, compartilhar e acreditar. De acordo com uma pesquisa da American Express (2017), 62% dos millennials nos Estados Unidos, Reino Unido, França e Alemanha querem fazer uma diferença positiva no mundo, e 74% acreditam que as empresas bem-sucedidas do futuro terão um genuíno senso de propósito que repercutirá nas pessoas. Isso oferece uma visão valiosa para os líderes criativos sobre como engajar seus funcionários a longo prazo. A liderança precisa mostrar de maneira convincente que trabalhar para a organização irá fornecer significado e valor para cada pessoa, e que eles têm uma causa que vale a pena buscar, além e acima das recompensas que recebem pelo trabalho.

Uma missão bem definida representa a alma da organização/equipe e gera poder. Por exemplo, a missão da LEGO (2012) é "inspirar e desenvolver os construtores do futuro", enquanto a Google (sd) promete "organizar a informação mundial e torná-la universalmente acessível e útil". Sua própria missão atua como uma âncora para que os funcionários dediquem seus esforços criativos a tarefas e atividades que se alinhem com os objetivos e valores da empresa. Como equipe, explore seus pontos fortes, valores e paixões para chegar ao cerne do porquê de você existir (Mühlfeit e Costi, 2017):

- **Pontos fortes**. Quais são os seus pontos fortes como equipe/empresa? Alguma coisa se destaca como o seu superpoder único? Pense nos seus pontos fortes, em termos da sua oferta de produtos ou serviços, do nível de talento que você tem e dos recursos à sua disposição. São mestres em engenharia de excelência? Pode se gabar de uma equipe de vendas inteligente? Ou, como a gigante de varejo britânica Tesco, o seu negócio é a criação de valor para os clientes?
- **Valores**. Quais são os valores da sua equipe/empresa? Eles são os princípios, filosofias e intenções positivas que você defende e que o ajudam a se conectar com seus clientes e funcionários em um nível mais profundo. Para ter uma ideia dos seus valores fundamentais, pergunte à sua equipe "O que é importante para nós?" e preste atenção à linguagem que eles usam. Você gosta de "se divertir" ou está mais interessado em velocidade, diversidade, integridade, trabalho em equipe ou espírito empreendedor? Pense também na imagem que você apresenta ao público. Quando as pessoas olham para o seu negócio, o que gostaria que elas vissem? Para a Ford, "qualidade é o trabalho nº 1" (Petersen, 2007), como foi enfatizado em campanhas publicitárias anteriores, enquanto a Virgin (sd) tem curiosidade insaciável, serviço sincero e disrupção inteligente como parte de sua filosofia.
- **Paixões**. Qual é a sua paixão enquanto equipe/empresa? Considere as razões para estar nesse negócio em primeiro lugar. O que despertou o seu interesse em começar ou trabalhar para a empresa? Sua paixão diz às pessoas por que elas devem fazer

negócios com você; é a energia que faz a marca ganhar vida e que os outros conseguem ver e sentir. Você é apaixonado pela construção de um império, sustentabilidade, inovação, pessoas ou entretenimento? Descubra o que impulsiona a sua empresa e abrace isso.

Mova as pessoas (visão)

Qual é o aspecto do sucesso? Onde você quer estar daqui a três, cinco ou dez anos? Você não pode esperar que a sua equipe seja inovadora se não souber para onde vai. Com uma compreensão objetiva do passado e do presente, um líder criativo pinta um quadro inspirador e distinto da visão de futuro que empolga os outros. Há uma sensação de que todos estão embarcando em uma viagem ou aventura juntos. O horizonte escolhido deve ser fundamentado em mais do que maximizar o valor do acionista, lucros ou qualquer outra meta financeira. Isso não vai levar as pessoas a saltar da cama para aproveitar o dia. Torne-a memorável. Torne-a ousada. A visão da 3M (2018) é "promover cada empresa, engrandecer cada lar e melhorar cada vida". E a Amazon (sd) pretende "ser a empresa mais centrada no cliente do mundo, onde os clientes podem encontrar e descobrir tudo o que quiserem comprar online". Faça perguntas "E se?" para trazer à luz o que quer que a inovação faça pela sua empresa. Por exemplo, "e se tivéssemos um milhão de libras para gastar na nossa solução?" ou "E se abandonássemos o nosso modelo de negócio atual?".

A luta por um futuro melhor sempre envolverá mudanças — as pessoas estão mais dispostas a aceitar os desafios futuros quando você as capacita a usar a própria criatividade para forjar um caminho a seguir. Essa participação não consegue acontecer se a sua visão não for objetiva ou transparente. Cabe aos líderes demonstrar que há um risco maior em ficar parado e que as organizações sem visão de futuro são aquelas destinadas a estagnação.

Seja estratégico

A missão e a visão são o ponto de partida para os planos e objetivos estratégicos. Você tem sua missão interna que define seu trabalho e "*por que*" você existe; e então você tem a visão externa que representa "*onde*" você está indo e o que pretende fazer. Juntos, eles o ajudam a definir prioridades e conceber estratégias para alcançar os seus objetivos. Envolva os outros na invenção do detalhe do jogo final e de um roteiro de como chegar lá. Uma vez que tenha estratégias em vigor, você e sua equipe podem concentrar sua energia em entregar a visão e a missão sem tentar constantemente descobrir o que virá a seguir.

ESTUDO DE CASO | A EMPRESA VIVA

Por que tantas empresas morrem jovens? Arie de Geus (1999), executivo de negócios da Royal Dutch Shell, estudou empresas que viveram mais do que a maioria, variando de 100 a 700 anos, incluindo nomes como DuPont, Mitsui e Siemens. Sua equipe observou que organizações prósperas e duradouras tendem a operar como uma comunidade viva de pessoas unidas por valores claros e um forte senso de identidade, em vez de se concentrar no resultado final. Mesmo nas empresas mais diversificadas, os trabalhadores se sentem como parte de um todo. Além disso, as empresas da última geração são muito boas em "gestão da mudança" (de Geus, 1997). Existe um elevado nível de tolerância em relação à experimentação, o que cria espaço para mais inovação e aprendizagem. O oposto da "empresa viva" é a "empresa econômica", que existe apenas para ganhar dinheiro. Os lucros ou as pessoas são o seu propósito? Se for o primeiro, talvez você não consiga chegar à próxima década.

LIBERDADE PARA FALHAR... E APRENDER

Todos nós sabemos que, no mundo dos negócios, há acertos e erros; se está apontando para um acerto, você está fadado a perder algum tempo. É assim que funciona — qualquer inovador lhe dirá isso. A criatividade prospera num clima de aventura e experimentação; um clima alimentado pelo risco. Não é fácil aceitar e correr riscos que podem potencialmente levar a erros. Não só a implementação de novas ideias é perturbadora, como o processo de inovação pode distrair as pessoas do seu trabalho cotidiano e das atividades "normais" da empresa.

Se você não está falhando de vez em quando, é um sinal de que você não está tentando nada muito inovador.

— ATRIBUÍDO A WOODY ALLEN, roteirista e diretor americano

O grande e mau desconhecido

A nível corporativo, o medo do desconhecido é descaradamente difundido. As grandes empresas prosperam com resultados previsíveis. Elas precisam ser capazes de prever o futuro para tomar as melhores decisões estratégicas. E é aqui que o problema reside. Os CEOs podem muito rapidamente derrubar ideias novas e frescas que podem levar a organização a lugares onde nunca esteve antes. Há uma relutância em brincar com o modelo de negócio ou com aspectos da estratégia que têm funcionado bem para eles desde os anos 1990: "Se não está quebrado, não conserte." A maioria das empresas ainda está em alguma busca ilusória do "Santo Graal" das ideias — uma nova ideia de marca que também traz a certeza de ter sido testada e comprovada no passado. Isso nunca vai acontecer. Novas ideias são arriscadas. Elas levam para um território desconhecido. Estranhamente, o medo do desconhecido piora quanto *mais* bem-sucedido você se torna. Quanto mais realizações você conseguiu, maior será o seu equilíbrio, e mais você terá a perder ao cometer um erro.

Aprenda com o fracasso

Embora odiemos o fracasso, são os nossos erros que muitas vezes nos ensinam mais. Algumas das pessoas e organizações mais veneradas são as que arriscam, erram e se recuperam para tentar novamente. A Pixar está voando alto agora, mas reconhece que houve uma jornada de 16 anos de experiências e erros — incluindo uma grande mudança corporativa, de fazer computadores para criar animações comerciais — antes de a empresa conseguir lançar com sucesso seu primeiro longa-metragem completo, *Toy Story*. Quando a Pfizer testou pela primeira vez um novo medicamento para tratar a pressão arterial elevada e a angina, os resultados revelaram-se muito menos eficazes do que os pesquisadores previam. Em uma reviravolta interessante, no entanto, sujeitos do sexo masculino nos estudos clínicos relataram que isso teve um efeito colateral particular. Em vez de desistir da droga, a Pfizer mudou sua estratégia e a chamada "pílula de potência", o Viagra, nasceu. O primeiro empreendimento de Bill Gates com o cofundador da Microsoft, Paul Allen, foi o Traf-O-Data 8008 — um dispositivo que poderia dar uma olhada nas fitas de tráfego e depois processá-las em dados úteis, que nunca decolou. No entanto, Allen (2014) olhou para a experiência com uma mentalidade positiva: "Embora o Traf-O-Data não tenha sido um sucesso estrondoso, foi importante para nos preparar para fazer o primeiro produto da Microsoft uns dois anos depois." Para esses inovadores, o fracasso foi um trampolim em vez de um obstáculo, e os ajudou a forjar seu próprio caminho único. Poderíamos todos nos beneficiar se víssemos o fracasso da mesma forma. Se estivermos mais preocupados em acertar da primeira vez, vamos contornar a fase lúdica e imaginativa do processo criativo. Não é perda de tempo reestruturar o problema para encontrar mais respostas, desafiar suposições, mudar perspectivas ou testar ideias diferentes. Todas essas técnicas podem trazer erros, mas esses erros também podem levar nosso pensamento a um lugar completamente novo. A melhor coisa que podemos fazer é aprender com os nossos erros, mas, para isso, temos que nos permitir cometê-los em primeiro lugar. Você se permite cometer erros? Quão tolerante você é quando sua equipe comete erros? Como líder, você precisa aprender a ver o lado positivo do fracasso:

1. Falha é um sinal de que você está se afastando da rota muito percorrida. Você está ultrapassando os limites, e isso é uma coisa boa.
2. Falhar em uma coisa significa que aprendemos o que não funciona. Todos nós aprendemos por tentativa e erro, não por tentativa e acertos! O importante é refletir sobre as lições aprendidas com o fracasso para não cometê-los novamente.
3. Cada fracasso lhe dá a oportunidade de tentar uma nova abordagem.

Como gerir os erros

Os erros são inevitáveis e necessários para fazer progressos criativos, mas como podemos controlá-los? Para ser mais fácil de suportar, tente dar um nome diferente ao fracasso na sua empresa. Por exemplo, a Four Seasons Hotels & Resorts optou por deixar de rotular algo como um fracasso ou um erro, preferindo usar o termo "falha" (Gower, 2015). Cada departamento realiza uma reunião diária de "Relatório de Falhas", na qual os membros da equipe discutem os contratempos do dia anterior, examinando como corrigir o rumo e alcançar os melhores resultados possíveis. Um fracasso ou erro pode parecer final, como se não pudesse ser recuperado, mas uma falha é uma oportunidade para identificar áreas a melhorar.

Mire em uma cultura "sem culpas" e fortaleça a sua equipe. Obviamente, em algumas indústrias, como a medicina, há menos espaço para erros, mas o empoderamento ainda pode ser uma ferramenta poderosa para encontrar abordagens não convencionais. A aceitação do fracasso é um elemento-chave cultural de marcas importantes, como Pixar, Amazon, Dyson e Google. A liderança da empresa de animação Pixar premia um ambiente onde os funcionários sabem que podem falhar sem medo de demissão ou constrangimento. O cofundador e presidente, Ed Catmull, fala pragmaticamente sobre o assunto: "Nós vamos falhar, e temos que tornar isso seguro. Se superar o constrangimento, você se torna mais criativo, porque isso o liberta." (Graham, 2015). Dê aos seus colegas de trabalho tempo e espaço para desenvolverem as suas capacidades, trazerem mais engenhosidade ao trabalho e "serem tudo o que podem ser". Incentive-os a assumir riscos gerenciados. Para tirar o melhor partido da sua equipe — especialmente dos tipos altamente criativos — ponha de lado descrições de funções rígidas e intransigentes e concentre-se em orientações gerais que podem ser adaptadas a cada pessoa e ao contexto em que estão trabalhando. Especifique objetivos, não métodos, para que as pessoas possam seguir em frente e aumentar o seu jogo. Ou seja, defina os limites para seus funcionários empoderados ("Isto é o mais longe que você pode ir"), mas entenda que não pode controlar cada variável e eventualidade de cada decisão ou tarefa.

Sim, eles *vão* cometer erros. Talvez muitos. Mas você terá de aprender a lidar com isso. Erros podem ocorrer por todos os tipos de razões, como má priorização, conflito com outros projetos e dentro das equipes, negligência, falta de coleta de dados suficientes, e assim por diante. Muitas vezes, a origem deles está nos vieses de pensamento comum (pensamento seletivo, reativo e presumido), como a confiança mal direcionada em uma determinada solução. Digamos que o pior aconteceu — você aborreceu os acionistas, desperdiçou fundos ou prejudicou a reputação da empresa. E depois? Uma grande perda pode ser devastadora para indivíduos e equipes. Esses momentos exigem líderes que possam ver o lado positivo do fracasso, fazer um balanço da situação e colocar todos para se moverem de volta ao caminho certo. Se o seu pessoal estiver preocupado em acertar de primeira, eles evitarão qualquer exploração ou teste de ideias diferentes. Seguir os passos deste livro ajudará a minimizar a possibilidade de falha, mas, por favor, entenda que sempre haverá desconfiança ao sair da sua zona de conforto. Utilize estas estratégias para gerir o risco:

- **Faça pequenas apostas**. Considere a sua atitude pessoal em relação ao risco. Quão confortável você fica com as coisas erradas? Não precisa apostar toda a empresa. Faça uma pequena aposta numa pequena ideia de vez em quando e veja o que acontece.
- **Redefina o fracasso**. Dê a ele o nome de "falha" ou outra coisa menos dolorosa.
- **Risco *versus* recompensa**. Para cada grande ideia, pergunte a si mesmo: O que pode acontecer se você arriscar? O que pode acontecer se não arriscar?
- **Não existe isso de "falhar"**. O que você faria se soubesse que não conseguiria falhar? Dê passos nessa direção. Se soubesse que não conseguiria errar, isso mudaria a sua atitude em relação à experimentação?
- **O que pode dar errado?** Use a avaliação do campo de força e o desafio do tribunal (Capítulo 9) para encontrar os pontos cegos e considerar todas as coisas que poderiam dar errado com um projeto no início. Construa estratégias de mitigação no seu plano para evitar que elas aconteçam.

- **Compartilhe a aprendizagem**. Junte-se à sua equipe para falar sobre projetos "fracassados" do passado e o que podem aprender com eles para o futuro. Quais foram as vantagens? Reflita sobre os riscos que você assumiu e se, em retrospecto, a experiência valeu a pena. Isso ajuda a tornar o tema do fracasso menos embaraçoso para a equipe.
- **Na pior das hipóteses**. Qual é o pior que pode acontecer? Prepare-se para qualquer perda fazendo planos de contingência. Muitas vezes isso o ajuda a perceber que o fracasso antecipado, em última análise, "não é tão ruim" e pode ser gerenciado.
- **Não se culpe**. Se um projeto falhar, descubra o que deu errado e por que, mas não censure as pessoas envolvidas. No entanto, se os mesmos erros continuarem se repetindo, deixe claro que será necessário resolver o problema do mau desempenho contínuo.
- **Admita**. Todos cometem erros, incluindo os líderes. Quando você conseguir reconhecer seus erros, bem como seus sucessos, as pessoas vão admirar a sua honestidade e perdoá-lo por eles. Assumir seus erros o torna mais humano e encoraja os outros a serem abertos para compartilhar os próprios tropeços também, em vez de tentar mascará-los.
- **Aprenda rápido**. Verifique o progresso em cada fase de um projeto de inovação, bem como no final. Comemore as coisas que estão funcionando e conserte as partes que podem melhorar à medida em que avança. Se monitorar os projetos de perto, os problemas podem ser rapidamente detectados e resolvidos antes que as coisas fiquem fora de controle.

FAÇA DA BRINCADEIRA UMA PRIORIDADE

Assim como sonhar acordado, a maioria das pessoas despreza as brincadeiras no local de trabalho. Eles veem como infantilidade, perda de tempo e frivolidade. Há uma atitude geral de que, se você está brincando, então não está fazendo o trabalho direito. Isso é uma verdadeira pena, porque brincar é sinônimo de diversão — e diversão é um dos mais poderosos geradores de ideias. É brincando que você consegue experimentar diferentes opções, descobrir o que funciona e o que não funciona. Através da brincadeira pode reorganizar as coisas, virá-las do avesso e de cabeça para baixo; pode procurar por analogias escondidas e desafiar suas suposições. As pessoas que estão se divertindo sempre terão mais ideias do que aquelas que se levam a sério demais.

Não estou dizendo que não deve falar sério durante o processo criativo. Ser sensato tem seu valor quando você está pronto para pegar suas ideias e lições, avaliá-las e torná-las viáveis na realidade. A brincadeira e a prática não são conceitos mutuamente exclusivos — ambos têm um papel a desempenhar quando se está inovando; mas a brincadeira vem em primeiro lugar! Nas fases iniciais da criatividade, é vital que as ideias floresçam. Você não está realmente criando quando está executando uma estratégia pré-definida, percorrendo sua lista de tarefas ou se preocupando com o custo disso ou daquilo, está?

Deixar de lado uma atitude séria e se divertir nem sempre é tão fácil como parece. É algo em que eu vejo as pessoas tendo dificuldade durante minhas oficinas sobre pensamento criativo e inovação aplicada. Às vezes, o problema não é necessariamente com você como indivíduo, é com seu ambiente. Num local de trabalho orientado para o lucro (e a maioria é), normalmente há pouco tempo para processos experimentais aleatórios que podem ou não beneficiar o resultado final. Um estudo realizado pela empresa Robert Half International (2012) revelou que um excesso de burocracia impede as empresas de serem mais inovadoras. Dos 1.400 diretores financeiros entrevistados, 24% responsabilizaram a burocracia excessiva como a principal assassina da criatividade, e 20% disseram que ficar atolado em tarefas diárias e apagar incêndios os impede de criar novos conceitos. No entanto, a criatividade prospera numa atmosfera livre de tal pressão. Se você é proprietário ou gerente de uma empresa, está em uma excelente posição para procurar maneiras de estabelecer um ambiente de trabalho mais criativo e amigável.

O fator diversão

Um estudo psicológico na Universidade de Western Ontario descobriu que ambientes de trabalho otimistas podem estimular a criatividade (Nadler, Rabi e Minda, 2010). Os pesquisadores manipularam humores felizes e tristes com a ajuda de música e videoclipes. Descobriram que aqueles com um estado de espírito positivo eram mais flexíveis no seu pensamento e tinham perspectivas mais amplas, alimentando a sua capacidade de resolver problemas difíceis de forma criativa. O pesquisador Ruby Nadler disse: "Em geral, viu-se que um humor positivo melhora a resolução criativa e o pensamento flexível, mas cuidadoso." Então, as pessoas que assistem a vídeos engraçados na internet durante o horário de trabalho não estão necessariamente perdendo tempo. Essa é uma excelente notícia para os empregadores que querem estimular a criatividade contínua no local de trabalho.

Seja honesto consigo mesmo — você se esforça para incentivar a diversão, o humor e a brincadeira dentro da sua equipe, ou os esmaga? Para se divertir com sua equipe, você precisará relaxar e baixar um pouco a guarda. Muitos líderes acham isso difícil, preferindo manter a distância. No entanto, você não vai perder o respeito se introduzir um pouco de brincadeira no processo criativo; no máximo, sua equipe vai respeitá-lo mais e as ideias brilhantes que vierem valerão a pena. Inspire-se em líderes como Anita Roddick, que em 2003 anunciou aos seus investidores financeiros da The Body Shop: "Bem, acho que não vamos crescer no próximo ano. Só queremos nos divertir mais." (Csikszentmihalyi, 2003). Não se trata de ser infantil, mas sim de parecer "infantil". As pessoas mais criativas são, afinal, crianças.

ESTUDO DE CASO | "DIVERSÃO SÉRIA" NA VIRGIN

A diversão é um veículo-chave através do qual a imaginação pode ser estimulada e explorada. Quando você está inspirado e feliz, seu cérebro fica livre das preocupações temporárias que retêm novas ideias, e torna-se mais fácil assumir riscos. Ninguém está mais consciente disso do que Richard Branson, fundador do Virgin Group e aclamado magnata dos negócios. Ele raramente veste o terno e gravata convencionais, mas organiza eventos de lançamento escandalosos e chega ao ponto de fazer acrobacias arriscadas para a mídia. Como escrito na revista ***Time Magazine****: "Branson parece muito empenhado em ter certeza de que todo mundo, todo mundo mesmo, está se divertindo tanto quanto ele" (Branson, 2011). Branson se esforça ao máximo para garantir que seus colegas se divirtam. Ele escreve cartas às pessoas para lhes dizer o que está acontecendo e as encoraja a enviar suas próprias ideias para eles. Ele também coloca diversão em coisas como lançamentos de produtos, celebrações e reuniões. No primeiro voo da Virgin Atlantic, o avião estava cheio de mágicos e animadores, e o champanhe corria solto. As pessoas dançavam nos corredores. O filme* ***Apertem os cintos, o piloto sumiu*** *foi exibido e a tripulação iniciou um ritual de distribuição de sorvetes durante o filme. Isso se tornou uma tradição divertida sempre que uma nova rota é inaugurada, e os funcionários da Virgin clamam por fazer parte dela (Armstrong, 2008). A paixão do Virgin Group pela diversão é como eles definem seus parâmetros para trabalhar em conjunto e oferecer um excelente serviço ao cliente, e conseguiram transportar isso com sucesso para uma gama de indústrias radicalmente independentes.*

Brincadeira prática

As pessoas também adoram trabalhar duro enquanto se divertem. Esse pode ser o caso dos trabalhadores mais jovens. Os resultados de uma pesquisa com 2 mil funcionários do Reino Unido realizada por especialistas online de RH, BrightHR, em colaboração com o consultor de bem-estar psicológico Robertson Cooper indicam que mais pessoas da geração millennial esperam que a diversão seja parte integrante de suas vidas no trabalho do que qualquer outra geração (BrightHR e Robertson Cooper, 2015). Além disso, as pessoas que participaram de atividades lúdicas no local de trabalho tiveram pontuações de criatividade muito mais altas (55) do que aquelas que não participaram de uma atividade lúdica nos últimos seis meses (33), independentemente da idade. As seguintes táticas são ótimas para injetar mais diversão em seu ambiente de trabalho.

Deem uma gargalhada juntos

O humor reforça a produção criativa. Por quê? Primeiro, entrar num estado de espírito bem-humorado o liberta para que amplie o seu pensamento. A liberação da tensão provocada pelo humor produz fluxo de encefalina no cérebro, que o deixa mais aberto a novas e repentinas mudanças e ideias mentais. Segundo, isso o faz levar as coisas menos a sério. Essa é a chave. Se você consegue se divertir com algo, é muito mais provável que teste suposições e quebre as regras que o sustentam. E, ao fazer isso, pode encontrar mais e melhores alternativas. Por último, ele aciona a capacidade associativa do cérebro para que você possa fazer novas e inesperadas conexões entre as ideias existentes. Isso leva a esses momentos "ahá" que você tem quando de repente vê as coisas de uma perspectiva nova e surpreendente.

Um exercício que você pode usar para soltar e agitar o pensamento das pessoas no início de uma sessão de brainstorming é fazer com que elas criem lemas engraçados ou ousados para seus produtos e empresa. Esse é um exercício que o autor de criatividade Roger von Oech (2008) gosta de fazer para iniciar seus seminários e conferências. Alguns dos exemplos que ele cita em seu livro *A Whack on the Side of the Head: How You Can Be More Creative* incluem:

"Boa gente, boa medicina, boa sorte."

— Para uma companhia de planos de saúde

"Líder em tecnologia, quer o cliente precise ou não."

— Para uma grande empresa de informática

"O atendimento ao cliente é a nossa prioridade número um: por favor, deixe a sua reclamação após o sinal."

— Para uma grande companhia aérea

Tente isso como um exercício de aquecimento da próxima vez que tiver uma reunião de ideação e veja quais lemas ousados e engraçados a sua equipe inventa. É apenas um truque para fazer fluir os sucos criativos das pessoas. Outras formas de pensar com humor:

- Quebre a intensidade das suas sessões criativas com vídeos engraçados de cinco minutos.

- Vá a um clube de comédia com sua equipe ou assista a filmes bobos.
- Tome nota das coisas engraçadas que acontecem às pessoas no escritório e compartilhe-as para rir (com a permissão das pessoas, claro!).

Dê boas-vindas à brincadeira no escritório

O espaço físico onde as pessoas trabalham pode ser um poderoso instigador da criatividade. As crianças se sentem mais livres para brincar e criar quando estão num ambiente confortável e estimulante, assim como os adultos. É importante criar espaços onde os funcionários possam dar um tempo da seriedade do dia e ter permissão total para brincar sem serem julgados. As empresas criativas conseguem isso e oferecem zonas de descanso, passeios divertidos e atividades recreativas para ajudar as pessoas a se sentirem jovens de coração e para estimular a criatividade lúdica. O Google liderou o caminho com os seus escritórios brilhantes e ensolarados em todo o mundo, comparados a parques de diversão. Há caça ao tesouro, salas de jogos, escorregas, aquários, quadras de vôlei de praia, cabanas de selva tropical, paredes de escalada, enormes esqueletos de dinossauros, cafeterias gratuitas e muito mais. O Facebook tem os seus jogos arcade, bicicletas gratuitas, instalações de DJs, mesas de bilhar, hackathons e lojas de marcenaria, enquanto o Groupon tem uma floresta encantada para as pessoas se divertirem e criarem.

O desafio para as empresas é encorajar a brincadeira sem parecer falso. Não apenas copie o Google — a abordagem divertida do escritório como playground funciona para eles, mas você precisa fazer o que se encaixa em sua própria cultura e infraestrutura física. Faça alguns testes para determinar que tipos de soluções lúdicas seriam apreciadas pela sua equipe. Mesas de pingue-pongue e pufes são um lugar-comum quando se trata de design lúdico e ajudam a afastar as pessoas das suas mesas. Mas você pode ir um pouco além, instalando balanços, colocando plantas, redes, dardos, piscinas de bolinhas ou qualquer outra estação de atividade onde as pessoas podem ir para quebrar a monotonia da rotina diária. No entanto, cultivar a criatividade não se resume apenas a manipular o layout ou a decoração do escritório. Você pode introduzir a brincadeira, por exemplo, em competições de karaokê, guerras de armas Nerf, dias para se vestir de maneira boba, workshops de risadas, jogos de aventura com temas de espiões, palhaços, concursos de decoração de biscoitos de gengibre ou aulas de exercícios divertidos, como trampolins.

INOVE COM OTIMISMO

Uma das maiores razões para o fracasso dos esforços de inovação é que eles, muitas vezes, são mortos por dinossauros corporativos que são pessimistas e resistem aos desafios que estão sendo feitos ao *status quo*. Você reconhece alguma destas afirmações? (Ver figura 12.1.)

Figura 12.1 O discurso do dinossauro

Como um arquiteto de mudanças, você sem dúvida irá se deparar com oposição e desconfiança sobre as novas ideias sendo implementadas. Isso às vezes é conhecido como o viés de *status quo*, que inclina as pessoas a (James, 2009):

- Manter as coisas como estão, mesmo que eles não tenham originalmente escolhido a posição atual.
- Evitar os riscos gerados pela mudança, mesmo quando os riscos são muito menores do que se não houvesse mudança.

Se quer fazer inimigos, tente mudar alguma coisa.

— WOODROW WILSON, 28º Presidente dos Estados Unidos, Discurso ao World's — Salesmanship Congress, Detroit (julho de 1916)

A melhor maneira de combater o discurso negativo dos dinossauros e o viés do *status quo* é o otimismo. O otimismo é maciçamente subestimado nos negócios, e, ainda assim, estudo após estudo, descobriu-se que é uma qualidade indispensável nos líderes que os outros desejam seguir. É importante em um sentido geral, mas é ainda mais vital quando se tenta impulsionar o verdadeiro crescimento inovador. Fazer qualquer tipo de mudança requer uma grande mobilização de energia, e o otimismo é o combustível que nos alimenta, juntamente com a esperança de que estamos melhorando as coisas.

Crescimento positivo

O otimismo gera ação positiva e resiliência mental, que são necessárias para o crescimento e o florescimento. Relacionada a isso está a pesquisa realizada pela professora de psicologia de Stanford, Carol Dweck (2006), sobre as diferenças entre as pessoas com mentalidades fixas e de crescimento. Olhando para suas descobertas a partir de uma perspectiva de liderança, aprendemos que os chefes com uma mentalidade fixa operam a partir de uma filosofia de que as qualidades básicas das pessoas (tais como personalidade, inteligência e talentos) são esculpidas em pedra. Eles acreditam que você se conforma com aquilo que nasceu e têm pouca crença de que eles ou outras pessoas possam mudar. Não surpreende que o desenvolvimento da criatividade e da inventividade das pessoas não seja uma prioridade para esses tipos imutáveis. No entanto, líderes com uma mentalidade de crescimento assumem que as qualidades básicas das pessoas podem ser desenvolvidas com trabalho e determinação. Eles dão grande valor à aprendizagem, estão abertos ao feedback e confiam na sua capacidade de cultivar os próprios talentos criativos e os dos outros. Esses chefes procuram formas construtivas de elogiar, capacitar e motivar os seus funcionários e são resilientes face aos contratempos. Não há maneira de contornar isto. Se você quer ser um líder que ajuda as pessoas a "crescer" em criatividade e realizar todo o potencial delas, tem que ser otimista sobre isso.

A alegria é uma escolha criativa

O otimismo alimenta emoções positivas e engajamento, que antecedem a criatividade (Emerald Group, 2015). O trabalho de Barbara Frederickson (2004) sobre o estudo das emoções positivas fez com que ela desenvolvesse a Teoria de Ampliar e Construir, que diz que que as emoções positivas, como a alegria, o interesse e a gratidão, fazem muito mais do que causar felicidade e contentamento nos momentos em que as experimentamos. Elas também ampliam comportamentos como diversão, conscientização, descoberta e curiosidade. Quando experimentamos emoções positivas, nossas mentes se abrem para novas possibilidades, ações e ideias, e nos tornamos mais flexíveis e criativos na maneira como trabalhamos. Conforme você aplica o otimismo como um líder e permite que as pessoas desfrutem do que estão fazendo, você vai descobrir que, com o tempo, elas tenderão a experimentar e mostrar iniciativa. Como você pode ser uma influência mais otimista para a sua equipe? Aqui estão algumas dicas rápidas que pode colocar à prova:

- **Seja positivo, aconteça o que acontecer**. Primeiro, pratique ser positivo e otimista todos os dias. Não caia na armadilha de ser positivo apenas quando algo bom ou importante acontece; é mais fácil manter uma atitude positiva em uma base contínua do que recuperá-la depois de sucumbir à negatividade.
- **Abrace a novidade**. Quando uma nova ideia é apresentada, apoie-a e certifique-se de encorajar todas as pessoas a "dar o seu melhor". Seja positivo sobre mudanças em novos produtos, processos ou procedimentos. Iniciativas mornas dificilmente se tornarão sucessos estrondosos. Alguma falha está OK, mas, se as equipes virem as inovações falharem uma e outra vez, elas não ficarão inspiradas a continuar criando.

- **Domine as suas forças**. Concentre-se no que você e os outros fazem bem e construa a partir daí. Comprometa-se com o seu desenvolvimento profissional. Sua jornada para o domínio trará confiança e uma crescente capacidade de sucesso. Esteja atento às vitórias e celebre-as pelo caminho. Ao alimentar ritualmente o crescimento de sua equipe, você estará se esforçando para ser um líder mais otimista e inovador.
- **Consuma diariamente material inspirador**. Eu gosto de assistir a vídeos do TED sobre empreendedorismo e inovação e ler sobre as últimas pesquisas cognitivas. Outros podem preferir citações diárias, vídeos de motivação ou leitura de biografias de pessoas bem-sucedidas. O que você pode ler/observar/assistir/ouvir/jogar para obter uma carga de otimismo todos os dias?
- **Veja o lado bom**. Todos podemos aprender a reenquadrar os nossos pensamentos para procurar o lado bom escondido em qualquer situação negativa — os 90% que ainda temos em vez dos 10% que perdemos. Esse período de más notícias ou azar não vai durar para sempre. Mude a sua atitude para ser útil, não impotente. O que você pode fazer agora para aliviar a situação? Há alguma oportunidade escondida em algum lugar? Se não há nada que você possa fazer, não insista.
- **Acredite que as pessoas terão sucesso**. Um dos presentes mais poderosos que você pode dar a uma pessoa é acreditar no potencial dela. Essa é a chave para ajudá-las a realizar mais e mais. Mesmo quando um membro da sua equipe não conseguir alcançar o que se propôs a fazer, não se afunde com ele. Em vez disso, encoraje, para que ele se sinta energizado para enfrentar o próximo desafio: "Não importa. Sei que você vai fazer melhor da próxima vez."

SISTEMAS DE APOIO

E se você colocasse a criatividade no coração de todo e qualquer processo e projeto? A inovação nas organizações não simplesmente acontece — é necessário algum apoio. Primeiro, comece com a liderança. Se você é um empresário ou gerente, está no melhor lugar para se comprometer e capitalizar sobre este recurso extraordinário através dos sistemas e estrutura de sua organização. Como pode tornar a exploração criativa mais fácil para todos? Pode adaptar os sistemas atuais para incluir inovação? As pequenas empresas são melhores em inovar coletivamente do que as grandes, porque têm menos barreiras e condições mais flexíveis. Os processos de tomada de decisão em organizações maiores podem ser dolorosamente lentos, e as pessoas têm menos probabilidade de ver suas ideias sendo consideradas seriamente. Os líderes que se concentram na inovação e removem obstáculos podem provocar mudanças rápidas com iniciativas eficazes, como permitir que as pessoas tomem decisões, investir no seu crescimento, compartilhar informações e dados, confiar nelas para fazer a coisa certa, dar-lhes oportunidades de colaborar e ser socialmente ativas e permitir elas assumam riscos sem receio de uma reação negativa caso cometam algum erro.

Se o seu papel for menos líder e mais "engrenagem pequena", você ainda pode causar um impacto na sua equipe imediata ou setor de trabalho. Inicialmente, tente se concentrar nas áreas que pode influenciar diretamente e que não requerem autorização, tais como melhorar sua criatividade pessoal, coletar insights para o departamento e fazer mudanças incrementais nos processos. Para iniciativas maiores, encontre gestores ou mentores que possam ajudá-lo a fazer com que a mudança aconteça. Ou reúna um grupo de inovadores com ideias semelhantes para aumentar a sua influência. Tenha paciência e se mantenha firme, porque não vai acontecer da noite para o dia — é melhor dar pequenos passos para atrair outras pessoas pouco a pouco.

Estação de colaboração

Para que a inovação ocorra, você precisa de uma atmosfera de confiança e colaboração. No que está se tornando rapidamente um mundo virtual onde as pessoas estão amarradas a suas mesas e dispositivos, considere como você pode configurar seus escritórios de forma a incentivar conversas reais face a face. Criar oportunidades para as pessoas poderem encontrar colegas de diferentes áreas do negócio ou visitantes de fora. Estes encontros inesperados facilitam a troca de ideias e informações que podem ajudar a empresa a progredir. Eles também são uma ótima maneira de formar parcerias confiáveis entre pessoas que podem desafiar e apoiar umas às outras.

Pense em como pode conceber um maior movimento no seu ambiente, para que as pessoas se sintam à vontade para andar — máquinas de café estratégicas, assentos flexíveis, impressoras no meio do escritório, paredes móveis, um saguão central. Monte espaços sociais para as pessoas se encontrarem e realizarem reuniões em circunstâncias não forçadas, tais como lounges, cafeterias, pontos de encontro e áreas comuns. Na sua nova sede nos Estados Unidos, a Samsung introduziu enormes áreas exteriores entre os andares para fazer com que engenheiros e vendedores se misturassem uns com os outros. Instale quadros de ideias ou telas interativas sensíveis ao toque em áreas comuns. O LinkedIn tem "paredes de quadro branco" por todos os lados para fornecer uma tela para captar ideias à medida que vão surgindo, mantendo-as visíveis para que sejam vistas e expandidas pelos outros. Mas, antes de sair demolindo todos os cubículos e espaços fechados, pense um pouco nos introvertidos em sua empresa que podem se sentir intimidados por tantas interações acidentais. Dê a eles um espaço privado com estações de trabalho divididas, que também podem servir de base para discussões individuais.

Inovação inclusiva

Para além do brainstorming formal, existem inúmeras formas de incentivar as ideias dos funcionários, dos clientes ou da comunidade em geral. Por exemplo, realizando concursos, organizando workshops/eventos ou através de plataformas colaborativas na web (*crowdsourcing*). Três vezes por ano, o ex-CEO da Disney, Michael Eisner, realizava um Gong Show para seus funcionários manterem as ideias novas chegando. Eisner e alguns dos seus executivos dedicavam um dia para ouvir quem quisesse lançar uma ideia, desde cenógrafos a secretárias e assistentes de parques temáticos (Tucker, sd). Normalmente, até 40 pessoas eram autorizadas a apresentar as suas ideias, por mais ultrajantes que fossem. Embora a maioria das ideias tenha sido descartada, o processo conseguiu criar uma atmosfera em que as pessoas sentiam que era seguro se expressar. A maioria dos filmes de animação da Disney ganhou vida nessas sessões, como *A pequena sereia* e *Pocahontas*, assim como a ideia das lojas de varejo da Disney.

Algumas empresas mantêm o fluxo de inovação, facilitando que os trabalhadores deem sugestões de melhoria e desenvolvimento de forma rotineira — e elas se beneficiaram tremendamente disso. A fabricante japonesa líder de automóveis Toyota implementa mais de um milhão de ideias de funcionários todos os anos, 95% delas dentro de dez dias após o envio (Lindegaard, 2011). Em média, cada colaborador da empresa apresenta cem ideias por ano, somando rapidamente vários milhões de sugestões. A maioria delas são ideias incrementais, que ajudam a empresa a melhorar peça por peça, em vez de ideias radicais e de longo alcance; mas o importante é a cultura em que essa mentalidade inovadora é alimentada. Ideias e sugestões feitas pelos membros da equipe fazem parte do Toyota Way e são a pedra angular de seu sucesso no mercado global. Graças às tecnologias colaborativas, nunca foi tão fácil permitir que a sua equipe avançasse com as ideias. Mesmo que não implemente todas elas, o espírito inovador que você vai criar será inestimável.

Outras empresas optam por procurar novas opções para se libertarem das perspectivas centradas na empresa. Por exemplo, a Cisco executa uma competição anual de inovação global para ajudar a identificar novas ideias de negócios, com um grande prêmio de 250 mil libras para a equipe vencedora. Em alguns casos, passa a investir na ideia vencedora, mas o principal objetivo é construir relações e parcerias inovadoras. Note: as oportunidades para promover a inovação no seu negócio são tão infinitas quanto a própria inovação.

PRINCIPAIS TÓPICOS

Para que a criatividade flua através de uma organização, ela deve ser conduzida com entusiasmo a partir do topo. Os líderes devem aprender a pensar na inovação como uma capacidade central. Este capítulo oferece insights práticos para tornar a criatividade e a inovação parte do DNA da sua empresa.

- Concentre-se no jogo final. *A liderança criativa consiste essencialmente em criar, ter e compartilhar uma missão e visão propositais — fornecendo os apaixonados "por que" e "onde" que mobilizam as equipes para a ação.*
- Não tenha medo de falhar. *O medo faz com que nos afastemos do desconhecido e nos abstenhamos de correr riscos no caso de falharmos. Para nos tornarmos inovadores melhores, precisamos lutar contra a reação emocional do medo, focar nas oportunidades disponíveis e assumir riscos calculados. É claro que ninguém gosta de cometer erros, mas, se acontecer, acolha-os como uma forma de aprendizagem — preste atenção à lição, mude de direção e siga em frente.*
- Envolva-se no jogo. *Não ser capaz de se divertir no trabalho enfraquece seus instintos criativos e faz com que todo o ambiente de trabalho também sofra. Você pode brincar e continuar sendo prático. A brincadeira pode assumir muitas formas — trazer, com humor, mais diversão (e menos seriedade) para o local de trabalho, de modo a envolver o lado feliz do cérebro das pessoas. Considere maneiras de configurar o ambiente de trabalho para fornecer estímulos divertidos para ideias não convencionais e o tempo livre para encontrá-las.*
- Otimismo. *Seja uma fonte de energia positiva. Evite o pensamento pessimista e veja o lado bom em tudo — mesmo nas situações ou soluções ruins. Comunique-se de maneiras que levantem as pessoas e as ajudem a superar sentimentos de dúvidas. Procure por todos os lados positivos! Boas vibrações mantêm o lugar pulsando.*
- Monte sistemas de apoio. *Inove de baixo para cima, através de práticas deliberativas e redes abertas que permitem que as pessoas compartilhem ideias e informações onde quer que estejam na hierarquia. Estruturar o ambiente do escritório para colaboração e movimento ajuda a aumentar as conexões criativas entre equipes, enquanto esquemas de sugestão e competições podem gerar novas ideias de pessoas dentro e fora da organização.*

Conclusão
para onde você vai a partir daqui?

A criatividade não é um talento, é uma forma de operar.
— JOHN CLEESE, ator e comediante britânico

Bem, você chegou ao fim do livro, mas, como sempre, "o fim é apenas o começo", e isso marca o início da sua própria história de sucesso criativo. Enquanto a leitura pode inspirá-lo a aprender e lhe dá as ferramentas que precisa para se tornar um tomador de decisão mais criativo, nada melhor do que sair por aí e ser criativo de verdade. Nós já percorremos muitos caminhos juntos, e eu gostaria de deixá-lo com algumas palavras finais de encorajamento para aplicar os métodos deste livro. O pensamento criativo é, por um lado, muito simples e, por outro, muito complexo. Apesar dos ensinamentos serem de senso comum, sei como pode ser difícil quebrar os maus hábitos de pensamento e vieses que estão afetando o seu estilo inovador. Você pode ficar empolgado para eliminar suposições, executar sessões de brainstorming estruturadas, construir ideias mais fortes e ser mais proativo, mas, então, o que acontece? Você se pega fazendo o que sempre fez.

Acreditamos que temos mente aberta e que somos imunes a falhas no nosso pensamento, e ainda assim, estatisticamente, somos vítimas das mesmas falhas seletivas, reativas e agressivas que os outros. A questão é que a maioria das sessões de brainstorming não funciona. E isso não é porque há algo errado com brainstorming (se for feito da maneira correta e com uma boa estratégia, é claro. *Veja o Capítulo 7*), mas porque é mal gerido e acaba repleto dos erros de pensamento das pessoas. A boa notícia é que você leu este livro e aprendeu algumas formas de gerir o próprio cérebro.

DECISÕES, DECISÕES

As nossas decisões afetam tudo o que fazemos. Escolher mudar é potencialmente uma das decisões mais difíceis que podemos tomar. Mas também é uma das mais importantes. A mudança criativa é necessária para moldar o futuro e fazer as coisas melhor do que fazíamos antes. As velhas ideias já não são suficientes. Devemos estar sempre buscando inovações, melhorias e atualizações em todas as nossas práticas de trabalho e ofertas, mesmo que nossa única razão para isso seja manter o ritmo em um ambiente competitivo. Se não inovar, o resto do mundo segue em frente e você é deixado para trás. Talvez seja hora de você tomar algumas decisões corajosas, mas necessárias para enfrentar novos desafios e ajudar sua empresa a prosperar, não apenas a sobreviver.

A inovação não acontece apenas numa organização. Você precisa criar o ambiente e a atmosfera certos para facilitar novas ideias e torná-las úteis. Sempre que precisar definir um problema, gerar novas possibilidades, avaliar potenciais alternativas ou implementar essa nova ideia épica, mergulhe neste livro. Aplique o processo de quatro passos do Localizador de Soluções para fazer um brainstorming efetivo e sem restrições, e estenda seu poder criativo para além do que você pensava ser possível:

Passo 1. Entendimento — Defina o desafio.

Passo 2. Ideação — Gere ideias.

Passo 3. Análise — Avalie as ideias.

Passo 4. Direção — Implemente a solução.

O Localizador de Soluções não o tornará um pensador perfeito de repente, mas manterá o seu raciocínio e hábitos desagradáveis na linha, para que eles não estraguem as coisas. As ferramentas e técnicas que incluí em cada capítulo ampliarão a sua capacidade e a da sua equipe para lidar com as coisas de forma clara, criativa e construtiva. Desde mudanças de perspectiva, até o brainstorming reverso e a avaliação do coração *versus* cabeça: aqui, você tem muitos métodos à sua disposição, que ajudam a desencadear massas de ideias e trabalhar todos os dados disponíveis para análise. Muitos deles neutralizam mais de um erro de raciocínio de cada vez, assim você pode matar dois (ou mais!) coelhos com uma cajadada só.

No atual mundo dos negócios em rápida evolução, muitas vezes temos que tomar decisões em alta velocidade, sem tempo suficiente para passar sistematicamente por todas as etapas do Localizador de Soluções. Nessas situações, a estratégia de tomada de decisão mais eficaz é ficar de olho em suas metas e, então, deixar seu instinto sugerir a direção certa a seguir. Essa abordagem dominou muito da tomada de decisão de Steve Jobs na Apple. Lembre-se: não faça nada e nada acontece!

MANTENHA-SE FIRME

O processo criativo não está isento de desafios, e é provável que você encontre obstáculos ao longo do caminho. Não se desanime se isso acontecer; em vez disso, aprenda com eles e se certifique de sempre celebrar os seus sucessos. Com a ajuda deste livro e das revisões periódicas do Radar de Decisão, você crescerá em confiança ao tomar melhores decisões, e essas decisões transformam novas ideias em sucessos. Pare de fazer as coisas que o mantêm preso ou o retardam, e comece a fazer as que o levarão a algum lugar — um lugar diferente — tanto mental quanto fisicamente. Pergunte a si mesmo: "Quão bom isso pode ser?"

Obrigado pela leitura. O mundo precisa de mais inspiração e inovação. Desejo a você todo o sucesso ao dar vida às suas novas e fantásticas ideias.

Chris Griffiths

apêndice
respostas das atividades

Meses do ano

Abril
Agosto
Dezembro
Fevereiro
Janeiro
Julho
Junho
Maio
Março
Novembro
Outubro
Setembro

A equação

A maioria das pessoas está inclinada a ver isso como um problema numérico, mas a resposta exige que você o aborde de forma mais visual e imaginativa.

Com uma linha reta, **2 + 7 - 118 = 129** pode se tornar:

Figura A.1 A resposta da equação

247 – 118 = 129

Agora está certo!

Outras formas possíveis de responder a essa pergunta incluem:

Colocar um traço através do sinal de igual para que fique: **2 + 7 – 118 ≠ 129**

Modificar o sinal de igual para que fique: **2 + 7 - 118 ≥ 129**

Largue o bloco

A resposta é que depende de onde a pessoa está e do ambiente em que se encontra:

1. Se a pessoa está na Terra...

Figura A.2 O bloco *cai* no chão

O bloco de madeira *cairá* no chão porque é puxado para a Terra pela gravidade.

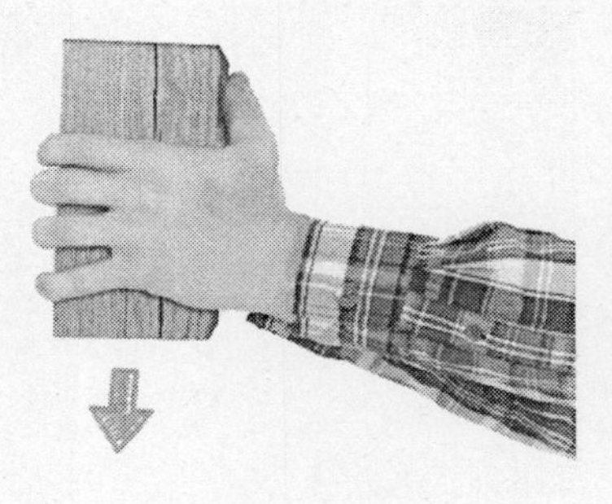

2. Se a pessoa estiver debaixo d'água...

Figura A.3 O bloco flutua *para cima*

O bloco de madeira *flutuará* até a superfície da água, porque é menos denso que ela.

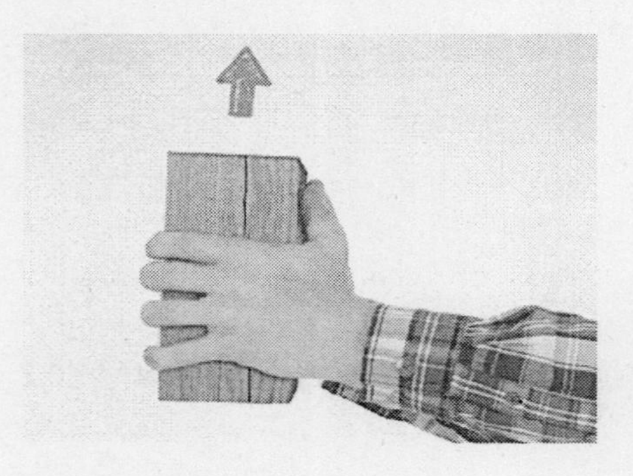

Se a pessoa está no espaço...

Figura A.4 O bloco não se moverá

O bloco de madeira *não se move*, porque não há forças totais em nenhuma direção.

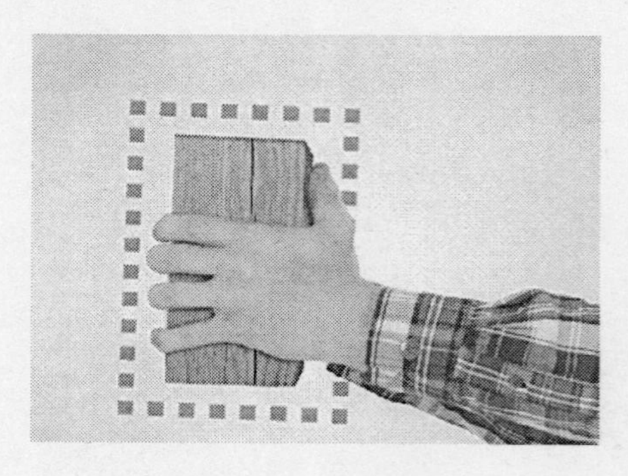

fonte: Brainstorming.co.uk (2011) Creative thinking puzzle 2 - the "drop the block" problem, Infinite Innovations Ltd. Disponível em: http://www.brainstorming.co.uk/puzzles/dropblock.html

Letras codificadas

1. Com um pouco de foco e filtragem, você consegue eliminar as letras extras para revelar esta palavra comum:

SUPERMERCADO

2. Este problema é um pouco mais complicado. Para resolvê-lo, você precisa interpretá-lo mais literalmente. Em vez de riscar seis letras, você primeiro risca o "S", depois o "E", depois o "I", o "S", o "L", o "E" etc. até riscar "S E I S L E T R A S". Você acabará com a palavra:

BANANA

Questões relacionadas às suposições

1. Ele era um piloto da Esquadrilha da Fumaça cujo avião colidiu com outro avião.
2. Desenhe uma linha mais longa ao lado dela, para que a linha original seja mais curta do que a nova linha.

A grade complicada

Vire a grade de cabeça para baixo. O número 6 vira um 9. Circule os números 1, 9, 1 e 1 como mostrado abaixo.

Figura A.5 A resposta complicada da grade

referências bibliográficas

3M. Who is 3M?, 2018. Disponível em: <http://www.3m.co.uk/intl/uk/aad/index.html>. Acesso em: 20 ago. 2018.

Accountemps. Workplace Productivity Peaks on Tuesday, *Robert Half*, 16 dez. 2013. Disponível em: <http://rh-us.mediaroom.com/2013-12-16-Workplace--Productivity-Peaks-On-Tuesday>. Acesso em: 10 jul. 2018.

Adobe. *Creativity and Education: Why It Matters*. 2012. Disponível em: <www.adobe.com/aboutadobe/pressroom/pdfs/Adobe_ Creativity_and_Education_ Why_It_Matters_study.pdf>. Acesso em: 21 fev. 2018

Adobe. *The Creative Dividend: How Creativity Impacts Business Results*. 2014. Disponível em: <https://landing.adobe.com/dam/downloads/whitepapers/55563.pt.creative-dividends.pdf>. Acesso em: 21 fev. 2018

Allen, P. The biggest failures of successful people (and how they got back up), *Lifehacker*, 7 out. 2014. Disponível em: <http://lifehacker.com/the-biggest--failures-of-successful-people-and-how-they-1642858952>. Acesso em: 24 jul. 2018.

Amabile, T. M. *et al.* Time Pressure and Creativity in Organizations: A Longitudinal Field Study, *Harvard Business School Working Paper No. 02-073*, 2002.

Amazon. Earth's Biggest Selection, sd. Disponível em: <https://www.amazon.jobs/team-category/retail>. Acesso em: 20 ago. 2018.

American Express. Redefining the C-Suite: Business the Millennial Way, 2017. Disponível em: <https://www.americanexpress.com/uk/content/pdf/AmexBusinesstheMillennialWay.pdf>. Acesso em: 23 jul. 2018.

Armstrong, J. *Unleashing Your Creativity: Breaking new ground… without breaking the bank*. Londres: A & C Black, 2008.

Asch, S. E. 'Effects of group pressure on the modification and distortion of judgment'. In: Guetzkow, H. *Groups, Leadership and Men*. Pittsburgh: Carnegie Press, 1951.

Baas, M.; Nevicka, B. e Ten Velden, F. S. Specific mindfulness skills differentially predict creative performance, *Personality and Social Psychology Bulletin*, 40 (9), 2014. p. 1092-1106.

Bandura, A. (1977) Self-efficacy: towards a unifying theory of behavioral change,

Barsh, J.; Capozzi, M. M. e Davidson, J. Leadership and Innovation, *McKinsey Quarterly*, 2008. Disponível em: <https://www.mckinsey.com/business-functions/strategy-and-corporate-finance/our-insights/leadership-and-innovation>. Acesso em: 12 jun. 2018.

Berkun, S. The Power of the Usability Lab [Blog], *Microsoft*, nov./dec. 1999 Disponível em: <https://msdn.microsoft.com/en-us/library/ms993288.aspx>. Acesso em: 28 fev. 2018.

Bharadwaj Badal, S. The Psychology of Entrepreneurs Drives Business Outcomes, *Gallup*, 2015. Disponível em: <http://news.gallup.com/businessjournal/185156/psychology-entrepreneurs-drives-business-out-comes.aspx>. Acesso em: 5 jun. 2018.

Binet, L. and Field, P. The Long and the Short of It: Balancing Short and Long-Term Marketing Strategies, *IPA*, 2013. Disponível em: <http://www.ipa.co.uk/page/the-long-and-the-short-of-it-publication#.Ww18Y_ZFxPY>. Acesso em: 29 maio 2018.

Birkinshaw, J. and Cohen, J. Make Time for the Work That Matters, *Harvard Business Review*, set. 2013. Disponível em: <https://hbr.org/2013/09/make-time-for-the-work-that-matters>. Acesso em: 5 jul. 2018.

Borkowski, J.; Carr, M. e Pressely, M. "Spontaneous" strategy use: perspectives from metacognitive theory. *Intelligence*, **11** (1), 1987, p. 61-75.

Brainstorming.co.uk. Creative Thinking Puzzle 2 — the 'Drop the Block' problem, *Infinite Innovations*, 2011. Disponível em: <http:// www.brainstorming.co.uk/puzzles/dropblock.html>. Acesso em: 23 fev. 2018.

Branson, R. *Losing My Virginity: How I've survived, had fun, and made a fortune doing business my way*. Nova York: Crown Business, 2011.

Bright, H. R. e Cooper, R. It Pays to Play, 2015. Disponível em: <https://pages.brighthr.com/rs/217-MIC-854/images/itpaystoplay.pdf>. Acesso em: 26 jul. 2018.

Brown, A. L. 'Metacognition, executive control, self-regulation, and other more mysterious mechanisms'. In: Weinert, F. E. e Kluwe, R. H. *Metacognition, Motivation, and Understanding*. Nova Jersey: Lawrence Erlbaum Associates, 1987. p. 65-116.

Buzan, T. e Griffiths, C. *Mind Maps for Business: Revolutionise your business thinking and practice*. Harlow: BBC Active, 2010.

Cain, S. *Quiet: The power of introverts in a world that can't stop talking*, Nova York: Crown Publishing, 2012.

Cheshire, T. In Depth: How Rovio Made Angry Birds a Winner (and What's Next), *Wired*, 7 mar. 2011. Disponível em: <http://www.wired.co.uk/article/how-rovio-made-angry-birds-a-winner>. Acesso em: 8 jun. 2018.

Christoff, K. *et al*. Experience sampling during fMRI reveals default network and executive system contributions to mind wandering, *Proceedings of the National Academy of Sciences of the United States of America*, 106 (21), 2009. p. 8719-8724.

Ciotti, G. Why Better Energy Management is the Key to Peak Productivity [Blog], *Lifehacker*, 29 fev. 2012. Disponível em: <https://lifehacker.com/5955819/why-better-energy-management-is-the-key-to-peak-productivity>. Acesso em: 25 fev. 2018

Clayton, C. M. *The Innovator's Dilemma: When new technologies cause great firms to fail*. Boston: Harvard Business Review Press, 1997.

Collins, M. In One Ear and Out the Other: What Powerful People Do Differently, *Texas Enterprise*, 6 fev. 2015. Disponível em: <http://www.texasenterprise.utexas.edu/2015/02/06/research-brief/one-ear-and-out-other-what-powerful-people-do-diferently>. Acesso em 15 jun. 2018.

Colzato, L. S.; Ozturk, A. e Hommel, B. Meditate to create: the impact of focused--attention and open-monitoring training on convergent and divergent thinking, *Frontiers in Psychology*, 18 (3), 2012. p. 116.

Cook, P. (1998) The creativity advantage — is your organization the leader of the pack?, *Industrial and Commercial Training*, 30 (5), 1998. p. 179-84

Cotton, D. *The Smart Solution Book: 68 tools for brainstorming, problem solving and decision making*. Harlow: Pearson, 2016.

Creating Minds (sd). Assumption-Busting, *CreatingMinds.org*. Disponível em: <http://creatingminds.org/tools/assumption_busting. htm>. Acesso em: 1 mar. 2018

Csikszentmihalyi, M. *Good Business: Leadership, flow, and the making of meaning*. Nova York: Penguin Books, 2003.

Damasio, A. R. *Descartes' Error: Emotion, reason and the human brain*. Nova York: Avon Books, 1994.

Davies, N. Our Media Have Become Mass Producers of Distortion, *The Guardian*, 4 fev. 2008. Disponível em: <https://www.theguardian.com/commentisfree/2008/fev/04/comment.pressandpublishing>. Acesso em: 1 mar. 2018.

de Geus, A. The Living Company, *Harvard Business Review*, mar./abr. 1997. Disponível em: <https://hbr.org/1997/03/the-living-company>. Acesso em: 26 jul. 2018.

________. *The Living Company: Growth, learning and longevity in Business*. Londres: Nicholas Brealey, 1999.

Delbecq, A. L.; Van de Ven, A. H. e Gustafson, D. H. *Group Techniques for Program Planning: A guide to nominal group and Delphi processes*. Middleton: Green Briar Press, 1986.

Dewey, J. *How We Think: A restatement of the relation of reflective thinking to the educative process*. Boston: D.C. Heath and Company, 1933.

Di Stefano, G. *et al.* (2014) [acessado em 18 de junho de 2018] Learning by Thinking: How Reflection Aids Performance, *Harvard Business School Working Paper No. 14-093*, 2014. Disponível em: <http://www.sc.edu/uscconnect/doc/Learning%20by%20by%20 Thinking,%20How%20Reflection%20Aids%20 Performance.pdf>.

Diehl, M. and Stroebe, W. Productivity loss in brainstorming groups: towards the solution of a riddle, *Journal of Personality and Social Psychology*, **53** (3), 1987. p 497-509.

DropTask. Productivity vs. Creativity [Blog], 8 jun. 2016. Disponível em: http://blog.droptask.com/productivity-vs-creativity/>. Acesso em: 11 jul. 2018.

Duncan, K. *The Ideas Book: 50 ways to generate ideas visually*. Londres: LID Publishing, 2014.

Dweck, C. *Mindset: The new psychology of success*. Nova York: Random House, 2006.

Eaton, J. Management communication: the threat of groupthink, *Corporate Communications: An international journal*, 6 (4), 2001. p. 183-92.

Ellwood, S. *et al.* The incubation effect: hatching a solution?, *Creativity Research Journal*, 21 (1), 2009. p. 6-14. Disponível em: <https://pdfs.semanticscholar.org/88dd/9f655716745abbb357198785064c731f4c5a.pdf>. Acesso em: 25 out. 2018.

Emerald Group. *New Perspectives in Employee Engagement in Human Resources*, Emerald Group, Bingley, 2015.

European Management Journal, 18 (2), 2000. p. 129-42.

Firestien, R. L. Effects of creative problem solving training on communication behaviors in small groups, *Small Group Research*, 21 (4), 1990. p. 507-21.

Frederick, S. Cognitive reflection and decision making, *Journal of Economic Perspectives*, 19 (4), 2005. pp 24-42.

Frederickson, B. L. (2004) The broaden-and-build theory of positive emotions, *Philosophical Transactions of the Royal Society B*, 359 (1449), 2004. p. 1367-1378.

Fries, A. *Daydreams at Work: Wake up your creative* powers. Herndon: Capital Books, 2009.

Gibb, B. J. *The Rough Guide to the Brain*. Londres: Rough Guides, 2007.

Gilliard, M. Thomas Alva Edison, *Innovation-Creativity.com*, sd. Disponível em: <https://www.innovation-creativity.com/thomas-alva- edison.html>. Acesso em: 13 jul. 2018.

Gladwell, M. Creation Myth: Xerox PARC, Apple, and the Truth About Innovation, *The New Yorker*, 16 maio 2011. Disponível em: https://www.newyorker.com/magazine/2011/05/16/creation-myth>. Acesso em: 1 mar. 2018

Google. Our Company, sd. Disponível em: <https://www.google.com/about/our-company/>. Acesso em: 20 ago. 2018.

Gower, L. *The Innovation Workout: The 10 tried-and-tested steps that will build your creativity and innovation skills*. Harlow: Pearson, 2015.

_______. *The Innovation Workout: The 10 tried-and-tested steps that will build your creativity and innovation skills*. Harlow: Pearson, 2015.

_______. *The Innovation Workout: The 10 tried-and-tested steps that will build your creativity and innovation skills*. Harlow: Pearson, 2015.

Graham, D. T. Pixar Cofounder: You Have to Embrace Failure to Succeed, *Daily Herald*, 6 ago. 2015. Disponível em: <https://www. dailyherald.com/article/2015080806/news/150809323/>. Acesso em: 25 jul. 2018.

Gray, A. The 10 skills You Need to Thrive in the Fourth Industrial Revolution, *World Economic Forum*, 19 jan. 2016. Disponível em: <www.weforum.org/agenda/2016/01/the-10-skills-you-need-to-thrive-in-the-fourth-industrial-revolution>. Acesso em: 21 fev. 2018.

Griffiths, C e Costi, M (2011) *Grasp the Solution: Como encontrar as melhores respostas para os desafios diários*, Imprensa Proactiva, Cardiff.

Guilford, J. P. *The Nature of Human Intelligence*. Nova York: McGraw-Hill, 1967.

Harris, P. *The Truth About Creativity*. Harlow: Pearson, 2009.

Hart, W.; Albarraccin, D.; Eagly, A. H. *et al.* Feeling validated versus being correct: a meta-analysis of selective exposure to information, *Psychological Bulletin*, 135 (4), 2009. p. 555-88

Hellige, J. B. *Hemispheric Asymmetry: What's right and what's left*, Cambridge: Harvard University Press, 2001.

Hendrick, C. Metacognition: An Overview [Blog], *Wellington Learning and Research Centre*, 22 set. 2014. Disponível em: <http://learning.wellingtoncollege.org.uk/resources/metacognition-an-overview/>. Acesso em: 12 mar. 2018.

Hirshberg, J. *The Creative Priority: Driving innovative business in the new world*. Nova York: Harper Collins, 1998.

Hurson, T. *Think Better: An innovator's guide to productive thinking*. Nova York: McGraw-Hill Professional, 2008.

______. *Think Better: An innovator's guide to productive thinking*. Nova York: McGraw-Hill Professional, 2008.

Ingrams, S. Which? Reveals 2017's Best and Worst Brands for Customer Service, *Which?*. 25 ago. 2017. Disponível em: <https://www.which.co.uk/news/2017/08/which-reveals-2017s-best-and-worst-brands-for-customer-service/>. Acesso em: 14 mar. 2108.

Innosight. *Creative Destruction Whips Through Corporate America*. 2012. Disponível em: <www.innosight.com/wp-content/uploads/2016/08/creative--destruction-whips-through-corporate- america_final2015.pdf>. Acesso em: 21 fev. 2018.

IPA. Adults Spend Almost 8 Hours Each Day Consuming Media. 21 set. 2017. Disponível em: <http://www.ipa.co.uk/news/adults-spend-almost-8-hours-each-day-consuming-media#.Wpg0mkx2uhc>. Acesso em: 1 mar. 2018.

James, R. Status Quo Bias: Avoiding Action, Avoiding Change, 2009. Disponível em: <https://www.slideshare.net/rnja8c/status-quo-bias>. Acesso em: 28 jul. 2018.

Jiji Press. Self-Service Convenience Store Stands and Kiosks Popping up Inside Companies, *The Japan Times*, 10 ago. 2017. Disponível em: <https://www.japantimes.co.jp/news/2017/08/10/business/corporate-business/self-service--convenience-store-stands-kiosks-popping-inside-companies/#.Wpfcgkx2uhc>. Acesso em: 1 mar. 2018.

Kahneman, D. *Thinking, Fast and Slow*. Londres: Allen Lane, 2011.

Kneller, G. F. *The Art and Science of Creativity*. Nova York: Holt, Rinehart and Winston, 1965.

Kothari, A. *Genius Biographies*. Chennai: Notion Press, 2016.

Kotter, J.P. e Heskett, J.L. *Corporate Culture and Performance*. Nova York: Free Press, 1992.

Kuchera, B. Why the Nintendo Switch Is Selling So Well (update), *Polygon*, 31 jan. 2018. Disponível em: https://www.polygon.com/2018/1/4/16849672/nintendo-switch-switch-sales-numbers-success-price-mario-zelda>. Acesso em: 22 fev. 2018.

Kumar, N.; Scheer, L. e Kotler, P. From market driven to market driving,

LEGO. Mission and Vision, 18 jan. 2012. Disponível em: <https://www.lego.com/en-gb/aboutus/lego-group/mission-and-vision>. Acesso em: 20 ago. 2018.

Lehrer, J. *Imagine: How creativity works*. Boston: Houghton Mifflin Harcourt, 2012.A

Lewin, K. 'Group decisions and social change'. In: Swanson, G. E.; Newcomb, T. M. e Hartley E. L. *Readings in Social Psychology*. Nova York: Holt, Rinehart and Winston, 1958.

Lewin, K. *Field Theory in Social Science: Selected theoretical papers*. Nova York: Harper & Row, 1951.

Lindegaard, S. *Making Open Innovation Work*. North Chareston: CreateSpace, 2011.

Lovallo, D. e Sibony, O. The case for behavioral strategy, *McKinsey Quarterly*, mar. 2010. Disponível em: <www.mckinsey.com/business-functions/strategy-and-corporate-finance/our-insights/the-case-for-behavioral-strategy>. Acesso em: 21 fev. 2018.

Malone-Kircher. James Dyson on 5,126 Vacuums That Didn't Work — and the One That Finally Did, *New York Magazine*, 22 nov. 2016. Disponível em: <http://nymag.com/vindicated/2016/11/james-dyson-on-5-126-vacuums-that-didnt-work-and-1-that-did.html>. Acesso em: 5 jun. 2018.

Matthews, G. Goals Research Summary, *Dominican University of California*, 2015. Disponível em: <https://www.dominican.edu/academics/lae/undergraduate-programs/psych/faculty/assets-gail-matthews/researchsummary2.pdf>. Acesso: 12 jun. 2018.

McKeown, M. *The Innovation Book: How to manage ideas and execution for outstanding results*. Harlow: FT Publishing, 2014.

McLeod, S. Asch Experiment, *Simply Psychology*, 2008. Disponível em: <https://www.simplypsychology.org/asch-conformity.html>. Acesso em: 30 abr. 2018.

McRaney, D. Confirmation Bias, *You Are Not So Smart*, 23 jun. 2010. Disponível em: <https://youarenotsosmart.com/2010/06/23/confirmation-bias>. Acesso em: 23 fev. 2018.

Microsoft Surface. British Companies at Risk of 'Creativity Crisis', Microsoft Surface Research Reveals, *Microsoft News Centre UK*, 27 jul. 2017. Disponível em: <https://news.microsoft.com/en-gb/2017/07/27/british-companies--risk-creativity-crisisis-microsoft-surface-research-reveals/>. Acesso em: 11 maio 2018.

Mind Tools. Reverse Brainstorming: A Different Approach to Brainstorming, 2010. Disponível em: <https://www.mindtools.com/pages/article/newCT_96.htm>. Acesso em: 13 maio 2018.

Montier, J. *The Little Book of Behavioural Investing: How not to be your own worst enemy*. Nova Jersey: John Wiley & Sons, 2010.

Moore, L. B. 'Creative action — the evaluation, development and use of ideas'. In: Parnes S. J. e Harding H. F. (Orgs.). *A Sourcebook for Creative Thinking*. Nova York: Scribner's, 1962.

Moore, T. and Ditkoff, M. Where and When Do People Get Their Best Ideas?, *Idea Champions*, 2008. Disponível em: <http://www.ideachampions.com/downloads/Best-Ideas-Poll.pdf>. Acesso em: 30 abr. 2018.

Mühlfeit, J. e Costi, M. *The Positive Leader: How energy and happiness fuel top-performing teams*. Harlow: Pearson, 2017.

Murphy, M. The Gender Gap and Goal-Setting: A Research Study, *Leadership IQ*, 2010. Disponível em: <https://www.leadershipiq.com/blogs/leadershipiq/the-gender-gap-and-goal-setting-a-research-study>. Acesso em: 12 jun. 2018.

Nadler, R. T., Rabi, R. e Minda, J. P. (2010) Better humor and better performance: learning rule-described categories is enhanced by positive mood, *Psychological Science*, 21 (12), 2010. p. 1770-1776.

Newman, R. 10 Great Companies That Lost Their Edge, *US News*, 19 ago. 2010. Disponível em: <https://money.usnews.com/money/blogs/flowchart/2010/08/19/10/10-great-companies-that-lost-their-edge>. Acesso em: 26 fev. 2018.

Ohno, T. Ask 'Why' Five Times About Every Matter, *Toyota Traditions*, mar. 2006. Disponível em: <http://www.toyota-global.com/company/toyota_traditions/quality/mar_apr_2006.html>. Acesso em: 13 mar. 2018.

O'Neill, R. Quitting Day Jobs to Make Smoothies, *Financial Times*, 10 abr. 2009. Disponível em: <https://www.ft.com/content/a6b255be-25e7-11de-be57-00144feabdc0>. Acesso em: 13 jun. 2018.

Osborn, A. F. *Applied Imagination: Principles and procedures of creative problem solving*. Nova York: Charles Scribner's Sons, 1953.

Patterson, F. *et al*. Everyday Innovation: How to Enhance Innovative Working in Employees and Organisations, *Nesta*, 2009. Disponível em: <https://media.nesta.org.uk/documents/everyday_innovation.pdf>. Acesso em: 8 jun. 2018.

Petersen, D. E. At Ford, Quality Was Our Motto in the 80s, *Wall Street Journal*, 22 jun. 2007. Disponível em: <https://www.wsj.com/articles/SB118247777496927443393>. Acesso em: 20 ago. 2018.

Proctor, R. A. The use of metaphors to aid the process of creative problem solving, *Personnel Review*, 18 (4), 1989. p. 33-42.

Psicological Review, 84 (2), 1977, p. 191-215.

Quinn, J. Amazon's Two-Pizza Rule Isn't as Zany as It Sounds, *The Telegraph*, 12 out. 2016. Disponível em: <http://www.telegraph.co.uk/business/2016/10/12/amazons-two-pizza-rule-isnt-as-zany-as-it-sounds/>. Acesso em: 30 abr. 2018.

Rauch, A. e Frese, M. Let's put the person back into entrepreneurship research: A meta-analysis on the relationship between business owners' personality traits, business creation and success, *European Journal of Work and Organizational Psychology*, 16 (4), 2007. p. 353-385.

Rawling, S. *Be Creative - Now!*. Harlow: Pearson, 2016.

Rebernik, M. e Bradacˇ, B. Module 4: Idea Evaluation, *Creative Trainer*, 2008. Disponível em: <http://www.innosupport.net/index. php?id=6038&L=%273&-tx_mmforum_pil[action]=list_post&tx_mmforum_pi1[tid]=4096>. Acesso em: 22 maio 2018.

Robert Half International. Robert Half Survey: Lack of New Ideas, Red Tape Greatest Barriers to Innovation, 4 abr. 2012. Disponível em: <http://rh-us.mediaroom.com/news_releases?item=1418>. Acesso em 26 jul. 2018.

Robertson, D. Building Success: How Thinking 'Inside the Brick' Saved Lego, *Wired*, 9 out. 2013. Disponível em: <http://www.wired. co.uk/article/buildin-g-success>. Acesso em: 16 mar. 2018

Rogers, A. e Sheehan, R. G. *How Come Come - Again?*. Nova York: Doubleday, 1960. Acesso em: 1 mar. 2018.

Roland, L. The Long and Short of It: Measuring Campaign Effectiveness Over Time, *WARC*, 12 jun. 2013. Disponível em: <https://www.warc.com/newsan-dopinion/opinion/the_long_and_short_of_it_measuring_campaign_effective-ness_over_time/1727>. Acesso em: 29 maio 2018.

Ross, M. E. It Seemed Like a Good Idea at the Time, *NBCNews.com*, 22 abr. 2005. Disponível em: <http://www.nbcnews.com/id/7209828/ns/us_news/t/it-seemed-good-idea-time/#.WpaXu0x2uhd>. Acesso em: 28 fev. 2018.

Salter, J. Airbnb: The Story Behind the $1.3bn Room-Letting Website, *The Telegraph*, 7 set. 2012. Disponível em: <https:// www.telegraph.co.uk/technology/news/9525267/Airbnb-The-story-behind-the-1.3bn-room-letting-website.html>. Acesso em: 13 mar. 2018

Schultz, N. Chess Grandmasters Use Twice the Brain, *New Scientist*, 11 jan. 2011. Disponível em: <https://www.newscientist.com/article/ dn19940-grandmasters-use-twice-the-brain/>. Acesso em: 21 maio 2018.

Seppala, E. How Senior Executives Find Time to Be Creative, *Harvard Business Review*, 14 set. 2016. Disponível em: <https://hbr.org/2016/09/how-senior--executives-find-time-to-be-creative>. Acesso em: 30 abr. 2018.

Shapiro, S. Unleashing the innovator, *Control*, 3, 2003, pp. 19-21.

Simonite, T. Think Yourself a Better Picture, *New Scientist*, 7 out. 2009. Disponível em: <https://www.newscientist.com/article/dn17930-think-yourself-a--better-picture/>. Acesso em: 23 fev. 2018.

Sloane, P. *How to be a Brilliant Thinker: Exercise your mind and find creative solutions*. Londres: Kogan Page, 2010.

Sloane, P. *Think Like An Innovator: 76 inspiring lessons from the world's greatest thinkers and innovators*. Harlow: Pearson, 2016.

Souter, N. *Breakthrough Thinking: Using creativity to solve problems.* Lewes: ILEX Press, 2007.

Statista. Airbnb — Statistics & Facts, 2018. Disponível em: <https://www.statista.com/topics/2273/airbnb/>. Acesso em: 16 mar. 2018.

Statista. Number of Monthly Active Facebook Users Worldwide as of 4th Quarter 2017 (in millions), 2018. Disponível em: <https://www.statista.com/statistics/264810/number-of-monthly-active-facebook-users-worldwide/>. Acesso em: 28 fev. 2018.

Stein, A. 9 Differences Between Market-Driving and Market-Driven Companies [Blog], *SteinVox*, 31 out. 2012. Disponível em: <http://steinvox.com/blog/9-differences-between-market-driving-and-market-driven-companies/>. Acesso em: 6 mar. 2018.

Sternberg, R. J. Inside intelligence, *American Scientist*, 74 (2), p. 137-143, 1986a.

________. *Intelligence Applied: Understanding and increasing your intellectual skills*. Nova York: Harcourt Brace Jovanovich, 1986b.

________. What should intelligence tests test? Implications for a triarchic theory of intelligence for intelligence testing, *Educational Researcher*, 13 (1), p. 5-15, 1984.

Stevens, G. A. e Burley, J. 3.000 raw ideas = 1 commercial success!, *Research Technology Management*, 40 (3), 1996. p. 16-27.

Sull, D. Case study: easyJet's $500 million gamble, *European Management Journal*, 17 (1), 1999. p. 20-38.

Sutton, R. e Hargadon, A. Brainstorming groups in context: effectiveness in a product design firm, *Administrative Science Quarterly*, 41 (4), 1996. p. 685-718.

Sutton, R. Why the New Yorker's Claim that Brainstorming 'Doesn't Work' is an Overstatement and Possibly Wrong [Blog], *Work Matters*, 26 jan. 2012. Disponível em: <http://bobsutton.typepad.com/page/5/>. Acesso em: 23 mar. 2018.

Sword, A. Encyclopaedia Britannica: How a Print Company Embraced Disruptive Innovation in Publishing, *Computer Business Review*, 2016. Disponível em: <https://www.cbronline.com/cloud/encyclopaedia-britannica-how-a-print--company-embraced-disruptive-innovation-in-publishing-4898586/>. Acesso em: 18 out. 2018

Tedlow, R. S. *Denial: Why business leaders fail to look facts in the face — and what to do about it*. Nova York: Penguin, 2010.

Thomas, O. Even Facebook Employees Hate the Redesign [Blog], *Gawker*, 20 mar. 2009. Disponível em: <http://gawker.com/5177341/even-facebook-employees-hate-the-redesign>. Acesso em: 28 fev. 2018.

TIME. Making the Most of Your Day, 16 jan. 2006. Disponível em: <http://content.time.com/time/covers/20060116/pdf/Day_Night.pdf>. Acesso em: 11 jul. 2018.

Tucker, R. B. (sd) Effective Idea Selection is Critical to Systematic Innovation. *Innovation Management*, sd. Disponível em: <http://www.innovationmanagement.se/imtool-articles/effective-idea-selection-is-critical-to-systematic-innovation/>. Acesso em: 28 jul. 2018.

Virgin. Our Purpose and Values, sd. Disponível em: <https://www.virgin.com/virgin-management-limited/careers/OurPurposeandValues>. Acesso em: 20 ago. 2018.

von Oech, R. *A Whack on the Side of the Head: How you can be more creative*. Nova York: Business Plus, 2008.

Wessel, M. Big Companies Can't Innovate Halfway, *Harvard Business Review*, 4 out. 2012. Disponível em: https://hbr.org/2012/10/big-companies-cant-innovate-halfway.

Whitson, J. A. *et al.* (2013) The blind leading: The blind leading: Power reduces awareness of constraints. *Journal of Experimental Social Psychology*, 49 (3), 2013. p. 579-582.